工业互联网研究系列

工业互联网
核心引擎原理与实现

深圳市智物联网络有限公司　著

电子工业出版社
Publishing House of Electronics Industry
北京·BEIJING

内 容 简 介

工业互联网是工业升级转型的重要路径，也是"新基建"的代表之一，国家十分重视，出台了若干指导文件、补贴政策等加以引导和扶持。但是，由于缺乏底层方法论和通用引擎工具，工业互联网迄今尚未实现爆发式的增长。

深圳市智物联网络有限公司在这方面进行了长期探索，基于"多源异构数据映射"的方法论研发出了工业互联网核心引擎——MixIOT，并进一步将其产品化，已经大量应用于不同种设备和不同生产场景的工业互联网项目。

本书从技术原理上对 MixIOT 体系进行了深入浅出的阐释，有助于从业者加深对工业互联网行业的理解，提供发展方向的重要选择；也能够作为工业互联网爱好者的入门读物，或者高校工业互联网相关课程的教科书，从一个独特的切入点了解行业发展的前沿。

未经许可，不得以任何方式复制或抄袭本书之部分或全部内容。
版权所有，侵权必究。

图书在版编目（CIP）数据

工业互联网核心引擎原理与实现 / 深圳市智物联网络有限公司著. —北京：电子工业出版社，2020.9
（工业互联网研究系列）
ISBN 978-7-121-38858-3

I. ①工… II. ①深… III. ①互联网络－应用－工业发展－研究 IV. ①F403-39

中国版本图书馆 CIP 数据核字（2020）第 050005 号

责任编辑：刘志红　　特约编辑：宋兆武
印　　刷：三河市君旺印务有限公司
装　　订：三河市君旺印务有限公司
出版发行：电子工业出版社
　　　　　北京市海淀区万寿路 173 信箱　邮编：100036
开　　本：787×980　1/16　印张：20.75　字数：310.75 千字
版　　次：2020 年 9 月第 1 版
印　　次：2020 年 9 月第 1 次印刷
定　　价：138.00 元

凡所购买电子工业出版社图书有缺损问题，请向购买书店调换。若书店售缺，请与本社发行部联系，联系及邮购电话：（010）88254888，88258888。
质量投诉请发邮件至 zlts@phei.com.cn，盗版侵权举报请发邮件至 dbqq@phei.com.cn。
本书咨询联系方式：lzhmails@phei.com.cn。

本书编委会

主　编：吴　刚　国承斌

编　委：汤国水　王　猛　顾　晖　深圳市智物联网络有限公司

推荐序 1

此书的主要作者之一国承斌是我校的优秀校友，他的团队深圳市智物联网络有限公司（以下简称智物联）一直扎根于复杂的工业行业，对于工业物联网有非常深刻的认知和实践经验积累。这本书是他们多年研究和实践成果的结晶，阐述了一种有效的特色解决方案，为工业互联网提供了一种通用方法论和通用引擎，开拓了一条很有价值的道路。

工业互联网的本质和核心是通过工业互联网平台把设备、生产线、工厂、供应商、产品和客户紧密地连接起来，可以帮助制造业拉长产业链，形成跨设备、跨系统、跨厂区、跨地区的互联互通，从而提高效率，推动整个制造服务体系智能化。这也被认为是继蒸汽、电力、信息技术之后的第四次工业革命。我国对于这一趋势也做出了积极的回应，2018 年 7 月，工信部印发了《工业互联网平台建设及推广指南》和《工业互联网平台评价方法》。2019 年 1 月 18 日，工信部又印发了《工业互联网网络建设及推广指南》。一次新的大变革正在酝酿，新的庞大市场正在形成。

在这个循序渐进的发展过程中，以国承斌校友为主要创始人的智物联一直在持续努力，在 2017 年形成了"多源异构数据映射"的底层方法论，并在这一方法论的基础上开发了工业互联网核心引擎——MixIOT。它能够为各种物联网场景和解决方案提供一致的基础底层平台，具有跨平台、跨领域、工业级、开放性、可独立部署等特点，既支持云部署，也支持工业现场部署，并且已经实现了产品化，最终形成了"如来方略云（RolaCloud）"和"如来方略柜（RolaCab）"两大解决方案产品。

作为校友，国承斌也一直关注着矿业行业"智慧矿山"的建设，致力于推进智物联的技术成果在"智慧矿山"领域的应用。目前，基于MixIOT体系的"智慧矿山"应用平台已初具雏形，在我校与智物联联合举办的"国际智慧矿山创新论坛"上也有详细和清晰的阐述。

在当下，以工业互联网为重要标志的"新基建"正成为热门话题。目前智物联正在多方整合资源、广泛建立合作关系，希望这本书成为非常有效的沟通媒介。它的出版无论是对工业互联网的从业者，还是对政府、学校、企业都非常具有价值，对于现今的工业互联网发展，也适逢其时。

梁　冰

辽宁工程技术大学校长

推荐序 2

工业互联网的未来要有中国声音

180年前的英国是创新者的乐土。工业革命时期资本家建立了流水线让人们明白标准和流程的好处；英国纺织业大量使用蒸汽机和纺织机，使人类对机器和能源有了新认识；英国海军征服世界，让他们懂得海图准确测绘和火炮弹着点计算的极端重要；艺术和科学研究成为社会时尚，艺术家和科学家进入伦敦社交圈。当这一切都做好准备时，伟大的创新者就走到了历史面前。1837年，英国数学家巴贝奇为了计算对数，参考提花织布机原理设计了一台机械计算机器，但无人关注。当一个叫埃达[1]的女人看到后，得出了一个更为令人兴奋的想法：这种机器不仅可以处理数字，还可以处理任何能用符号表示的事项。事实上，埃达做出的贡献不但意义深远，而且鼓舞人心。她窥见未来的能力已经超过了巴贝奇，她眼中的未来，机器会成为人类想象力的伙伴，这两者的结合可以编织出如雅卡尔提花一样精美的图案。她对诗意科学的理解让她能够欣赏一种想象中的计算机器，虽然当时的科学水平无法实现这种设备的建造，但是埃达认识到了它的处理能力可以用于任意形式的信息。因此说，埃达播下了数字时代的种子，它们将在100年之后开花结果。

---

[1] 埃达，著名诗人拜伦的女儿，被认为是世界上第一位计算机程序员。美国国防部将其研制的高级面向对象编程语言命名为"埃达"（Ada）。

深圳是中国创新者的乐土，我的朋友国承斌先生在那里创业，创立了深圳市智物联网络有限公司（以下简称智物联），写了一本书《工业互联网核心引擎原理与实现》，准备在电子工业出版社出版，让我给他写一篇序言。说实在话，有点勉为其难，毕竟我不是IT科班出身，连技术爱好者都算不上。不过经历了这些年，也多多少少有些感悟，说出来些空话，就算是抛砖引玉了。

世界观。玄之又玄，众妙之门，听起来玄却是实实在在的东西。我们从小被教育要三观正确，世界观首当其冲，世界观出了问题，人何谈成长。同样，工业互联网的未来也需要正确的世界观引导，否则就会迷失在别人的世界里，成为价值链的末端。工业互联网是一个万物联系的生态，如何走下去，我觉得任正非先生的思路很清晰，他在回答新华社记者专访时说："我给外国公司做动员，叫他们要把研发机构搬到中国来，为什么？因为西方的机械唯物论，形而上学的时代要过去了，要进入中国的哲学时代，也就是玄学。"众所周知，玄学是一种思辨性很强的哲学，其中的"有无、本末、体用、言意、一多、动静、自然与名教"等一系列具有思辨性质的概念，虽然抽象，但其蕴含不少逻辑关系。王阳明在《尊经阁记》一书中提出，人间万物都放在《易》《书》《诗》《礼》《乐》《春秋》六个盒子里，心明即天理，致良知。如果把智物联对"对象"认知的核心理念和其进行对标，发现"事件，动静，开关，警告，控制"分类方式竟然如此一致，这就叫三观相同吧。不过智物联的世界观，是进化的玄学，通过多源异构数据映射的算法占优，对"对象"关联数据进行分析，可以推测出事物的全貌，包括事物发展的起始到终结的过程，很了不起。其实，对世界的认识和任何一次技术革命，背后都是人类智慧的飞跃，离不开作为智慧源泉的哲学的引领。

推荐序 2

方法论。方法论就是关于人们认识世界、改造世界的方法的理论。国承斌先生从华为出来,深谙华为之道。他在书中敏锐地指出,现阶段互联网行业流行的"垂直领域做深做透"的表层思维,永远不会成就 Oracle 这样伟大的公司。温故知新,Linux 发明者林纳斯·托瓦尔兹今年也 50 岁了,他跟我一般大,是个说瑞典语的芬兰人。1991 年,他凭一己之力,干了一件事,至今影响几十亿人的生活。托瓦尔兹认为知识是大家共同创造的,任何人都无权单独占有,任何垄断专利在他眼里都是邪恶。1991 年,他的 Linux 应运而生,代表着网络时代新形式的开放知识产权形态,从根基上颠覆了封闭式以软件产权为核心的传统商业模式。如果有时间,可以看看 TED 对托瓦尔兹的采访,他其实是一个很无趣的理工男,整场磕磕巴巴。"我不是个仰望星空的人,我低头看路只想填好面前的一个坑,别让自己掉下去。"这话说的倒挺实在。回头看智物联的方法论,与伟大的 Linux 和伟大的华为何其相似!

战略规划。国承斌先生是一个很有思想的人,也很朴实。他领导的智物联提出了"干部带着工具下乡去解决问题"的思路,以及"五个包子"理论,让人眼前一亮。在这本书里,智物联还把一系列创新产品——自己的孩子——介绍给大家。帮助用户了解决定"雇用"新产品的因果关系。如果规划策略正是从"用户目标"着手的,那么读者在市场竞争中就不需要碰运气了。事实上,"碰运气"正是很多公司的做法:它们无意间设计了粗制滥造的产品创新流程,花了许多时间和金钱,从大量的数据中编辑整理出模型,却无法预测未来。阅读此书,读者将以全新的视角观察世界,关注不同的竞争对手、不同的优先要务。

我出生的那年,发生了三件事。一个是登月,一个是把可编程的计算机放在微处理器芯片上,一个是阿帕网。每件事情都酝酿了十年。半个世纪后的今天,这三件事都在影响着人类,科学家就是这么灵光一现,一念,一画,却孕育出今天无所不在的网络时代。茨维格在《人类群星闪耀时》一书中写道:一个人类群星闪耀时刻出现以前,必然会有漫长的岁月无谓地流逝而去,在这种关键的时刻,那些平时慢慢悠悠顺序发生和并列发生的事，都压缩在这样一个决定一切的短暂时刻表现出来。

  2020年，如果能静下心来读这本书，也许一个小决定会带来一个大变化。野百合也有春天，谁说工业互联网的未来没有中国的声音！

冷　男

中央军委后勤保障部某中心环境监测和设备检验室主任、高级工程师

前　言

"工业互联网"的概念最早由美国提出，主要是指通过互联网将人、大数据、智能资产和工业设备连接起来，结合软件和数据分析，以提升生产力和效率，改变传统工业的面貌。其后，世界各主要工业国家纷纷以各种方式，表达了推动新一代信息技术和制造业的深度融合，大力加快制造业数字化、网络化、平台化、智能化转型的愿景。这也被认为是继蒸汽、电力、信息技术之后的第四次工业革命。我国对于这一趋势也做出了自己的回应，从国家到地方，出台了与之有关的一系列指导意见、配套方案、扶持政策，一个规模万亿级、持续数十年的大变革、大市场正在形成。

2020年伊始，突如其来的新冠肺炎疫情蔓延全球，严格的防控措施对生产生活造成了前所未有的影响。然而，在危机中往往可以看到未来的前景。无法出门，远程运维解决现场问题；缺少人手，智能调度节省人力成本；人员不能聚集，无人车间、智慧工厂大显身手。生产数据流转于云端，制造流程协同于无形，对于那些提前接受并尝试工业互联网的企业来说，疫情之下的复工复产相对于传统企业更加高效、有序和低成本。

因此，国家对于包括工业互联网在内的"新型基础设施建设"的重视程度再次提升，多次高层会议强调加大扶持力度，加快"新基建"发展。经过此次疫情，中国企业上"云"、拥抱数字化的进程将进一步加速，全社会对于工业互联网的关注与热情也将达到一个新的高度。

尽管工业互联网的概念和前景已经深入人心，但是迄今为止，由于行业缺乏底层方法论和通用引擎工具，行业整体还没有产生爆发式的增长。深圳市智物联网络有限公司（以下简称智物联）在这方面进行了长期探索，基于"多源异构数据映射"的方法论研发出了工业互联网核心引擎——MixIOT，并进一步将其产品化，已经大量应用于不同种类设备和不同生产场景的工业互联网项目。在工业领域中，有无限多个行业，无限多种设备，设备与设备之间通常再组合形成一定的有机配合，这种再组合也有无限多种。这么多无限合并在一起，大部分人不太相信这个行业还可以有通用方法论和通用引擎，更何况工业对安全性、可靠性、稳定性有着极高的要求。为此，智物联专门写了这本书来解释我们从技术上是怎么做到的。

特别需要说明的是，"工业互联网"和"工业物联网"这两个提法在现实中尚未有特别清晰的界定，经常混用。在智物联看来，"互联"涵盖的范围更广，而"物联"则更加基础，因此，在本书中，涉及产业整体发展部分，使用的是"工业互联网"，而对于 MixIOT 体系的具体解读，则更多使用"工业物联网"的提法。由此产生的不便，敬请读者谅解。

本书一共分七个部分。

第一部分为产业背景篇，从智物联在业务实践中形成的观点出发，帮助读者宏观地理解"多源异构数据映射"方法论和 MixIOT 体系在产业发展中的意义。

第二部分为基本概念篇，阐释了 MixIOT 体系中的一些基本概念，这些概念从本质上让 MixIOT 体系与众不同。

第三部分为数据来源篇，解释了 MixIOT 体系如何对不同形式的数据来源进行统一的规范化处理。

第四部分为扩展组件篇，介绍了 MixIOT 体系中常见的一些组件，它们让 MixIOT 体系得以满足工业互联网项目的常规所需。

第五部分为分析与算法篇,将MixIOT体系独有的数据分析工具一一展现出来,这是MixIOT体系打破数学与工业壁垒的成果。

第六部分为Fidis应用平台篇,简要地介绍了MixIOT体系的应用层,这也是一个能够进行二次开发的框架,是能够实现工业互联网产业整体繁荣的关键。

第七部分为产品与项目篇,对MixIOT体系的产品化和在具体项目实施中的应用进行了说明。

智物联将陆续出版"工业互联网研究"系列书籍,本书是此系列的第一本,主要讲解工业互联网核心引擎的基本概念和原理,内容全面、深入浅出、循序渐进、通俗易懂,有助于从业者加深对工业互联网行业的理解,提供发展方向的重要选择;也能够作为工业互联网爱好者的入门读物,或者高校工业互联网相关课程的教科书,从一个独特的切入点了解行业发展的前沿。该系列的《工业互联网数据分析与算法基础》《工业互联网核心引擎要点与进阶》《工业互联网项目实践与典型案例》等书也将在今年陆续出版,希望帮助读者由浅到深地理解和掌握MixIOT体系。敬请期待。

著　者

英文术语速查表

类别	术语名称	英文全称	术语说明
基本概念	MixIOT	Mixlinker Internet of Things	智物联研发的基于"多源异构数据映射"方法论的工业互联网核心引擎
	MixIOT Admin		MixIOT 管理员中心，拥有最高级权限 MixIOT 门户中心，用于 MixIOT 各类组件的配置
	Object		对象，是 MixIOT 进行数据处理的基本单位
	Grid		栅格，一个数据采集设备一次采集到的全部数据
	Key		键，栅格中的某一个数据
	FV	Flexible Variable	柔性变量，将栅格进行马赛克拼接后形成的数据形式
	Mosaic		马赛克，将栅格拼接为柔性变量的数据处理过程，因此柔性变量的集合也叫马赛克数据
	Mapping		映射表，描述数据从栅格到柔性变量这一映射关系的形式，映射表中包括对象的状态和设定数据
	Codebase		代码库，通过 NIEFAD 变换，将栅格中的事件、故障、报警等类型的数据摘出来形成的数据库
	Control		反向控制，MixIOT 对设备的操控
	D&C	Dispatch and Control	调度与控制，MixIOT 的一个核心组件，即经过计算得出调度方案，并将方案转换成针对对象的调整指令，通过反向控制将指令下发
	VAPO	Video Audio & Picture Organizer	音/视频、图片在线服务组件，用于多媒体数据的处理
数据来源	Aprus	Advanced Programmable Remote Utility Server	高级可编程适配器，是智物联研发的数据采集终端，有"用户可编程"特性。分为 AprusⅡ、AprusⅢ、AprusX 等多个型号
	Dixie	Data Inbound Exchange Infrastructural Engine	入栈机，将第三方数据采集终端采集的数据转换成符合 MixIOT 数据规范的服务组件
	Gards	Generic Advanced Remote Date Service	通用远程数据服务，用于接收所有适配器和 UFS 传送过来的数据，有 Gards Pagosa（单主机版本）和 Gards Falconer（集群版本）两个版本

续表

类别	术语名称	英文全称	术语说明
数据来源	Garoute	Gards Route	通用远程数据服务路径，用于存在多个Gards时的路径指定
	Collectos		离线数据库，在MixIOT体系中用于保存离线数据，离线数据即不能通过数据采集终端直接采集的数据
扩展组件	Dashboard		显示板服务，为应用端显示提供数据推流的服务组件
	Agent		代理服务，数据产生结果的调度中心
	Messenger		信使服务，将MixIOT中的数据用某种特定传输方式输送给MixIOT之外某个特定接收方的服务组件
	Report		报表服务，用于创建各类数据报表的服务组件
	UFS	Unified Forge Support	连锁服务，用于分散部署的MixIOT之间进行数据交换的服务组件
	GAST	Generic Access Security Tunnel	安全隧道，用于网络远程访问MixIOT中工业设备控制器的服务组件
	Statos		统计计算服务，MixIOT中进行统计计算的服务组件
	Transformer		变换计算服务，将MixIOT体系中的数据通过数学变换规则转换成可用数据结果的服务组件
分析与算法	Indass	Industrial Data Analysis Service System	工业数据分析服务系统，包括合理性分析、指数分析、稳定性分析、趋势分析等
	Evacs	Evaluation Analysis and Caculation Service	估计值分析与计算服务，用于对增量估计值和偏态估计值进行分析计算的服务组件
	Aplec	Aprus Lead Construction	基于线索构造方法建立的一种应用，用于判断适配器Aprus是否存在问题
	ODS	Online Diagnosis Service	在线诊断服务，可实现在线诊断"对象"故障原因
	Balances		平衡与匹配，用于计算流程工业中物料进出的平衡与匹配问题的服务组件
	Dynaload		动态配载，用于动态场景下计算最优负载的一种计算模型

续表

类别	术语名称	英文全称	术语说明
应用平台	Fidis	Flexible Information Data Integrate System	柔性信息与数据集成系统，是 MixIOT 的应用层，与 MixIOT 体系进行数据交互，并提供前端界面供终端用户进行操作
	Fidis Pro		Fidis 主应用的一种，主要供设备生产者使用
	Fidis Exp		Fidis 主应用的一种，主要供设备使用者使用
	OpenFrame		Fidis 开源开发框架，可用于 Fidis 应用程序的二次开发
产品	RolaCloud		如来方略云，MixIOT 的云部署产品
	RolaCab		如来方略柜，软硬件一体化的工业现场控制机柜，目前有 R1200、R2000、E800 三种型号。其中，R1200 和 R2000 用于 MixIOT 的机柜部署方式，E800 用于 Apieco 的部署
	Apieco	Advanced Programble Industrial Edge Controller	高级可编程工业边缘计算控制器，以具体场景需求为目标，以边缘计算为形式的软硬件一体化产品

目录 / Contents

第一部分　产业背景篇

第1章　从产业规律看工业互联网的发展 ……………………………………… 002

第2章　工业互联网项目成熟度模型初探 ……………………………………… 006

　　L1：数据采集层 ………………………………………………………… 007
　　L2：组织处理层 ………………………………………………………… 008
　　L3：基础应用层 ………………………………………………………… 009
　　L4：高级分析层 ………………………………………………………… 010
　　L5：问题解决层 ………………………………………………………… 011

第3章　工业互联网的格局和机会 ……………………………………………… 012

　　格局未成，机会多多 …………………………………………………… 012
　　多山头，深扎根 ………………………………………………………… 013

第4章　工业互联网的顶层规划 ………………………………………………… 015

　　企业信息化系统建设遇到的困境 ……………………………………… 015
　　企业到底需要什么样的工业互联网 …………………………………… 016
　　理解"顶层规划" ………………………………………………………… 018
　　企业应该怎么做 ………………………………………………………… 019
　　系统选择 ………………………………………………………………… 020

第二部分　基本概念篇

第 5 章　活的 MixIOT 体系 ································· 024
有言在先 ································· 024
什么是工业物联网 ································· 025
工业物联网的五个包子 ································· 028
什么是 MixIOT 体系 ································· 029
快速实现物联网项目 ································· 030

第 6 章　对象（Object）································· 039
对象和设备 ································· 039
"对象"是 MixIOT 体系里面的基本单位 ································· 040
对象应如何构造 ································· 045
对象和数据采集 ································· 047

第 7 章　映射表（Mapping）································· 051
什么是映射 ································· 051
什么是映射表 ································· 054
什么是同步计算映射 ································· 057
什么是同步外源数据映射 ································· 059
用活、用好映射表 ································· 061

第 8 章　代码库（Codebase）································· 062
什么是代码库 ································· 062
报文类型 ································· 063
NIEFAD 变换 ································· 065
EFA 与栅格数据的关系 ································· 069

第9章 向量和矩阵（Vector & Matrix） 072

MixIOT 体系数据形式 072

MixIOT 矩阵是怎么来的 073

怎样构造有用的矩阵 075

矩阵的特征向量和特征值 075

决策中的矩阵应用 079

第10章 反向控制（Control） 081

什么是反向控制 081

反向控制的风险 082

反向控制机制 083

反向控制的范围 086

第11章 调度与控制（D&C） 089

了解调度与控制 089

D&C 的管理 093

干涉型控制 098

第12章 多媒体应用（VAPO） 099

MixIOT 体系的多媒体 099

多媒体应用 101

第三部分 数据来源篇

第13章 适配器（Aprus） 106

关于数据采集 106

Aprus 适配器 107

XIX

Lua 和 Aprus Lua（编程语言） ································· 109

　　适配器配置管理 ··· 111

　　Aprus X 适配器 ··· 114

第 14 章　入栈机（Dixie） ·· 115

　　什么是入栈机 ··· 115

　　Dixie 的管理 ·· 116

　　Gards 服务 ·· 117

　　Garoute 服务 ··· 118

　　Dixie 模板和脚本 ··· 120

第 15 章　离线数据 ··· 121

　　什么是离线数据 ··· 121

　　Collectos（离线数据库） ·· 122

　　离线数据标识 ··· 125

第四部分　扩展组件篇

第 16 章　显示板服务 ·· 130

　　数据流推送 ·· 130

　　显示板（Dashboard）服务 ··· 132

第 17 章　代理服务（Agent） ··· 136

　　什么是代理服务 ··· 136

　　代理是怎么工作的 ··· 137

第 18 章 信使服务（Messenger） ·············· 141

- 什么是信使服务 ·············· 141
- 信使服务和代理 ·············· 142
- 信使路由和通道 ·············· 143
- 通道的建立 ·············· 145

第 19 章 报表服务（Report） ·············· 146

- 为什么应用的 UI 是别人的 ·············· 146
- 什么是命题服务 ·············· 147
- 报表命题（项目）三要素 ·············· 149

第 20 章 连锁服务（UFS） ·············· 153

- 什么是连锁服务 ·············· 153
- UFS 如何维持 MixIOT 体系的方式不变 ·············· 157
- UFS 项目 ·············· 158
- UFS 脚本和模板 ·············· 160
- UFS 是构建复杂应用的基础 ·············· 162

第 21 章 安全隧道 ·············· 163

- 什么是安全隧道 ·············· 163
- GAST 客户端程序 ·············· 165

第 22 章 统计计算（Statos） ·············· 167

- 统计计算容易吗 ·············· 167
- 统计计算命题 ·············· 169
- 管理统计计算命题 ·············· 170

统计计算中的数据过滤 172
　　统计计算结果的应用 174
　　统计和计算 174

第 23 章　变换计算服务（Transformer） 177
　　什么是变换 177
　　傅里叶变换 178

第五部分　分析与算法篇

第 24 章　基础分析 184
　　什么是 Indass 184
　　什么是运行映像 185
　　指数水平及其变化和变化的速度 187
　　运行稳定性和相关性 189
　　运行趋势 192
　　运行风险 193

第 25 章　偏态与增量估计值 196
　　什么是估计值 196
　　估计区间、偏态区间、增量区间 199
　　估计值的标量意义 200
　　估计值模型 201
　　Evacs 脚本 203
　　Evacs 与 EFA 标签 204

第 26 章 线索构造 ························206

线索构造方法 ························206
适配器的线索 ························207
把 Aplec 用在适配器上 ················208
线索构造怎么用 ······················211

第 27 章 在线诊断 ························213

什么是在线诊断 ······················213
表象特征和问题 ······················215
表象特征和表象特征之间 ··············218
问题和问题之间 ······················218
初级诊断和高级诊断 ··················219
诊断报告 ····························220
再论"问题" ·························222
ODS 与线索构造 ······················223

第 28 章 平衡与匹配（Balances）··········225

什么是平衡与匹配 ····················225
研究平衡与匹配的方法 ················227
失衡特征 ····························229
Balances 项目 ························231
MixIOT 体系的关联 ···················232

第 29 章 动态配载（Dynaload）············234

MixIOT 体系计算模型程序（组）········234

XXIII

动态配载是什么 236
动态配载的五要素 237
动态配载模型 238
完备模型与简化模型 240
动态配载模型的使用 242
动态配载的应用形态 244
应用实例 246

第六部分　Fidis 应用平台篇

第 30 章　应用框架 248

数据的时序纵横 248

Fidis 应用框架 254

第 31 章　应用主程序（Pro & Exp） 258

Fidis 主应用 258

Pro 和 Exp 260

关注与授权 261

定制应用和主应用 263

Pro/Exp 改变商业模式 264

第 32 章　应用开发框架（OpenFrame） 266

Fidis 应用的来历 266

OpenFrame 267

第七部分 产品与项目篇

第 33 章 如来方略柜（RolaCab） 270
如来方略柜 R 系列 270
为何要用如来方略柜 272

第 34 章 边缘计算控制器（Apieco） 276
Apieco 是数据终端 276
Apieco SDK 277
Apieco 应用场景 277
Apieco 和 MixIOT 体系 281

第 35 章 边缘计算（Mixedge） 283
MixIOT 体系的边缘计算 283
边缘计算结果 284
边缘如何计算 286
边缘计算载体 287
边缘计算的 MixIOT 体系支持 287
边缘计算与控制 289

第 36 章 项目实施（Implementation） 290
工业物联网项目 290
解决实际问题 293

第 37 章 MixIOT 体系（Systematics） 297
回顾 MixIOT 体系 297
MixIOT 体系的自我完善 302

第一部分
产业背景篇

时代赋予了工业互联网发展的机遇和动力,但也对从业者提出了更多的问题。智物联在自身业务实践中形成了对产业发展的一些观点,正是这些观点决定了智物联的技术路线、研发方向和产品形态。

本部分从产业发展规律、项目成熟度模型、行业格局和机会、顶层规划几个方面对智物联的观点进行了总结,有助于读者从宏观上认识工业互联网这个产业,以及"多源异构数据映射"方法论和MixIOT体系对工业互联网的意义。

第 1 章
从产业规律看工业互联网的发展

记得 2000 年,我还在上大学,学校一位老师拿到一个 MIS(Management Information System)开发的项目,项目金额 800 万元,作为学生的我们,觉得老师真厉害,项目金额真高。从那时起直到现在,中国的管理信息化经历了快速发展的 20 年,经历了从萌芽到几乎全行业、全领域、全覆盖的过程,产生了从 MIS 到 MRP、ERP、CRM、MES 等各种各样的管理信息化系统,连街边的小卖部也在用电脑管理自己的生意。20 年来,中国做管理软件的公司呈井喷式涌现,大公司、小公司都有,各种行业、各个领域都有,软件行业从业人员的 90%以上都是做各种各样的管理软件的。这些公司,这些软件工程师,都有一个共同的特点,就是离开关系数据库几乎就不会写程序了。管理信息化路径参见图 1-1。

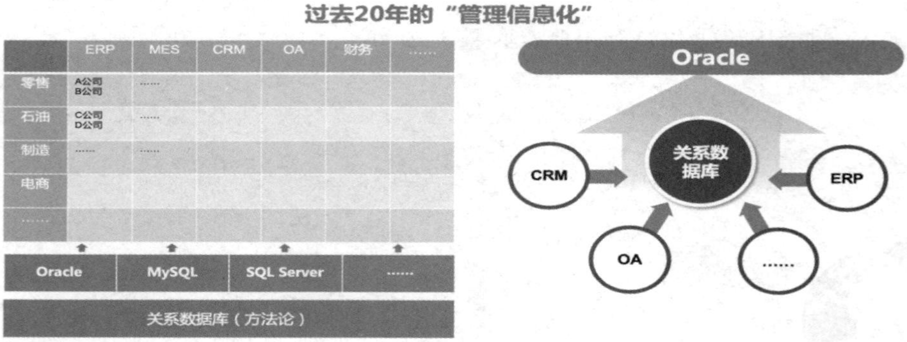

图 1-1 管理信息化路径

大部分做管理信息化的软件公司，为了能够迅速在市场上形成竞争力，通常要么横向在一个行业内做项目，要么纵向在一个领域内做项目，更常见的是在横向和纵向的一个交叉点上做项目，也就是大家讲的"垂直领域做深做透"。这是最容易出成绩的一种做法，但这种做法也只能一直停留在表层的应用上。所以，虽然我们经历了管理信息化这 20 年的快速发展，但最终成就的却是 Oracle 这样的伟大公司，在国内几乎没有公认的伟大软件公司出现。

下面，我们看一看产业放大器模型，参见图 1-2。

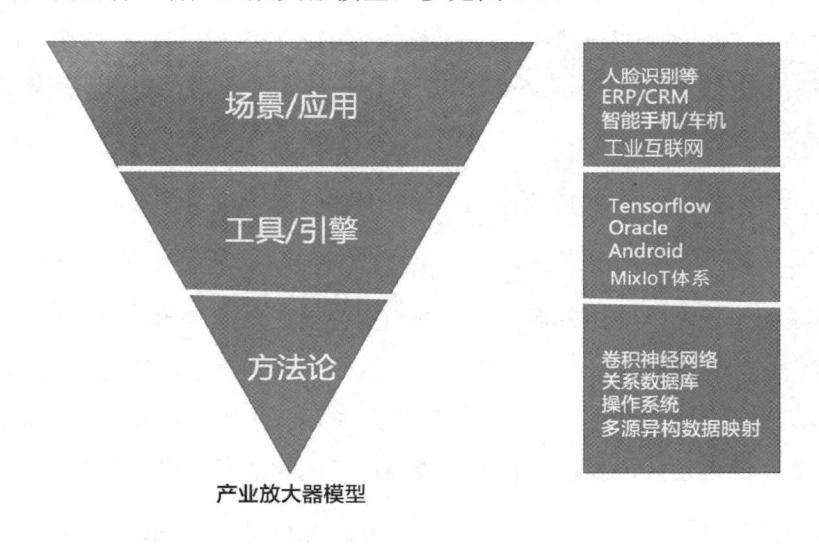

图 1-2　产业放大器模型

从上述对管理信息化的论述中，我们可以总结出行业发展的一个"倒金字塔"模型。一个行业的快速发展，通常都是因为有一个"方法论"，然后有少数公司基于这个方法论做出"软件工具"，更多的公司基于这个软件工具，去做基于场景匹配的各种"场景应用"。

在管理信息化这个领域，"关系数据库"是方法论，"Oracle""MySQL"等是基于关系数据库方法论的实现工具，CRM、ERP 等各种各样的管理软件是基于场景匹配的"场景应用软件"，这些场景应用软件一定会用到某个关系数据库的工具软件。

我们再看看这几年比较火的 AI（人工智能）行业。几乎从 2018 年下半年开始，各种基于 AI 的产品快速得到商用，高铁站、机场、酒店、银行等都上线了人脸识别系统；停车场、高速公路等都上线了车牌识别系统。为什么在不到两年时间内各种 AI 产品迅速普及，做 AI 的公司也越来越多，而两三年前却几乎没有类似的产品和从业公司呢？这是因为近两三年间，以 Google 的 Tensorflow 为代表的 AI 引擎成熟了（2016 年 AlphaGo 大战李世石是其标志性的起点）。在 AI 这个例子中，"卷积神经网络"是方法论，"Tensorflow"是工具，各种人脸识别、车牌识别等软件和设备应用是"场景匹配"。

在安卓（Android）成熟后的移动终端硬件（包括手机、学习机等）领域也是同样的情景。

并不是每个领域一开始就形成了这种稳定的倒三角结构的。任何领域的发展基本上都是先有"场景应用"，然后逐步总结形成方法论和基于方法论的工具，再到工具成熟，有一个过程。但是一旦方法论和工具成熟，并被业界所认可，这个行业领域才会有真正的爆发式成长，而长期形成的场景匹配的市场格局也会重新洗牌。

工业互联网是工业升级转型的一个重要路径和抓手，从 2017 年开始，国家在政策和资金层面，对工业互联网都加大引导和投入。到目前为止，还是一个大的"堰塞湖"状态，整个行业并没有"快速且有价值"的发展。我们认为主要原因是这个行业还没有形成统一的"方法论"和"工具"，相当于还处在手机的"功能机"时代，没有进入"智能机"阶段。

智物联完善并开发的"多源异构数据映射"方法论和"MixIOT"工具，就是工业互联网领域的通用方法论和工具，是智慧工业核心引擎。

工业升级转型路径参见图 1-3。

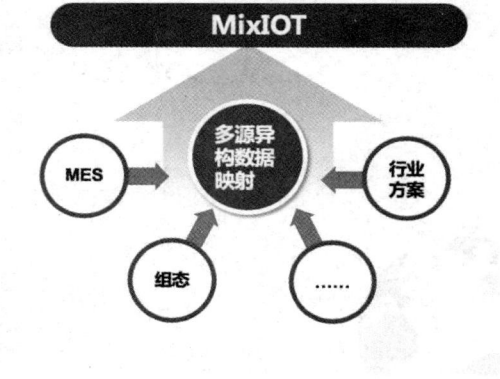

图 1-3 工业升级转型路径

智物联正在建立包括销售合作伙伴、解决方案合作伙伴在内的生态体系，鼓励合作伙伴基于智物联软硬件产品进行二次开发，打造自身的工业互联网方案、产品和品牌。

在工业互联网领域，智物联是一个完全不一样的存在，智物联的定位、路径、目标都与国内该领域内的其他企业完全不同。智物联的 MixIOT 被业界广泛认同，将更加有利于这个行业的快速发展。

第 2 章
工业互联网项目成熟度模型初探

工业互联网项目成熟度模型的建立有助于厘清客户实际需求,明确项目实施重点,合理分配项目实施时间,建立项目评价体系,并能够进一步指明工业互联网发展的方向和路径。

智物联在以前发表的文章中曾经提出过工业互联网发展的不同阶段,以及对工业互联网数据不同层次的运用,在此基础上,可以初步建立起智物联工业互联网项目的成熟度模型,根据不同的标准和要求确定具体项目所达到的层级,以此对交付的项目进行评估。

以对数据的使用为主线,按成熟度由低到高,该模型可以分为五个层级,参见图 2-1。

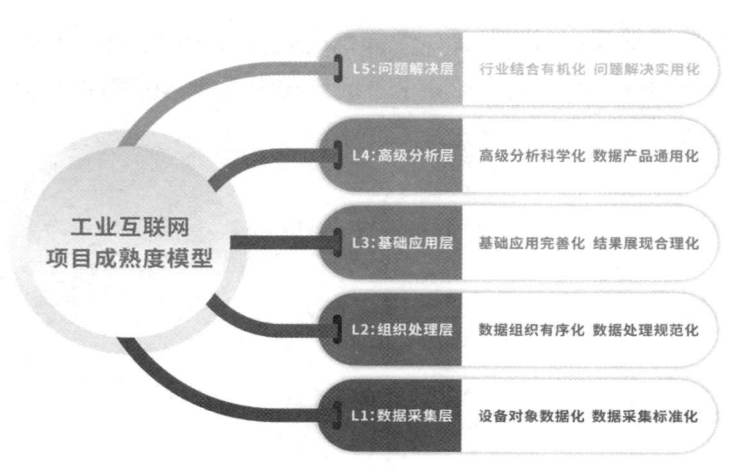

工业互联网项目成熟度模型

- L5:问题解决层 —— 行业结合有机化 问题解决实用化
- L4:高级分析层 —— 高级分析科学化 数据产品通用化
- L3:基础应用层 —— 基础应用完善化 结果展现合理化
- L2:组织处理层 —— 数据组织有序化 数据处理规范化
- L1:数据采集层 —— 设备对象数据化 数据采集标准化

图 2-1　工业互联网项目成熟度模型

L1：数据采集层

数据采集是工业互联网的基础，也是工业互联网项目的起点。

这一层级的项目成熟度评估内容包括：工业设备数据能否成功采集；用什么样方式进行采集；能否突破工业设备多样化的桎梏形成可重复的、操作性强的采集流程；能否以统一的标准容纳不同来源的数据等。其中最重要的是两个问题。

一是工业设备的数据化，就是针对不同的设备、不同的项目确定采集什么样的数据和具体的采集方法。MixIOT 体系在一般的设备数据化上更进一步，将"设备"的概念发展为"对象"，一个"对象"可以是一台设备，也可以是一条生产线、一个车间、一个工厂，甚至是多个工厂的产业集群。这就大大拓宽了工业数据的含义，提高了工业设备数据化的灵活性。

二是数据采集的标准化。工业数据具有多源异构、多种工业协议共存、实时性、融合性等特点，并且各种工业协议彼此之间大多不兼容、不开放，缺乏统一的数据采集标准。而基于"多源异构数据映射"的方法论，MixIOT 体系已经建立了完整的数据采集标准体系，可编程适配器 Aprus、边缘计算控制器 Apieco 等数据采集终端也已经能够支持市面上大多数工业协议。此外，MixIOT 体系还有离线数据库、入栈机等组件可以将离线数据、第三方数据采集终端采集的数据纳入 MixIOT 的标准体系中。

L2：组织处理层

数据采集上来之后需要进行存储部署，但存储本身并不是重点，无论是一站式部署，还是私有化部署，无论是云部署，还是本地机柜部署，本质上只是数据存储的地方不同而已，关键在于存储组织的方式。是把数据不作区分地堆到一起，还是进行一定抽象处理后有序地保存，这决定了后续对数据应用的科学性和有效性。

因此，这一层级的项目成熟度评估内容包括：数据的保存是否有序；数据的检索是否高效；数据之间的关联关系是否清晰；数据的调取是否简便等。

数据处理这个环节，很容易被忽略，绝大多数物联网服务商并不明白数据处理是怎么回事，更不知道如何去做好数据处理，只能把从采集到存储过程中取得的数据直接加以应用，结果展现出来的只能是大量零散的数据，无法准确判断数据关联关系，更无法通过数据分析辅助决策、解决问题。

MixIOT 体系对数据类型有完善规范的分类，并且根据数据特性通过映射表、代码库等将其分离，同时，按照数据的不同来源，建立了栅格数据库、马赛克数据库、离线数据库、统计数据库、统计报表数据库等，这大大便利了对数据的检索、读取、关联和分析。

L3：基础应用层

基本上工业互联网项目都不会只停留在前两层，采集数据、处理数据的目的是应用数据，而应用深度和应用方式的不同，形成了后面三个层级的差别。

基础应用层主要是对数据进行基础的统计计算，并将计算结果可视化，形成各类报表或图形，将数据以直观的方式加以展现。通过统计计算和可视化展现，不同类型的数据按照实际项目的需求，以各种逻辑重新整合，产生一种全局性的视角，一定程度上能够为工业设备运行和管理提供决策依据。

这一层级的项目成熟度评估内容包括：项目所支持的统计计算方法是否完善；是否能够对各种原因造成的错误数据进行过滤；统计计算结果是否能够得到最大限度的应用；统计计算结果的展示是否合理、美观等。

MixIOT 体系中的统计计算、报表服务、显示板服务等组件和 Fidis 中的实时监控等应用已经十分完备，能够轻松地实现工业互联网基础应用层的要求，形成合理、准确的结果展现。当然，对于可视化展现来说，客户可能对它还有更多的要求，对此，MixIOT 体系会专门提供相关的工具，让使用者可以各显神通，设计出符合客户要求的可视化效果。

L4：高级分析层

目前大多数工业互联网服务商集中在前三个层级进行竞争，有做数据采集终端的，有做数据存储平台的，有做数据统计计算应用的，也有整合这些资源和服务做整体化解决方案的，但这远不是工业互联网的终点，再前进一步，就来到了工业互联网项目的高级分析层。

在高级分析层，需要打破数学和工业之间的壁垒，挖掘数据的真正价值。项目成熟度的评估内容也就相应地包括：能否脱离各种工业设备不同机理的羁绊，将工业数据抽象化；能否完全从数据角度去分析其变化特征、内在关联及各种临界可能；能否搞清楚工业数据背后的含义；能否将高级分析所得的经验、路径、结论等，体现为数据分析产品或行业/设备专项产品；这样的产品能否脱离某个具体的项目，在更大的范围内得到应用等。

MixIOT 体系包含的数据分析产品有 Aplec、Indass、Evacs、ODS 等，可用于适配器故障排查；工业互联网对象的合理性分析、稳定性分析、指数分析、趋势分析；偏态与增量估计值分析；表象特征与问题诊断等。随着业务的深入开展和对各个工业行业的渗透，MixIOT 体系智物联的数据分析产品也将会越来越丰富。

L5：问题解决层

我们一直说工业互联网给客户带来的价值是安全生产、节能减排、增产增效、精细管理，这是工业互联网必须要解决的问题。如果做一个高度概括，那么也可以将其视为项目成熟度模型在这一层级的评估内容。

但是，整个工业领域有着繁多的行业门类、复杂的工艺流程和各异的工业产品，任何一家公司都不可能靠单打独斗让所有项目都达到这一层级，广泛的合作是必由之路。

很多公司，在前面四个层级可能并不具备特别突出的亮点，但是他们的优势在于对某个工业行业或领域做得比较深入，积累了大量的经验，这种行业经验如果与MixIOT体系这样的引擎工具有机结合，就能突破各自的局限，在"解决问题"的维度上达到我们所期待的、真正的工业互联网。

以上便是智物联工业互联网项目成熟度模型的整体架构。当然，该模型现在还只是一个框架，具体到每一个层级的评估内容还可以有很多细项和量化指标，将在今后逐步加以完善。这一模型的建立和推广，相信也能为整个工业互联网行业的项目成熟度评估提供有益的借鉴。

第 3 章
工业互联网的格局和机会

行业格局是一个行业中从业者之间的竞争结构关系。知道一个行业的格局，对于进入这个行业、寻找行业内的机会肯定是有帮助的。那么，当下工业互联网的格局是什么呢？

格局未成，机会多多

关于这个问题，笔者先说自己的答案：眼下并没有所谓格局。别说大格局，连小格局都没有形成。

电商的大格局是阿里淘宝和京东；支付的大格局是微信和支付宝；即时通信的大格局是微信；搜索引擎的大格局是百度和谷歌；人工智能的大格局是 Tensorflow；手机操作系统的大格局是 iOS 和 Android，等等。这些领域的大格局的形成也没经历多长时间，很快就有了生态，就有了主导者，大的竞争也就已经结束了。参照这些领域，就能知道所谓大格局究竟是什么，也就明白为什么工业互联网不仅没有大格局，连小格局都没有。这是由于工业本质的复杂性所决定的。简单地说，不管是何方神圣，都没办法靠云服务、大数据、大系统、App 来解决工业的问题。解决不了工业的问题，又何来生态？没有生态，又何来格局？

从选择一个行业做生意的角度来说，在有格局的情况下，策划生意是相对容易的，因为基本上什么都看得见，什么都可以预期。再说得具体一点，比如你想去做电商卖产品，一定不会想着去先自己弄个电商平台，你能做的就是在淘宝和京东两大阵营选边站，要么就是去当个微商。选择电商平台这件事成了决定因素，而产品的好坏如何，反而已经不再是决定因素。这就是在大格局下的生存法则。

那么，工业互联网现在还没有大格局，甚至都还没有格局，这是一件好事，还是一件坏事呢？对于从业者来说，是更容易，还是更难？在"无格局的格局"下，又该怎么做呢？这些都是我们面临的问题。

目前，互联网各个领域的大格局，在很大程度上是资本推动造就的。而在工业互联网这个领域，实际上也有很多大企业在介入，它们既不缺资本，也不缺影响力，但为什么形成不了大格局呢？因为它们缺的是"干部带着工具下乡去解决问题"的方式。这里的重点是：一要有干部，二要有工具，三是干部要会用工具，四是干部要能下乡，愿下乡，五是下乡还得解决问题。而在工业互联网实际项目这个层面，大企业们往往做不到"干部带着工具下乡去解决问题"。

大企业做不到的，恰恰是其他从业者的机会，当我们拥有了工具（MixIOT体系和其他相关产品），会用工具，还能下乡（深入各个行业和各种工业现场），想想看，那会是一个怎样的景象？

多山头，深扎根

我们之前也试图从接触实施过的项目做一些梳理，想分析一下究竟我们和我们的合作伙伴适合在什么样的行业中深扎下去。但结论是并没有这样的特定行业，或者说，工业的任何行业我们都可以帮助合作伙伴深扎下去。

笔者曾经写过一篇文章，叫"工业物联网的五个包子"，其实也就是工业物联网项目的五个阶段，简单地说，就是数据采集、数据保存和处理、数据基本应用、数据高级应用和利用数据解决实际问题。

在现在这个阶段可能最适合我们的方式，就是"多山头乃无山头"，只要吃得下第一个"包子"的，都可以先去做。能用如来方略云的就用如来方略云，不愿意用如来方略云的就用如来方略柜，不愿意用大机柜的就用小机柜。但这并不是说，我们忽略了行业深扎，而是把行业深扎作为后续水到渠成的事情。因为不管什么行业，终极目标就是去解决问题。

举个例子，如果客户的需求是"预测性维护"，我们接不接？当然接。但是，预测性维护属于第五个"包子"，要等前四个"包子"吃完后，消化一段时间再开始，这就是行业的深扎。这样的机会不需要多，一个行业只要有一两个客户能跟我们从第一个"包子"开始合作，那就有可能逐步深扎进这个行业。但如果本末倒置，直接吃第五个"包子"，那也许一口就会噎着。

所以，不着急，一步一步来，小机会会变成大机会，大机会有了，大格局慢慢地也就形成了。

第 4 章
工业互联网的顶层规划

在工业转型升级浪潮下,工业企业的信息化建设正如火如荼,而市场上工业互联网的厂商林林总总。但是,工业互联网的建设到底该遵从什么样的思路?工业互联网的建设会不会重复管理信息化时代出现的信息孤岛等问题?这就需要工业企业信息化主管对工业互联网的建设有更高格局的思维及更全面的认知和规划。本章就从工业企业信息化主管的角度出发,论述企业的工业互联网建设该如何科学规划。

企业信息化系统建设遇到的困境

工业互联网是企业信息化的一种,在未来,也会成为工业企业信息化的最核心部分,具有十分重要的作用。

在目前企业信息化的过程中,存在着一些常见的问题,而且似乎到现在都没有找到很好的解决路径。最典型的有以下几个方面。

(1)信息孤岛。企业信息化所建立的每个系统都是一个独立的"烟囱",不管是OA、ERP、CRM,还是现在很多企业已经建成的物联系统,每一个都各自独立,做不到数据信息的同步和共享。

（2）不能面向未来。不管是什么类型的企业信息化，为其定制化开发所进行的调研都是基于当下的业务需求的，是一个静态的切面，而不是一个能够随时应对未来变化的动态体系。随着企业的发展，短则一年，长则三年，就有可能从业务的助力变成业务的掣肘。

（3）不能面向发展。基于静态切面需求的另一个结果就是，企业信息化只能被动地适应业务，而不能够"主动地"为业务发展及企业经营活动提供"建设性"的意见和建议。

（4）受制于软件开发公司。大部分企业在信息化系统上没有自主权，而是受制于软件开发公司。如果企业想对信息化软件提出修改或调整，那么能否修改调整及其所需的时间、费用等，都要看软件开发公司的脸色行事，企业基本没有谈判的筹码。即便企业咬咬牙换一家软件开发公司，到最后依然会陷入这样的境地。

企业信息化过程中的这些困境，也是工业互联网可能遇到的，走出这些困境的道路，也就是工业互联网发展的理想之路。

企业到底需要什么样的工业互联网

在回答这个问题之前，可以先来看看通信系统的例子。

今天，全球已经形成了庞大的、一体化的通信系统，几乎能够实现任意通信终端之间的实时通信，在技术上有着严格的整体管控。但是在每个国家、每个地区都有若干不同的通信运营商，它们各自独立建设、独立管理，相互之间并没有统一的沟通协调机制。同时，每个运营商还能够在自己的运营范围内实践自己的局部创新，为用户提供各具特色的增值服务，这种局部创新既能完全融入整体的通信系统，也不需要其他运营商进行额外的调整和配合。所以说，通信系统是一个既有整体统一，严格管控，又有局部开放性的体系，参见图 4-1。

图 4-1 通信系统的体系

通信系统的这种特点，也正是我们希望未来的工业互联网所能具备的。那么，通信系统又是如何做到这一点的呢？

通信系统在技术上有着严格的顶层规划，有 3GPP 这样一个国际标准化组织来定义通信系统应该符合什么样的技术标准规范。这个技术标准规范是强管控的，所有的设备生产厂家都必须按照这些规范去开发，所有的运营商也都要按照这些规范去建设通信网络。不同制式的网络，比如 2G、3G、GSM、CDMA 等，也可以通过这些规范定义的关口局设备来实现网络间的互通。这样就保证了不论使用什么厂家的设备、在哪家通信运营商的网络下、使用什么制式的通信终端，所有的用户都能够自由通信。运营商也不会被任何一家设备制造商绑架，随时可以更换为其他厂家的设备，运营商也可以在 3GPP 制定的标准协议框架下，自主进行某些创新的应用，如国内的彩铃业务等。

所以，对照通信系统，我们希望的工业互联网体系应该是这样的。

（1）它是一个开放的系统，企业可以在任何时候寻找任何一家或多家供应商来完成工业互联网的搭建。

（2）不管一个工业互联网系统有多少设备和多少供应商，数据都可以在权限范围内根据实际需要进行"流通"和获取，没有人为造成的壁垒。

（3）多个不同的企业或单位，在一个长时间段内，共同建设一个协同的大系统，在顶层规划下，前人的工作都能成为后人的基础，各个企业或单位既相互独立，又相互配合，既是自身的整体，又是更大整体的局部。

理解"顶层规划"

要达到我们希望的工业互联网，企业就要对"顶层规划"有清晰的认识。所谓的"顶层规划"：

它是一套方法论，而不是解决某个具体问题的方法；

它是一套开放且不断完善的标准，而不是一个具体的软件或系统；

它是由开放式的软件和硬件集合而成的，而不是某个公司、某个软件就能完成的，也不是一个自成一格的封闭式系统；

它是方向，是愿景，是需要长期努力的，而不是能一蹴而就的。

基于此，我们可以对顶层规划的建立设定几个原则：

- 规划强调整体性和可持续扩展性；

- 规划需要自上而下，要有体系和大局观；

- 需要分步实施,由易到难;
- 建立开放性的结构,由多方参与。

企业应该怎么做

对于企业来说,理解了工业互联网的顶层规划,就可以从以下几个方面着手来进行相应的工作。

1. 制定规范标准

不管是设备数据的采集、存储、分发、展现、分析、策略逻辑等方面,还是生产、运输、管理等实际运营层面,企业都需要分别制定总的规范和标准,用于要求不同的物联网供应商,并且形成矩阵数据模型。在各项总的规范标准下,还可以制定不同细分层级的子标准,子标准的制定是一个不断发展和完善的动态过程,以适应企业不同阶段的发展要求。

2. 将工业互联网建设定位为"一把手工程"

工业互联网系统是企业的数据和业务的中心枢纽,是应当持续发展、逐步完善的长周期、长规划系统,也是形成企业数据标准、采购标准、生产标准、流程标准等的推动器和方法论,与其他信息化系统相比,具有更加重要的地位,所以应当将工业互联网建设定位为"一把手工程"。

3. 在业务方向上强调独立自主

从工业互联网系统的建设和运营上看,"从0到1"的阶段一般需要有外部力量

（软件开发公司）的参与，帮助完成早期的定制开发和建设工作，当然，外部力量参与的前提是必须服从企业制定的各项规范和标准，同时具备开放性的特点。"从 1 到 N"的阶段，也就是与后续业务的实际运营紧密相关的阶段，应当由企业自力更生、独立自主地去完成。

4. 强化 IT 管理部

IT 管理部既涉及上文所述的标准制定，又负责后续业务独立运营阶段的工作，所以在企业中应当占有特别重要的地位。近些年，发展较好的企业大多有实力比较强大的 IT 管理部，他们既具备相应的技术知识和能力，又熟悉企业自身的业务和发展目标，同时能够快速响应企业的各项需求，是实现企业信息化和工业互联网建设的中坚力量。

系统选择

最后，再来讨论一下工业互联网该如何进行信息化系统选择。

我们可以把现在的各种软件分为软件工具和功能软件（参见图 4-2）。功能软件是各种功能的堆积和组合，用户只能使用，无法创造（如 QQ、各类财务软件等）；而软件工具则是可以由用户进行"再创造"的，实现用户所需的各种功能（如 Excel、编译器等）。对于工业互联网来说，类似软件工具那样的能够开源和自力更生的系统将是未来的主流，而目前大量存在的定制化开发将逐步走向衰亡。那些能够帮助企业信息化能力得到成长和提高，不用项目定制来绑架企业的软件开发公司也会越来越受欢迎。

所以，企业在进行工业互联网的系统选择时，要从自身的顶层规划出发，以开放性、自主性为重点要求。工业互联网领域的软件从业者也需要有更先进的技术和架构格局，才能为未来的可持续发展留有充足的空间。本书阐释的 MixIOT 体系就是具备上述特点的一种选择。

（1）功能软件与软件工具
（2）管理信息化系统如此发达，为什么Excel却生生不息
（3）开源和自力更生将是未来信息化的主流，定制化开发将逐步走向衰亡
（4）不绑架、不卡脖子、帮助客户信息化能力成长和提高
（5）技术和架构的格局相对高，为未来的可持续发展留有充足的空间

功能软件	QQ	财务管理	进销存	视频监控	……
	功能堆积和组合				
软件工具	编译器	关系型数据库	Excel	各种设计软件	……
	解决某类问题的方法论 + 实现方法论的工具				

图 4-2　软件工具与功能软件

第二部分
基本概念篇

在进入 MixIOT 体系的世界之前，我们首先需要对一些基本概念有所了解，正是这些概念及相关的处理方式使得 MixIOT 体系有别于其他物联网体系。

尤其是"对象"的构造、"映射表"与"代码库"对不同类型数据的分离处理等，是 MixIOT 体系所独有的，理解了它们，你也就能知道为什么 MixIOT 体系能够实现多源异构数据的接入，成为工业互联网的核心引擎。

第 5 章
活的 MixIOT 体系

有言在先

记得小时候，偶得一本詹文浒先生编写的《活的英文法》(*A Working English Grammar*)（见图 5-1），受用颇深，在那个没人敢教，也没人愿学 ABC 的年代里，我便可以用英文给祖父写信，现在回想起来，受益之处就来自这个"活"字，尽管那时并不明白这个"活"字的意义。英文文法是"活"的，所以唯有活学活用方能得其要领，汲其精髓，举一反三，融会贯通。

智物联的 MixIOT 体系从发布至今，已服务百余物联网项目，一直想撰文介绍，让更多的人了解 MixIOT 体系，使用 MixIOT 体系。然迟迟未曾动笔，皆因 MixIOT 体系之复杂、逻辑之交织、方法之独特，千头万绪，不知如何着手，亦恐诠释稍有差池而谬以千里、误导读者。

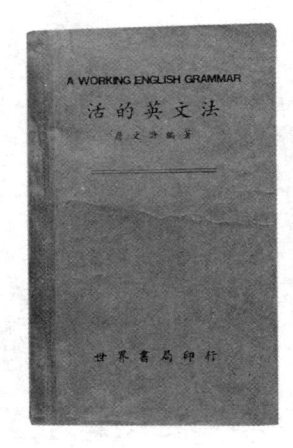

图 5-1　《活的英文法》

某日，想起幼时英语学习之经历，茅塞顿开，MixIOT 体系何尝不是一"活"的体系？由此，为文思路豁然开朗，以"活学活用"为主旨，概述 MixIOT 体系之方方面面，深入其道而浅出其理，遂成本书三十余章。若读者阅后能对 MixIOT 体系有所明晰，便是作者之幸事。

寄此开篇以备 MixIOT 体系之大观。

什么是工业物联网

很多人说"工业物联网"这个名字不正宗，应该叫"工业互联网"，就是把工业设备都接到 Internet，像我们的电脑、手机都联网一样。而我宁愿仍称其为"工业物联网"，这是因为其中的原理，实在与我们熟知的互联网大不一样。先看几个例子（以下公司名称、设备名称均为虚构）。

例一：

SCO 公司生产一种叫 SCO 的设备，广泛应用于各种工业领域，产品畅销国内外。SCO 设备对操作的要求较高，对使用工况条件要求比较苛刻，任何不按规程的操作都可能导致部件损坏或各种其他问题，故 SCO 公司每年投入巨大成本去处理客户的各种问题。

SCO 公司张工，今日长途跋涉，来到 1 500 千米之外的某客户现场，该客户购买的 SCO 设备工作异常，经张工现场查证发现，设备异常的原因是一个本应关闭的阀门被开启，张工关闭此阀门后，SCO 设备运行正常，他便打道回府了。

据说，SCO 公司处理此类事情并不在少数，花了不少差旅费和时间，有时却只为了一个阀门、一个开关。但对这样的设备生产商来说，也确实是无奈之举，因为他们必须对卖出去的设备负责到底。

例二：

还是 SCO 公司，还是 SCO 设备。SCO 设备有一个 PX 部件，设计寿命为三年，SCO 公司也做过大量老化实验，证明了这个结论。

但据他们统计发现，PX 部件在保修期内的更换率达 300%，换言之，PX 用不到一年就损坏了，因为还在保修期内，就没法向客户收费。经 SCO 公司工程师研判，这些损坏基本上可以确定是客户没有严格按规程操作所致，可是客户却不会认账，SCO 公司也不可能派人盯着客户的操作，想要取证谈何容易，只好打碎牙齿和血吞，付出高昂的维修更换成本。

例三：

还是 SCO 公司，还是 SCO 设备。SCO 公司的工程师们发现，SCO 设备偶尔会出现某些异常，跟设备运行所在的工况环境有关，可能是温度、湿度，可能是磁场干扰，可能是低频噪声、高频噪声，甚至还可能是 PM2.5。他们也在不同环境下做过一些实验，却难以发现其中规律，不得其解，但这些偶然和随机，却让 SCO 公司和客户都不胜其扰。

他们也很想找到这些异常的原因所在，如此，方可有的放矢地优化设计和选材，然而究竟需要做多少实验，才能拿到足够的论据，好像很难。知其然而不知其所以然，只好听天由命。

例四：

还是 SCO 公司，还是 SCO 设备。SCO 是用来生产某种产品的，原材料（物料）进入 SCO 设备，经过设备运行加工，变成成品出去，这个过程不仅高温高压，而且能耗巨大（电、水、气），还有废气废液排出。那么：

(1) 如何更有效控制进料，才能与设备运行的节拍保持一致？

(2) 如何使得设备运行稳定性增加？

(3) 如何让物料残渣在设备中的积累最少？

(4) 是否在某些情况下降低设备运行频率以降低能耗？

(5) 如何控制设备运行参数，让排放量降低且达标？

(6) 如何根据原料差异调整运行参数？

(7) 如何根据成品检测数据调整生产过程参数？

(8) 如何能提前预测设备的问题，只进行针对性的检修？

……

这些都是 SCO 公司和他们的客户关注的问题。

在水、电、气能源价格和原材料价格不断上涨、环保要求更加苛刻、人力成本大幅提升、安全生产成为第一要求、市场竞争无比严酷的情况下，"安全生产、节能减排、增产增效、精细管理"成为 SCO 公司的唯一出路。但是革命尚未成功，仍须上下求索。

这些例子我们都能想象，也都能理解，其实这就是发生在我们身边的事情，也是工业企业升级中的现状。这是企业要去解决的问题，也是工业物联网的使命。

工业物联网究竟是什么？我们没有这个权威来给它下确切的定义，但不管是什么，我们都知道，联网只是第一步，更重要的是找到如何解决上述问题的有效手段和科学方法。

那么，这些手段和方法又是什么呢？一句话，掌握数据，运用数据。这里说的数据包括设备运行的数据、生产过程的数据、原材料的数据、产品的数据、能耗的数据、环境的数据、排放的数据、安全的数据、管理的数据等。

工业物联网的五个包子

记得早期的搭档送给我两句话：第一句是"这世上就没啥好买卖！"；第二句是"有好买卖咋能轮到咱呢？"

工业物联网就是一个非常难做的买卖，要解决工业的问题，绝不是一件容易的事情，更不是一件一蹴而就、立竿见影的事情，尤其是在这浮躁的当下。然而，工业物联网却有着重要的意义。我们能做的，就是沉下心来，老老实实把工业物联网怎么解决问题这个事情，给各位交代得清清楚楚、明明白白。

先说一个寓言吧：某君甚饿，店中食肉包，一文钱一个。君食一，未果腹，故再食。食至五个，始觉饱。君给予店家五文钱后，悔不已，曰：早知食第五包即可果腹，何需食前四，如此仅需一文钱，今蚀四文钱也。

相信你已经会意了，要能做到"安全生产、节能减排、增产增效、精细管理"，要能真正解决工业的问题，那就要踏踏实实逐个吃下"工业物联网的五个包子"，如图 5-2 所示。

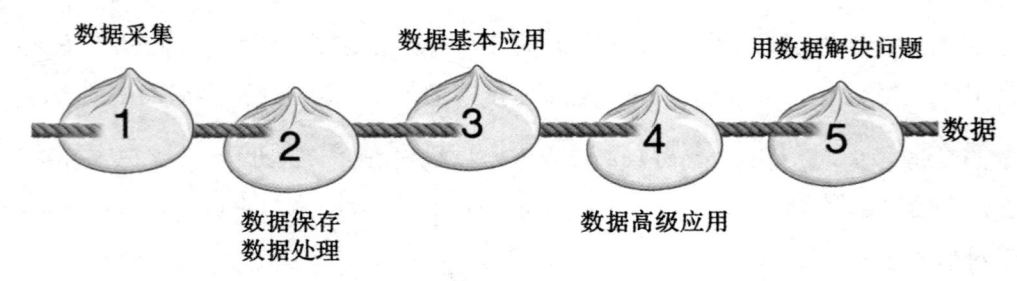

图 5-2 工业物联网的五个包子

什么是 MixIOT 体系

MixIOT 体系是一个可以不断丰富和完善自身的工业物联网理论、方法和应用体系；是一个可以通过抽象还原方式快速实施工业物联网项目的应用系统；是一个包含工业物联网实施工具的产品集合。

MixIOT 体系：和盘托出的五个包子（参见图 5-3）。

完整解决方案
独立解决方案
平台、系统
软件、应用
硬件、工具

工业物联网理论体系
工业物联网实现的方法

图 5-3　MixIOT 体系：和盘托出的五个包子

MixIOT 体系这五个包子里面都有什么，如图 5-4 所示。它们分别都是 MixIOT 体系的不同组成部分，也是我们在本书里要逐章介绍和讲解的东西。

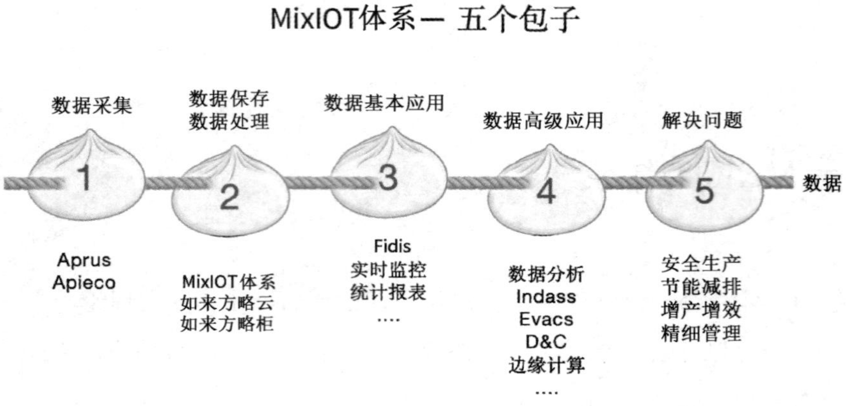

MixIOT体系—五个包子

图 5-4 五个包子里面都有什么

总括性地解释一下：有采集数据的工具 Aprus 和 Apieco；有保存数据和处理数据的如来方略云（RolaCloud）和如来方略柜（RolaCab）；有对数据的基本应用工具 Fidis 等；还有对数据的高级应用工具 Indass、Evacs、D&C 等；最后，在充分运用了前面这些工具的基础上，还有一系列的解决具体问题的方法。

快速实现物联网项目

MixIOT 体系是可以快速部署和实施物联网项目的。现在就来看看，MixIOT 体系是怎么帮助 SCO 公司部署、实施物联网项目，并解决它们的问题的。

7 月 11 日—8 月 10 日，项目第一阶段

7 月 11 日，SCO 公司与智物联签约，实施物联网项目，项目规模为 5 个型号规格的 1 000 台 SCO 设备。

7月13日，SCO公司提供5个型号规格SCO设备的数据表——（本书第6章）设备的数据表是一个技术资料，描述了设备有哪些参数及如何采集这些参数。

7月16日，智物联发货1 000套Aprus适配器给SCO公司——（本书第13章）。

Aprus适配器是MixIOT体系中用来采集数据的硬件产品，适用于绝大多数场景和设备的数据采集，方便易用，稳定可靠。

7月18日，SCO MixIOT体系在华为云完成部署。

MixIOT体系本身也是一个基础数据存储和数据处理系统，可以部署在公有云服务上，也可以部署在私有云上，MixIOT与云平台的结合形成如来方略云。对某些有数据不出圈要求的场景，还可以把MixIOT部署在智物联的如来方略柜中。

7月20日，完成五个Aprus Lua脚本编写——（本书第13章）。

Aprus适配器是一个可编程的硬件产品。根据设备不同的数据表，用Aprus Lua编写适配器程序。Aprus Lua是一个可以轻松学会的编程语言，利用可编程，能让你的数据采集游刃有余。

7月23日，完成5个对象映射表脚本编写——（本书第7章）。

映射表是MixIOT体系中的一个重要方法，也是智物联对工业物联网的重要贡献。映射就是把设备或设备组根据实际需要，构造成一个对象，并把对一个对象的多种渠道采集的数据进行整合，映射成对象的一个时序变量。这样，无论面对简单的设备、单个设备，还是面对复杂的设备、多个设备构成的装置，无论是车间，还是工厂，都可以用统一的"面向对象"的方法来处理。

7月23日，完成5个代码库脚本编写——（本书第8章）。

代码库是用来定义采集的数据里面，哪些是对象的时序标签，比如事件、故障、报警，这些数据是需要拆分出来单独处理的。同时，代码库对事件、故障、报警这类信息进行统一编码，这些编码将在后续的应用中发挥重要的作用。

7月23日，完成5个反向控制脚本的编写——（本书第10章）。

MixIOT 体系支持对设备对象的反向控制，控制脚本就是对被控制的对象进行规定，包括能控制什么、谁来控制等，这是为了保证反向控制操作的绝对安全。同时，MixIOT 对反向控制 QoS 的扩展，也保证了在通信异常的情况下，控制信息传递的时效性。

7月24日，完成 GAST 部署，安全隧道服务上线——（本书第21章）。

安全隧道是 MixIOT 体系专门为设备对象建立的一个跨网络的直连通道。利用这个通道，可以远程对设备控制器进行升级或者操控。这个功能对设备生产厂家的售后服务作用是巨大的，因为设备生产厂家无须再去客户现场，就能远程完成以前需要在现场，甚至必须在设备旁边才能做的事情。

7月26日，完成显示板设计——（本书第16章）。

设备的数据要怎么呈现，是原始数据，还是统计数据，是组态图，还是数字孪生，是曲线图，还是饼图或条形图，用什么方式显示对象（设备）的状态是开机的，还是停机的，怎么显示对象（设备）出现过什么故障报警等，都可以用 MixIOT 体系显示板的工具进行设计和预览。MixIOT 体系的显示板可以有很复杂的呈现方式，只要你能设计出来，不管什么工艺流程、组态等，都可以一网打尽。

7月27日，完成显示板脚本编写——（本书第16章）。

显示板设计后，最终需要按这个设计编制成脚本，学会编写这个脚本也不是什么难事，智物联有显示板的使用指南，还有各种培训。如果你学会了使用显示板设计器，脚本都可以自动生成出来，不仅提高了效率，也避免了人为错误。

7月27日，完成 Aprus 适配器备案——（本书第13章）。

智物联给 SCO 提供的 1 000 个适配器，需要在 MixIOT 体系中注册备案，这也是一个非常重要的安全机制，可以谨防那些未经授权的非法数据采集终端进入你的物联网系统。所有适配器的注册备案都在 MixIOT Admin 里完成，除了可以手工一个一个输入，也可以把需要备案的适配器按要求编制一个 Excel 表，通过 Admin 直接上传到 MixIOT 体系即可。

7 月 28 日，SCO 按设备对接规范，完成了适配器与设备的对接。

SCO 公司技术人员学习了 Aprus 的使用指南，每台 SCO 都对接一个适配器。适配器通过 RS485 接口直接对接到 SCO 的控制器上，通上电，适配器就启动了。适配器启动了，在 MixIOT 平台上就可以立即看到上报的数据。

7 月 30 日，完成 1 000 个对象（设备）的注册——（本书第 6 章）。

MixIOT 体系是面向对象的，在这个项目中，我们把每一台 SCO 设备定义为一个对象，在 Admin 中对这些对象进行录入。每个对象都需要选择一个对应的定义好的映射表，跟适配器的注册备案一样，除了可以手工录入，还可以通过 Excel 导入。MixIOT 体系中，对象是一个物联网项目的基本单位，一切都是围绕对象来进行的。

7 月 31 日，完成 Fidis 配置，Pro 应用上线——（本书第 30、31 章）。

Fidis 是 MixIOT 体系中的应用系统，也是一个应用框架。Fidis 包括多个应用，按多应用桌面（门户）来组织的，Pro 是一个主应用，也是使用频度最高的、最常见的一个应用。在 SCO 物联网项目中，主应用就是对象（设备）的实时监控。

7 月 31 日，完成 2 个信使项目脚本的编写——（本书第 18 章）。

Fidis 的应用中，有一个信使服务应用。信使服务是 MixIOT 体系的外延出口，每一个信使项目都代表一个特定的向外发布信息的通道，如短信、微信、邮件、App 推送等。SCO 物联网项目中使用了邮件和手机短信两个通道，对外把一些信息通过邮件方式和短信方式，发送给指定的接收人。

8 月 3 日，完成 6 个统计计算项目脚本的编写——（本书第 22 章）。

统计计算是 MixIOT 体系的一个服务组件，用来对原始数据进行一些统计计算。

SCO 这个项目中需要不少统计计算，如能耗比、物料进出比、物料进出统计、故障统计等。MixIOT 体系的统计计算服务组件，是 MixIOT 体系中非常重要的，也是最常用的一个组件。统计计算的结果数据可能在显示板、报表里用到，也可能在数据分析里用到。统计计算也将是未来智物联 MixIOT 体系的培训课程中占比很重、课时最长的项目。

8月5日，完成4个代理服务项目脚本编写，代理服务上线——（本书第17章）。

代理服务也是 MixIOT 体系的一个很重要的组件，用来接受各种对特定数据或信息出现与否的监视委托，你可以把代理服务想象成一个盯梢跟踪的。信使服务之所以能在故障出现时，第一时间把故障信息用短信通知出去，就是因为它委托了代理服务来帮着盯梢。

8月6日，完成6个报表项目脚本编写，报表应用上线——（本书第19章）。

SCO 物联网项目中，要求出各种报表：日报表有故障报警事件统计日报表、各种生产原材料成品日报表、能耗排放日报表等；还有周报、月报。MixIOT 中可以根据生产管理需要或者其他业务需要，自己定义各种报表项目，到期自动生成报表，并把报表发送给指定的接收人。

8月7日，完成大屏脚本编写，大屏应用上线——（本书第16章）。

大屏就挂在 SCO 公司的售后服务部的办公区里。大屏是一个 SCO 生产的设备运行的总体宏观信息显示，这些信息包括当前有多少设备是正常运行的、多少是有故障的、多少是报警了还在继续运行的、有多少操作是不合规的，以及这些设备的分布情况等。

在一个物联网项目中，可以规划用一个或者多个大屏，分别显示不同类型的宏观信息供不同部门使用，比如给生产管理部门的、给售后部门的、给技术部门的等。

8月8日，完成工作流配置，客服系统上线。

在 Fidis 应用系统中，有一个标准的客服应用，可以直接对接呼叫中心（Call Center），经过配置后就可以使用。有了这个应用，SCO 公司就可以建立一个售后客服团队，接到客户的来电直接弹屏，记录信息，生成业务工单；还可以主动发现客户在使用设备上的各种问题，主动联系客户，把被动客服变成主动客服。此后，SCO 公司的客服效果显著，满意度大大提升，同时也能降低售后服务的运行成本。

8 月 10 日，完成 SCO 人员的培训，项目第一阶段完成。

智物联对每个客户都有统一的第一阶段培训。除了一般的 Fidis 配置使用，还有一些关于 MixIOT 体系项目实施的，包括如何编写映射表脚本、如何编写代码库脚本、Lua 编程基本培训、显示板设计与脚本编写等。

项目第一阶段效果

（1）对 1 000 台 SCO 设备进行在线实时监控；

（2）可以随时对这些设备进行远程操控；

（3）对 1 000 台 SCO 设备的控制器远程升级；

（4）全部掌握 1 000 台 SCO 设备的故障、报警信息；

（5）自动生成与设备运行、生产相关的各种日、周、月报表，并发送给相关人员；

（6）建立自己的客服中心和工单系统；

（7）在 SCO 公司业务总部安装了大屏，宏观掌握 1 000 台 SCO 设备动向；

（8）SCO 对客户使用违规操作情况了如指掌；

……

10 月 8 日—11 月 12 日，项目第二阶段

完成 Indass 配置及项目脚本编写，基础分析服务上线——（本书第 24 章）。

Indass 是 MixIOT 体系中提供基础数据分析的一个服务，也是一个相对独立的应用。也许 SCO 并不能很快理解 Indass 计算出来的结果究竟是什么意思，但是，SCO 公司还是愿意先把这个基础的分析计算用起来，因为 SCO 公司知道，答案在后面。

完成 Evacs 配置及项目脚本编写，偏态与增量估计值计算服务上线——（本书第 25 章）。

Evacs 是一个专门计算设备运行偏态和增量估计值的，这也算基本的分析计算内容。SCO 公司也在积极学习偏态估计值、增量估计值的计算结果与实际 SCO 设备运行之间的关系。

完成 Balances 配置及项目脚本编写，平衡与匹配计算服务上线——（本书第 28 章）。

平衡与匹配计算，是计算设备运行与流入和产出之间平衡关系的，这在流程工业中尤其有用。不管怎么样，先算起来，再慢慢与实际机理结合。

项目第二阶段效果

（1）对设备运行数据进行了基础分析，掌握了设备运行的基本指数和指数变化特征；

（2）对哪些是影响设备运行的主要因素有了定性和定量的了解，以及这些因素之间的相关性；

（3）可以实时在线评估设备运行的稳定性；

（4）可以实时在线评估运行风险；

（5）可以实时在线预测单因素的变化趋势；

（6）可以实时在线对设备运行偏态进行评估；

（7）可以实时在线对设备运行内部积累效果（增量）进行评估；

（8）可以对设备物料及生产过程的平衡和匹配进行评估；

……

12月2日—12月20日，项目第三阶段

完成 ODS 配置及项目脚本编写，在线诊断服务上线——（本书第 27 章）。

ODS 使用起来并不容易，但 SCO 公司还是在这方面做了尝试，先利用 ODS 系统对两个问题的诊断进行跟踪和尝试，逐步理解 ODS 的机制，同时也逐步建立 SCO 设备的一些先验概率关系数据库。

完成 Dynaload 配置及项目脚本编写，动态配载服务上线——（本书第 29 章）。

SCO 的很多客户都使用 SCO 设备集群来满足生产能力的需要，动态配载边缘计算一旦用起来，就可以对多台并联的 SCO 设备进行科学、合理的调度：在不该全开的时候就卸载几台，该降载的时候就别满负荷，毕竟 SCO 设备本身也是一个电老虎。节能减排给 SCO 的客户带来了实际的利益，同时也提高了 SCO 产品的竞争力。

项目第三阶段效果

（1）对设备运行问题和生产过程问题做基本的在线诊断；

（2）对多台 SCO 设备成组运行，实现动态配载节能。

三个阶段后，SCO 公司的总结

（1）对自己的产品更加了解，因为有数据，有统计，有计算；

（2）对客户的使用更加了解，因为有数据，有统计，有计算；

（3）更加了解设备运行的安全性，因为有 ODS，有统计，有计算；

（4）大大提高了售后服务的效率，大大降低了售后服务的成本；

（5）为用户提供了节能方案，因为有动态配载，可以看到节能效果。

我们的例子就先写到这里，SCO公司正在筹备第4阶段和第5阶段，深度利用数据，逐步推进用物联网解决实际问题。这基本上就是使用MixIOT体系去实现工业物联网项目的写照。

本书后续的篇章，将仔细解读什么是MixIOT体系，以及MixIOT体系所提供的实现工业物联网的方法、工具、应用平台，助你逐步实现"安全生产、节能减排、增产增效、精细管理"这个终极目标。

第 6 章
对象（Object）

对象和设备

MixIOT 体系是一个面向"对象"的工业互联网系统。这里说的"对象"，严格地说，应该叫"MixIOT 数据处理对象"，也就是说，MixIOT 体系里面的数据，一定是"某个对象的数据"。因而，就不会有"没有对象的数据"，也不会有"没有数据的对象"。

很多人认为在工业互联网里面对应的都应该是"设备"，我们在本书中经常会写成"对象（设备）"或者"设备（对象）"，就是在遵循普遍习惯的同时，也提醒大家别忘记"对象"这回事儿。

其实，对象跟设备并没有什么本质的不同，但是一个"对象"会比一个"设备"的含义更广。一个"对象"可以是一台设备，也可以是多台设备；可以仅指设备，也可以包括该设备周边的仪表、传感器；既可以是多台相同的设备，也可以是多台不同的设备，甚至可以是一个车间、一个工厂里的所有设备等。

"对象"是 MixIOT 体系里面的基本单位

为什么 MixIOT 体系不是以"设备",而是以"对象"为基本单位的呢?我们先看一个例子。

这是一个沼气发电站(参见图 6-1),主要设备有:一台沼气加压净化设备和三台沼气发电机。沼气加压净化设备把从沼气池抽出来的沼气进行净化、过滤、加压,然后把沼气输送到沼气发电机去发电。除了这四台设备,还有一些仪表,分别用来检测净化加压前后的沼气流量、压力、温度,以及沼气浓度、输送到每台发电机的沼气流量、每台发电机所发的电量和整个发电站的发电量。

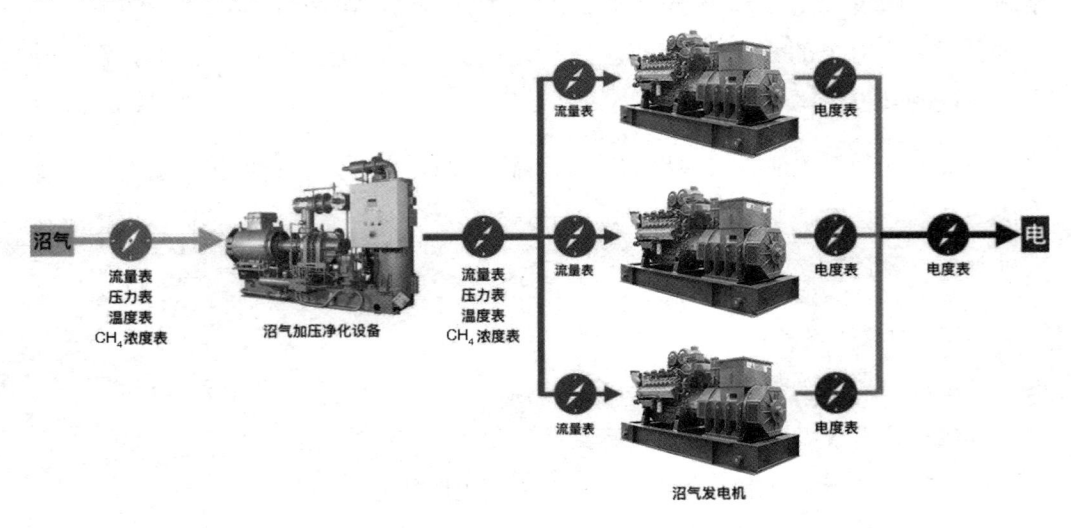

图 6-1 沼气发电站

我们先看看当【对象=设备】和【对象=设备+仪表】等情况时有什么不一样,如图 6-2~图 6-5 所示。

如果我们把对象定义为一台沼气加压净化设备,那么,这个对象的数据就是沼气加压净化设备运行的数据:过滤器前后压差、沼气储罐温度和压力、加压泵进口压力、加压泵出口压力、排空温度和压力、电机电流和电压、电机转速等。

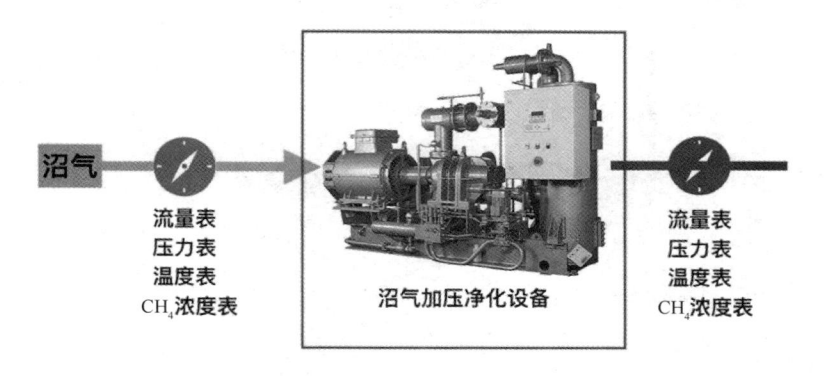

图 6-2　对象=设备

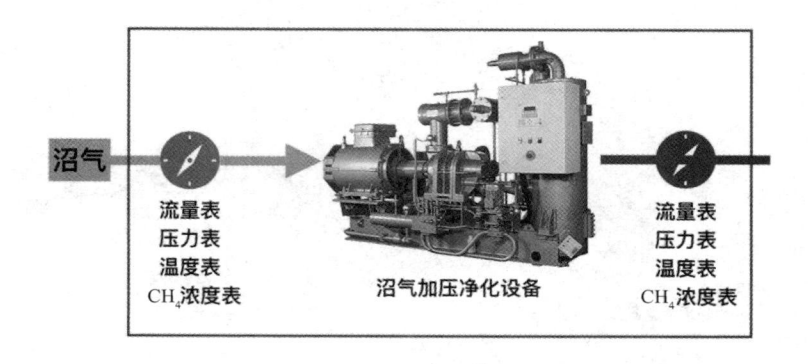

图 6-3　对象=设备+仪表

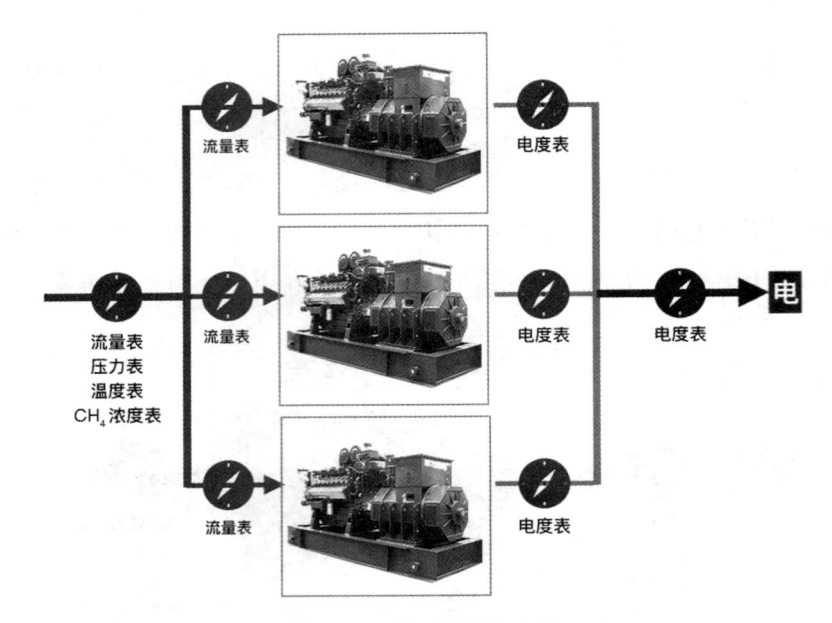

图 6-4　对象=沼气发电机

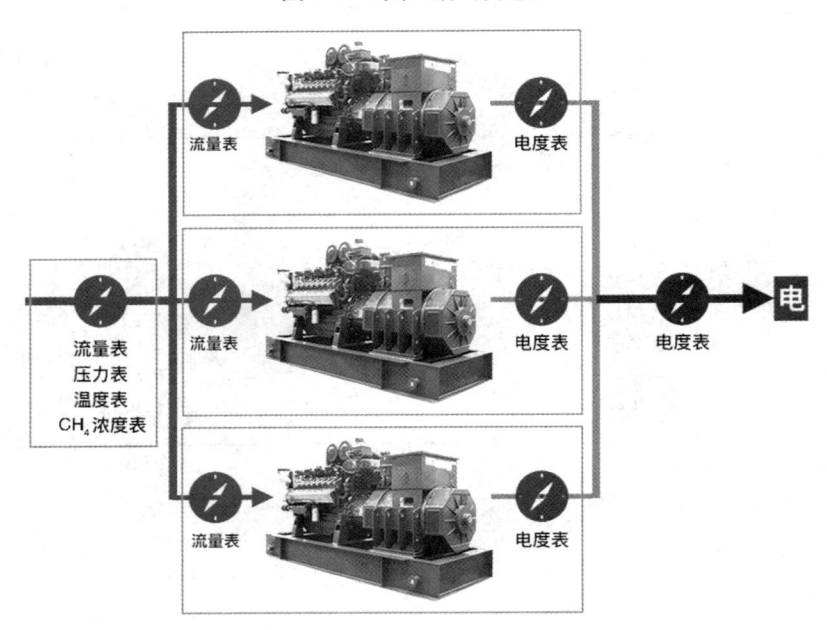

图 6-5　对象=沼气发电机+（前）仪表+（后）仪表

很显然，我们需要做一件事情：监控沼气加压净化设备的运行，因为我们只有沼气加压净化设备的数据。但是如果我们把对象定义为"沼气加压净化设备+流量表（前）+压力表（前）+温度表（前）+浓度表（前）+流量表（后）+压力表（后）+温度表（后）+浓度表（后）"，那么，我们能做的事情就多了：

- 监控沼气加压净化设备运行（这跟对象=设备时的情况一样）；

- 知道沼气进出该设备的流量变化；

- 知道沼气进出该设备的压力变化；

- 知道沼气进出该设备的温度变化；

- 知道沼气进出该设备的CH_4（甲烷）浓度变化；

- 知道沼气加压净化设备参数变化对进出流量的影响；

- 知道沼气加压净化设备参数变化对进出压力的影响；

- 知道沼气加压净化设备参数变化对进出温度的影响；

- 知道沼气加压净化设备参数变化对进出CH_4浓度的影响；

- 如何根据进来的沼气调整设备参数，以保证输出沼气的压力、流量、温度的稳定；

……

如果我们把对象定义为沼气发电机，我们能做的只有一件事情，就是分别监控三台发电机的运行。

但如果我们把对象定义成这样：

对象1=前仪表+1#发电机；

对象2=前仪表+2#发电机；

对象3=前仪表+3#发电机。

那么，除了分别监控三台沼气发电机的实时运行情况以外，我们还能知道：

- CH_4 浓度变化对发电机运行状态的影响；

- CH_4 浓度变化对发电量的影响；

- 沼气压力变化对发电量的影响；

- 沼气温度变化对发电量的影响；

- 沼气流量变化对发电量的影响；

- 如何根据沼气浓度变化来调整发电机运行参数，保证发电的稳定；

……

现在大家应该了解了，一个对象的构成不同，能做的事情就不同。

如果把整个发电站当作一个对象，参见图 6-6，那会怎么样？这个问题留给读者思考。

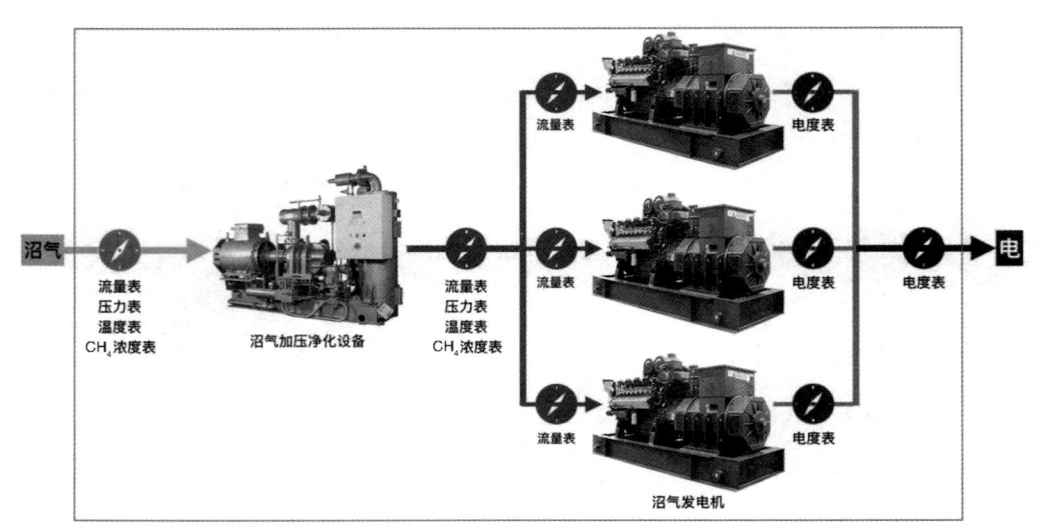

图 6-6　对象=发电站

对象应如何构造

通过前面的讲解，你应该对"对象"有一个大概的概念了。MixIOT 体系之所以要构造对象，是因为 MixIOT 体系的所有数据处理，都是基于对象的，也就是说，MixIOT 体系只能告诉你"这个对象怎么样"，而不能告诉你，这个对象和那个对象加起来会怎么样。两个对象之间的关系，是另一回事，MixIOT 体系跨对象的内容，涉及平衡与匹配，会在后面介绍。

那么，我们应该如何去构造对象呢？这个并没有一定规律，但是有一个基本原则，就是我们想要做什么，以此为出发点来构造对象，当然这也需要逐渐积累经验。

还是以刚才这个沼气发电站为例。

（1）如果只需要对三台发电机进行远程实时监控，那只需要定义三个对象：

对象 1=1#发电机；

对象 2=2#发电机；

对象 3=3#发电机。

（2）如果需要对这个电站的沼气加压净化设备也实时监控起来，那就多定义一个对象：

对象 1=1#发电机；

对象 2=2#发电机；

对象 3=3#发电机；

对象 4=沼气加压净化设备。

（3）如果想弄明白沼气加压净化设备的运行情况和生产情况，需要定义两个对象：

对象1=沼气加压净化设备；

对象2=沼气加压净化设备+仪表（前）+仪表（后）。

（4）如果想弄明白沼气发电机的运行和发电情况，就需要定义三个对象：

对象1=1#发电机+1#分电度表；

对象2=2#发电机+2#分电度表；

对象3=3#发电机+3#分电度表。

（5）如果想弄明白沼气发电机的发电量跟进来的沼气的关系，就可以这样定义对象：

对象1=1#发电机+温度表（后）+压力表（后）+CH_4浓度表（后）+1#流量表+1#分电度表；

对象2=2#发电机+温度表（后）+压力表（后）+CH_4浓度表（后）+2#流量表+2#分电度表；

对象3=3#发电机+温度表（后）+压力表（后）+CH_4浓度表（后）+3#流量表+3#分电度表。

这里需要说明的是，温度表（后）、压力表（后）、CH_4浓度表（后）这三个表的数据，跟进到每一台发电机里面的温度、压力、浓度是一样的。

我们就不在这里列举更多了，你自己试试看，应该可以举出更多、更好的例子。

看到这里，你应该对"对象"有了初步的认知。怎样去构造对象，其实就一个原则：根据实际需要，也就是你想要干什么。

所以，我们使用MixIOT去实现工业物联网，第一件事情就是要清楚自己到底想要做什么。如果只是对设备的远程实时监控，那就把设备定义成对象；但如果还想把关注面扩大，在定义对象的时候就需要多想想了。不过没关系，刚开始可以先构造简单的对象，随着需求越来越明确，再逐步补上其余的对象。

当然，如果只是为了对设备做远程实时监控，那对 MixIOT 体系来说就有点大材小用了，因为它提供了很多非常有用的统计、分析、计算的服务组件，如果真正使用起来，它可以帮你做很多事情，而且可以用数字清楚地告诉你那些你以前并不清楚的事情。

这需要你深入学习 MixIOT 体系，仔细阅读本书的每一章，只有当你真正明白了 MixIOT 体系是怎样的一个方法论，才能举一反三，融会贯通。

我们更希望的是，你最终能"得其神而忘其形"，不拘泥于我们所介绍的内容，达到"活学活用"的目的。

对象和数据采集

前面解释了什么是"对象"及如何去构造"对象"，这是贯穿 MixIOT 体系的重要的概念。之所以用对象这个方法，是因为 MixIOT 体系只处理对象的数据，任何对象之间的关系问题，最终还是归结为对象的问题。也就是说，如果你要弄明白某两个对象之间的关系，那你就把这两个对象定义成一个对象。如果必须保留这两个对象呢？那就把它们再定义成一个新的对象。

那么，对象的数据是从哪里来的呢？当然是通过数据采集来的。这不是一句废话，因为在 MixIOT 体系里，"数据采集"就是单纯的"数据采集"，并不是"对象的数据采集"。换句话说，数据采集是数据采集，对象是对象，这是两回事：数据你想怎么采集就怎么采集，对象你想怎么定义就怎么定义。

让我们回到上面那个沼气发电站的例子。

假设，我们用智物联公司的适配器（Aprus）来采集数据，采集的时候只需要想着这几个问题：用几个适配器？分别对接什么？每个适配器分别采集什么数据？对接设备要用什么协议？怎么采集？

这时，我们就可以一心一意弄明白数据采集的事情，无须关心对象要怎么定义。

如图 6-7 所示，我们一共用了 11 个适配器，其中，A 和 B 分别采集前后仪表数据，D 采集沼气加压净化设备数据，C 同时采集三个流量表数据，F1、F2、F3 分别采集三台沼气发电机数据，G1、G2、G3 分别采集三个电度表数据，H 采集总发电电度表数据。

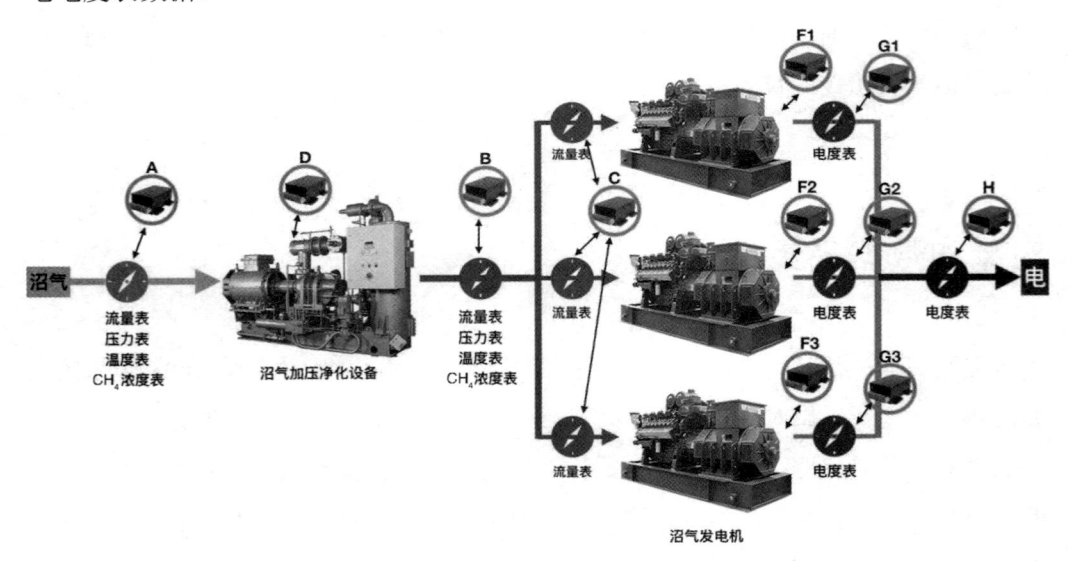

图 6-7 使用了 11 个适配器的沼气发电站

那么我们分别看看这些适配器：

A—对接的是前表，采集的数据是进入沼气加压净化设备前的流量、温度、压力和 CH_4 含量；

B—对接的是后表，采集的数据是从沼气加压净化设备出来的流量、温度、压力和 CH_4 含量；

C—同时对接三个流量表，采集到的是分别进入 1#、2#和 3#发电机的沼气流量；

D—对接沼气加压净化设备，采集到的是沼气加压净化设备的设备运行数据；

F1、F2、F3—分别对接三台沼气发电机，采集到的是每台沼气发电机的运行数据；

G1、G2、G3—分别对接三个电度表，采集到的是三台沼气发电机分别发出的电量；

H—对接的是总电度表，采集到的是整个电站的发电量。

适配器能采集到什么数据，要看适配器对接到什么地方，对接到牛头绝对不可能采集到马嘴的数据，因为"牛头不对马嘴"。

一个适配器当然可以对接多个地方，但怎么采集、用多少个适配器、哪个适配器对接哪里，这就完全要根据现场情况来决定。另外，适配器是否好安装、拉线需要多长、能不能节省几个适配器，这些都是需要考量的。

如果现场接线等条件允许，我们也想省下几个适配的钱，那么还可以如图 6-8 所示采集。

图 6-8 就只用了 7 个适配器，一个电站省 4 个适配器，几十个电站也能节约一笔不小的开支了。

不管怎么样，根据实际现场情况，用适配器对接设备，把能采集的采集了，这就是数据采集。一句话，该怎么采就怎么采，想怎么采就怎么采。

那么，适配器采集到的数据又怎么变成对象的数据呢？这就要靠 MixIOT 体系中的映射表（Mapping）来完成了。关于映射表，可参考本书的第 7 章。

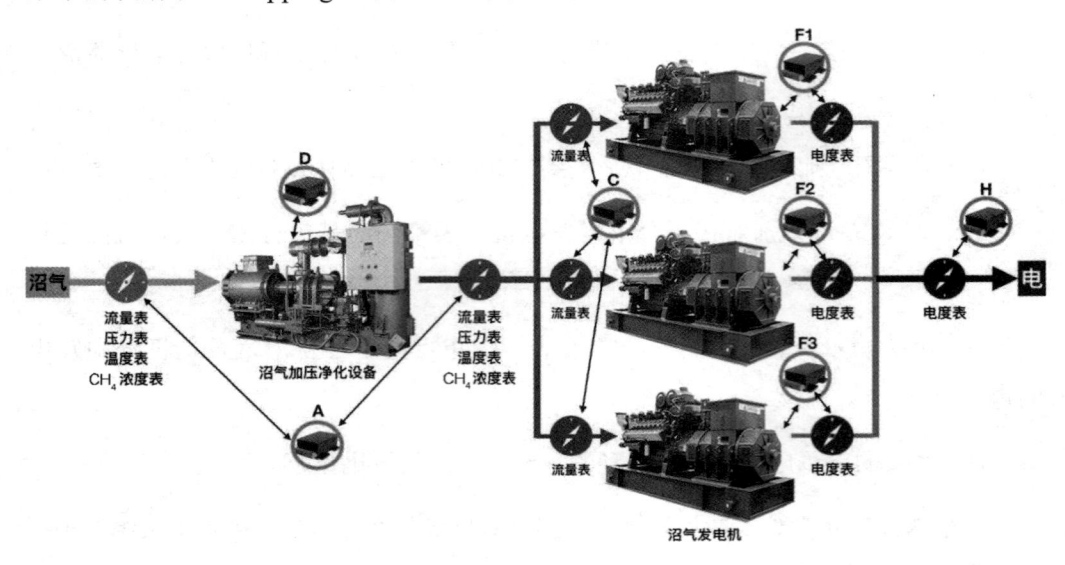

图 6-8　使用了 7 个适配器的沼气发电站

我们现在知道了，在 MixIOT 体系里面，对象不一定是设备，而且对象是跟数据采集分开的，最后通过映射表把它们关联到一起。这是 MixIOT 体系里面很重要的一个方法论，也是智物联对工业互联网的重要贡献。

第 7 章 映射表（Mapping）

什么是映射

MixIOT 体系是面向工业物联网对象的，而且在 MixIOT 体系中，一个工业物联网对象的"数据"跟这个工业物联网对象数据的"采集"是分开的。

正因为它们是分开的，所以 MixIOT 体系中对数据采集方式是非常灵活的。比如，一个对象的数据采集可以使用一个数据采集设备；一个复杂对象的数据采集，可以同时使用多个数据采集设备；同样，一个数据采集设备，也可以同时采集多个对象的数据。

我们先介绍几个名词。一个数据采集设备一次采集到的全部数据，我们都称为一个"栅格（Grid）"。一个栅格就像一个棋盘，棋盘的每个格子里面，都是采集到的实际数据，如温度、压力、电流、电压、频率、流量等。我们把这些分别称为栅格的"键（Key）"。

如果一个对象通过两个数据采集终端去采集数据，每个终端各自的栅格如图 7-1 所示。

```
数据采集终端-1    | K1  | K2  | K3  | K4  |
                 | 温度 | 压力 | 电流 | 电压 |
                 | K5  | K6  |
                 | 频率 | 流量 |
```

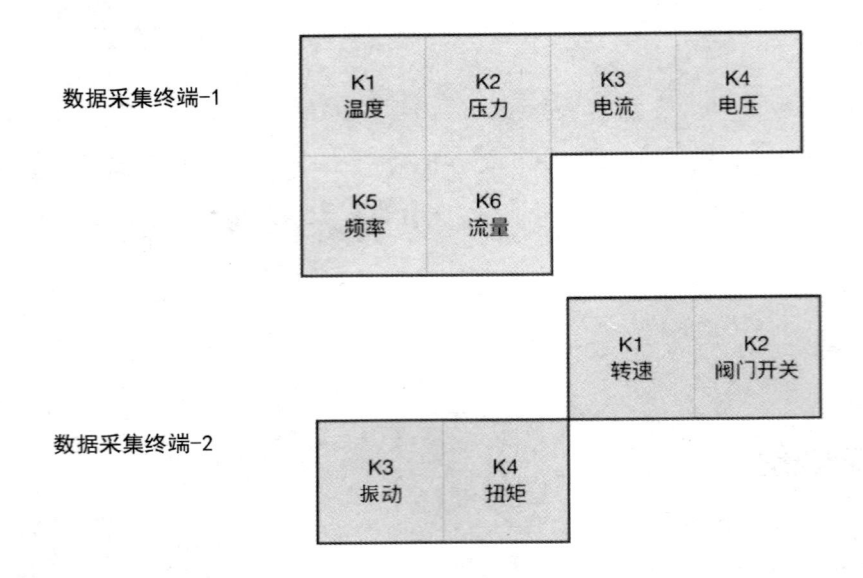

图 7-1　两个数据采集终端的栅格数据

映射表（Mapping）的作用就是把它们拼接到一起，变成这个对象的一个拼接数据。它们被称为这个对象的"柔性变量（Flexible Variable，FV）"，如图 7-2 所示。

图 7-2　柔性变量

如果我们分别给两个数据采集终端取名为：$D-1、$D-2，并且用 $X_1, X_2, \cdots, X_{10}$ 重新给这个对象定义变量的话，这个对象就有了一个完整的数据，如图 7-3 所示。

X_1 $D-1:K1 温度	X_2 $D-1:K2 压力	X_3 $D-1:K3 电流	X_4 $D-1:K4 电压
X_5 $D-1:K5 频率	X_6 $D-1:K6 流量	X_7 $D-2:K1 转速	X_8 $D-2:K2 阀门开关
X_9 $D-2:K3 振动	X_{10} $D-2:K4 扭矩		

图 7-3　马赛克数据

经过拼接后，对象的数据就完整了。我们把对象数据经过拼接后的柔性变量集合称为"马赛克（Mosaic）"。马赛克和栅格之间的对应关系可以表示为：

X_1=$D-1:K1
X_2=$D-1:K2
X_3=$D-1:K3
X_4=$D-1:K4
X_5=$D-1:K5
X_6=$D-1:K6
X_7=$D-2:K1
X_8=$D-2:K2
X_9=$D-2:K3
X_{10}=$D-2:K4

这个对应关系，我们称为从栅格到马赛克的一个"映射"。

物联网对象有了这些 FV 变量（$X_1 \sim X_{10}$）后，MixIOT 体系在进行数据处理的时候，就可以专心去管这些"对象的 FV"，无须再去操心这些数据到底是用了几个数据采集终端，数据是怎么采集回来的，它们原来是什么样子的。

关于 FV，我们多说几句。你是不是已经发现了，经过映射，对象是什么已经不重要了，我们关心的是对象的 FV。其实这些就是变量，跟数学里函数的变量是一样的，只不过一个对象是好几百个变量的多元函数。是不是有一种从工业设备的世界一下子穿越到数学世界的感觉呢？这就对了，这就是 MixIOT 的核心所在。

什么是映射表

理解了映射，我们再来看映射表。在 MixIOT 体系中，是通过一个"映射表"去描述一个映射关系的。映射表的样子就像一个矩阵，很容易理解，也很容易写，写出来是这样的：

[X_1， "温度"， "Temperature"， STA， \$D-1， K1]

[X_2， "压力"， "Pressure"， STA， \$D-1， K2]

[X_3， "电流"， "Ampere"， STA， \$D-1， K3]

[X_4， "电压"， "Voltage"， STA， \$D-1， K4]

[X_5， "频率"， "Frequency"， STA， \$D-1， K5]

[X_6， "流量"， "Flow"， STA， \$D-1， K6]

[X_7， "转速"， "Speed"， STA， \$D-2， K1]

[X_8， "阀门开关"， "Valve Status"， STA， \$D-2， K2]

[X_9， "震动"， "Vibration"， STA， \$D-2， K3]

[X_{10}， "扭矩"， "Torque"， STA， \$D-2， K4]

这个很容易看明白：

- 矩阵中的第一列就是 FV；
- 第二列、第三列是 FV 的中英文含义；
- 第四列是这个数据的类型（STA 代表状态类数据）；
- 第五列是这个数据来自哪一个数据采集终端；
- 最后一列就是这个数据所对应的采集终端的哪一个"键"。

这里有一个数据类型的概念，就是指这个 FV 数据的类型。目前，在 MixIOT 体系中，除了 STA（状态）类型数据，还有 EVNT（事件）类型数据、FLT（故障）类型数据、ALT（报警）类型数据和 SET（设定）类型数据。

- STA（状态）类型数据是指设备（对象）在某一个瞬间的状态，比如温度、压力、电流、电压等。
- EVNT（事件）类型数据是指在某一个时间设备（对象）发生的某个事件，比如阀门被关闭、动力被卸载、设备被停止等。
- FLT（故障）类型数据是指在某一个时刻，设备（对象）控制器自己发出的故障信息，比如传感器失效、设备卡壳等。很重要的一点是，FLT 必须是设备自己"说"的，而不是被别人诊断发现的。
- ALT（报警）类型数据是指在某一个时刻，设备（对象）控制器自己发出的报警信息，比如，压力过大，温度过高等，同样，这个也是由设备自己"说"的。
- SET（设定）类型数据是指设备（对象）中设定的参数，比如温度设定到多少、压力控制在多少等。

之所以要把数据分类，是因为它们的属性不一样，采集的方式也不一样，后续的数据处理方法也不一样，这些在本书中都会有详细的解读。我们在这里可以简单地归纳一下：

- STA（状态）类型数据，周期性采集，比如5秒一次、15秒一次、1秒5次等；
- EVNT（事件）类型数据，随时出现，随时采集；
- FLT（故障）、ALT（报警）类型的数据，随时出现，随时采集。

在写映射表的时候，需要正确地写清楚每个FV变量对应的数据类型，否则MixIOT体系就无法对它们进行正确的处理。

还有一个重要的概念，就是映射表中的"$"，它是代表"数据采集终端"的宏标记之一，也是用得最多的一种宏标记。每一个适配器都有自己的标识（ID），在这个例子中，假设两个适配器的标识分别为"A3012123"和"A2013133"，而我们用$D-1和$D-2分别代表这个对象所映射的第一个和第二个适配器，那么，$D-1就是标识为"A3012123"的适配器；而$D-2就是标识为"A2013133"的适配器。

在MixIOT体系中，映射表除了$这个宏标记，还有两个很重要也很有用的宏标记，分别是"@"和"&"。宏标记"@"是用来表示这个FV变量的值并不是来自某个数据终端的数据采集的，而是一个"同步计算"值；宏标记"&"是表示这个FV变量的值，既不是直接来自某个数据终端的数据采集，也不是来自某种计算，而是其他的一些数据来源，如离线数据、统计数据等。

看到这里，你应该已经有所察觉了，一个对象的FV变量，并非只有通过数据采集终端采集而来，还可以通过某种计算得来，甚至可以通过其他渠道计算得来。如果现在回头来看，为什么MixIOT体系里面的基本单位是对象，而不是设备，这也是一个很重要的原因。设备的数据是设备的，是客观的，它是"具象"的；而对象的FV变量是抽象的。

什么是同步计算映射

在 MixIOT 体系映射表中，使用"@"进行对变量的计算，这个映射称为同步计算映射。

我们先来看一个同步计算映射的例子。在下面的映射表中，假设这个设备是一个机电设备。

```
[X₁,    "温度",      "Temperature",    STA,   $D-1,   K1]
[X₂,    "压力",      "Pressure",       STA,   $D-1,   K2]
[X₃,    "电流",      "Ampere",         STA,   $D-1,   K3]
[X₄,    "电压",      "Voltage",        STA,   $D-1,   K4]
[X₅,    "频率",      "Frequency",      STA,   $D-1,   K5]
[X₆,    "流量",      "Flow",           STA,   $D-1,   K6]
[X₇,    "转速",      "Speed",          STA,   $D-2,   K1]
[X₈,    "阀门开关",  "Valve Status",   STA,   $D-2,   K2]
[X₉,    "震动",      "Vibration",      STA,   $D-2,   K3]
[X₁₀,   "扭矩",      "Torque",         STA,   $D-2,   K4]
```

X_3、X_4 分别是这个机电设备的电流和电压。这两个数据为什么会变化呢？因为这个设备的阻抗随时变化，而我们非常希望能同步知道这个设备的阻抗是多少，因为这个阻抗的值对设备的监控很重要。如果我们把这些数据采集回去后再进行计算，那么，就使得以后的数据处理会非常复杂和麻烦，至少让时间的同步会很麻烦。

在这种情况下，我们就可以利用映射表中的"@"同步计算功能，直接计算出采集数据的某一时刻的设备阻抗。怎么做呢？只需要把这个阻抗定义为一个新的 FV 变量（如 X_{11}），在映射表矩阵中增加一行：

[X_{11},"设备阻抗","Resistance",STA,@Func(div, X_4, X_3)]

这样一来，这个对象的 FV 变量的个数，就从 10 个变成了 11 个。这个 X_{11}（设备阻抗）就像我们实际采集的数据一样，被记录在对象的马赛克数据中，如图 7-4 所示。

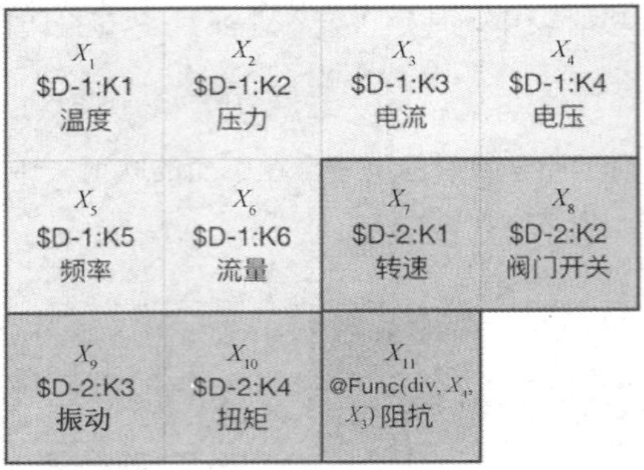

图 7-4　增加了同步计算映射后的马赛克数据

映射表中的"@Func( )"实际上是一个计算公式，我们称为"映射函数"。@Func(div, X_4, X_3) 中的 div，就是"除以"的意思，所以，@Func(div, X_4, X_3) 就是 X_4（电压）÷X_3（电流），根据欧姆定律，这个计算结果就是 X_{11}（电阻），也就是设备的实际阻抗。

所以，"div"是一个"除以"的函数名字。如果是相乘就是"mult"，相加就是"add"。除了这些基本的加减乘除四则运算，MixIOT 体系的同步计算映射函数非常多，包括各种科学函数，甚至包括微分（diff）、积分（integ）、均值（ave）、最大（max）、最小（min）、正弦（sin）、余弦（cos）、正切（tan）、余切（cotan）、对数（log）、幂（pow）、正态函数（nor）等。只要我们熟练掌握，就可以定义非常复杂的计算公式。

有了这个同步计算映射关系，我们就可以把一些马上需要知道结果的数据，通过同步计算映射去实现。这样一来，MixIOT 体系在后面的数据处理中，只需要把它当作一个普通的 FV 去进行数据处理就行了，而无须关心这个 FV 到底是采集来的，还是算出来的。

在我们实际的项目中，比如一些热工设备，需要同步掌握设备的"热焓值"，我们一样可以用这个同步计算映射去实现，只不过计算公式比较复杂而已。

什么是同步外源数据映射

除了使用"@"表示的同步计算映射，MixIOT 体系还使用"&"表示同步外源数据映射。顾名思义，同步外源数据映射，就是把某个"外部数据源"的数据，也同步变成这个物联网对象的 FV 变量。

我们还是拿刚才的那个机电设备对象为例。假设，除了想知道这个对象的两个数据采集终端采集到的数据和这台机电设备的阻抗，我们还想知道这台设备最近一个小时里面的用电量。而用电量已经通过其他方法进行了数据采集，并且进行了统计和计算，其结果放在了统计数据库 Statos 里面。假设这个用电量统计的标识为"ElecUsed"，那么，我们如果想同步知道这个设备最近一个小时的用电量，只需要对这个设备增加一个 FV 变量（X_{12}），并在映射表矩阵中增加一行：

[X_{12}，"设备耗电量"，"Electricity Consumption"，STA，&Statos("ElecUsed")]

其含义是，把统计计算结果当作一个数据源 Statos（外源），将以 ElecUsed 这个为数据标识的数据，同步纳入物联网对象数据中。

这样，这个对象的 12 个 FV 变量，有 6 个直接来自第一个数据采集终端，4 个直接来自第二个数据采集终端，1 个来自计算，1 个来自外部数据源（统计结果）。这 12 个 FV 变量，都会作为这个物联网对象的数据，进行数据处理和应用，如图 7-5 所示。

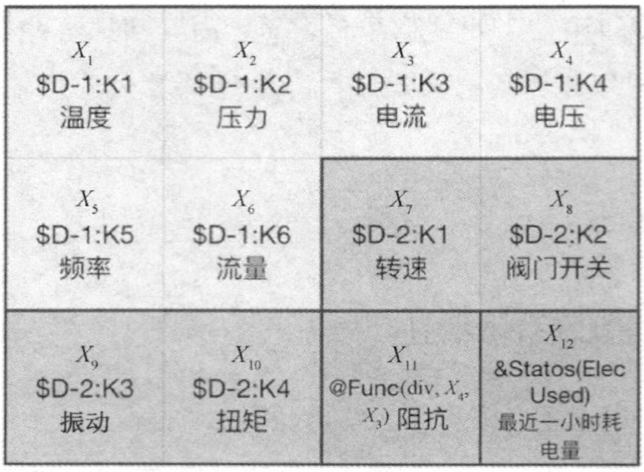

X_1 $D-1:K1 温度	X_2 $D-1:K2 压力	X_3 $D-1:K3 电流	X_4 $D-1:K4 电压
X_5 $D-1:K5 频率	X_6 $D-1:K6 流量	X_7 $D-2:K1 转速	X_8 $D-2:K2 阀门开关
X_9 $D-2:K3 振动	X_{10} $D-2:K4 扭矩	X_{11} @Func(div, X_4, X_3) 阻抗	X_{12} &Statos(ElecUsed) 最近一小时耗电量

图 7-5 增加了同步外源映射后的马赛克数据

MixIOT 体系的外源同步映射的外源很灵活，内容也很广泛，除了统计数据，还可以是离线数据，或者是已经在 MixIOT 体系中被处理好的其他数据，甚至是 MixIOT 体系之外的数据。

"&Collectos( )"也是经常被使用到的，就是对离线数据的合并。离线数据可以是无法直接进行在线采集的数据，比如，通过科学仪器的化验结果、仪表读数、观察数据等。关于离线数据，我们会在本书后续章节中专门介绍。

MixIOT 还支持其他外源数据的特殊定义，比如，我们可以用"&Erp( )"来定义来自 ERP 系统的数据；用"&MES( )"来定义通过 MES 系统获取的其他数据，等等。

那现在你思考一下，如果再增加一个 FV: X_{13}，映射表按如下方式写：

[X_{13}，"设备值班人"，"Person On Duty"，STA，&Erp（"PersonOnDuty"）]

你能看得出来，这个设备（对象）又多了一个什么含义吗？我想你一定知道答案，这就是从 ERP 系统中，把值班人员的排班表数据也拿过来了。这个 X_{13} 的值就是这台设备值班人的姓名。这个 X_{13} 跟这台设备的电流、电压一样，被记录到了这台设备（对象）的数据中。

你可以想象，过了一年半载，如果领导想要知道某台设备在某个时候的值班人是谁，把这个对象的数据翻出来就行了，虽然那个时候的排班表早就没有了。如果你再往深里想想，如果我们把值班的人跟设备的运行故障报警信息做一个关联，那又会怎么样？

用活、用好映射表

前面介绍的同步计算映射@和同步外源映射&，是$之外非常强大和重要的功能，目前也只有在 MixIOT 体系对象映射方法中可以做到。"映射"和"映射表"的方法，是其他物联网系统所不具备的。这是一个可以处理复杂数据来源的统一方法。

映射表是 MixIOT 体系的一个重要利器，用活、用好映射表，对项目的实施会有很大的帮助。理论上，一个对象的全部数据，无论是直接采集的数据，还是需要计算的数据、统计后的数据、离线的数据，甚至是外部的数据，都可以通过映射表，一次性整合为对象的 FV 变量。

虽然 MixIOT 体系在进行映射表映射的时候消耗了计算资源，但是经过整合后的对象数据，就更加容易进行后续统一的数据处理了。

第 8 章 代码库（Codebase）

什么是代码库

代码库（Codebase）跟映射表（Mapping）一样重要。

映射表是把来自不同渠道（源）和不同方法采集到的（栅格）数据，通过"映射"方法，转换成物联网对象的马赛克数据，马赛克数据也叫数据拼图。如果你去看映射表的使用介绍的话，你会发现，在映射表中，只有 STA（状态）和 SET（设定）这两个类型的数据。

而在 MixIOT 体系中的数据分类，除了 STA 和 SET，还有 EVNT（事件）、FLT（故障）和 ALT（报警）这三种类型，那这几个类型的数据又在哪里呢？MixIOT 当然不会忘记它们，只不过它们不是写在映射表里，而是写在"代码库（Codebase）"中。

MixIOT 体系中的代码库（Codebase），是通过一个 NIEFAD 变换的，把这些栅格里面的"事件""故障""报警""初始化""诊断"和"标准化"数据摘出来，变成物联网对象的另一种关联数据。

报文类型

要想把这个事情说明白,我们就要先说一下 MixIOT 体系的报文规则。所谓报文,就是采集数据的适配器上报的数据。在 MixIOT 体系的规范中,适配器上报给平台的数据是不同的报文类型,如图 8-1 所示。

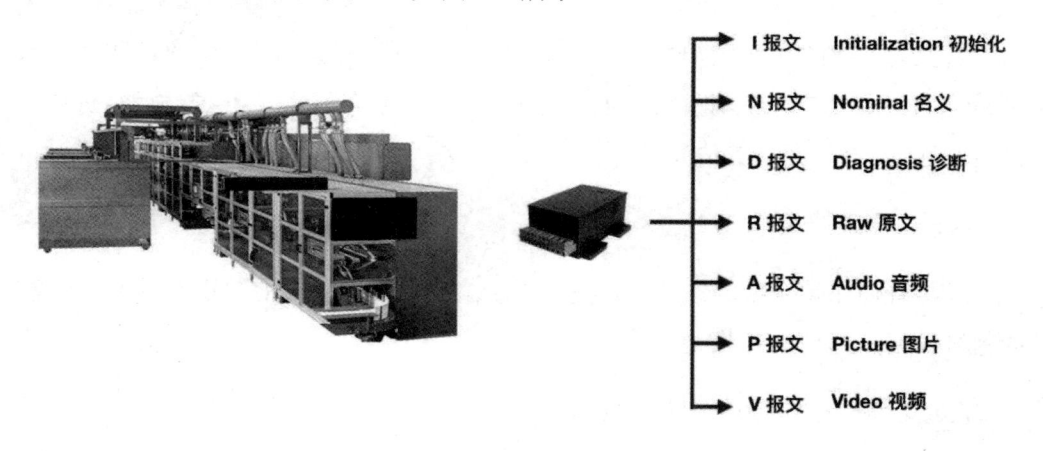

图 8-1 不同的报文类型

I — 初始化报文

这是适配器每次上电运行重启的时候,必须要进行的报文。这个报文就是告诉平台,适配器重新启动了,现在可以开始工作了。适配器重启的原因是各种各样的,可能因为掉电,可能因为自身发现什么问题后自己重新启动,也可能是其他原因造成的。这个信息对 MixIOT 体系去评估适配器的工作环境和情况,有着非常重要的意义。试想,如果 MixIOT 体系频繁收到 I 报文,那是不是可以认为这个适配器有问题,或者适配器所在的环节有问题呢?

N — 名义报文

这是一个辅助性的报文规则，要求适配器每连续运行 4 小时就进行一次这样的报文。这个报文的意义，主要是告诉平台，我已经连续工作 4 个小时了。N 报文的内容里，还包括了适配器自己的固件版本号、Lua 版本号等信息。那么，MixIOT 在收到这种报文的时候，就会去检查适配器的版本是不是最新的，是否有强制性要求适配器去下载新的程序。

D — 诊断报文

适配器会周期性进行自检诊断。这个报文就是把自检诊断的结果上报给 MixIOT 体系。MixIOT 体系如果发现适配器的自诊断有问题，就会想办法通知你，让你去更换，或者进行其他处置。

R — 原文报文

这是普通原始数据的报文，也是用得最多的报文。我们前面说的设备（对象）的栅格数据，都是在 R 报文里面的。

A、V、P — 音频、视频、图片报文

如果采集到的数据是音频、视频和图片格式数据时，就需要使用对应的报文类型，MixIOT 体系收到这几个类型报文的时候，会按媒体文件方式进行存储和处理，因为这几类报文数据不是"栅格"的数据形式，而是各自都有特定的格式。在本书中，会有专门的章节介绍如何在 MixIOT 体系中使用多媒体。

前三种（I、N、D）报文算一类，是跟适配器运行相关的特殊报文，跟具体适配器采集什么数据是没有关系的。

后三种（A、V、P）报文算一类，每个报文的数据代表一段录音、一个抓拍的图片，或者一段拍摄的视频。

R 报文是使用最广泛的报文，适配器采集到的设备数据使用的就是这种报文类

型。R 报文要求数据采取栅格格式。

NIEFAD 变换

MixIOT 体系中的 NIEFAD 变换其实是两个变换：一个是对 I、N、D 这三种报文的数据进行处理；另一个是把 R 报文里面的"E"（事件，Event）、"F"（故障，Fault）和"A"（报警，Alert）的数据挑出来，单独放到一个关系数据库里面，然后再对它们进行处理。

I、N、D 是报文类型，不是数据类型。它是怎么变换的呢？这是 MixIOT 体系内部的事情，基本上不需要我们去做什么。

下面我们重点来说明 E、F、A 是怎么变换的。这里要分清 E、F、A 不是报文类型，而是数据类型。

图 8-2 所示的是一个 R 报文里面的栅格数据，其中，除了 K1～K11（这些数据我们理解为温度、压力、电流、电压之类的反映设备状态的数据），还有其他数据。

F1、F2 是故障数据；A1 是报警数据；E1～E4 是事件数据。

这些数据是跟设备的状态数据一起报上来的，也是 R 报文中的栅格。MixIOT 体系收到报文数据后，就启动了 NIEFAD 变换。

简单地说，NIEFAD 变换的作用，就是把它们从这个报文中"摘出来"，放到其他专门存储这些数据的地方，让这些数据各就各位，如图 8-3 所示。

图 8-2　一个 R 报文里面的栅格数据

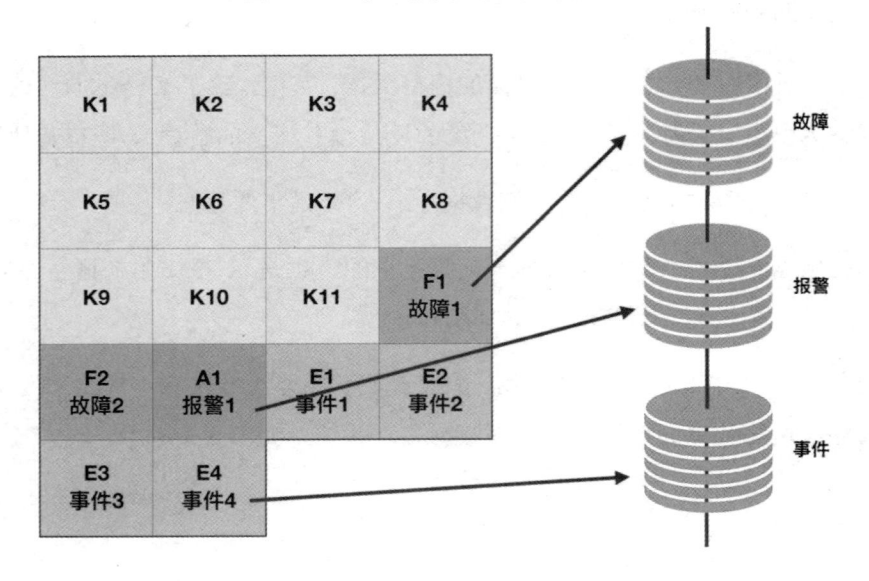

图 8-3　NIEFAD 变换

第二部分 基本概念篇

那么，适配器报文的栅格数据中，哪些是事件数据，事件是什么？哪些是故障信息，故障是什么？哪些是报警信息，报警信息又是什么？这些问题就是通过代码库（Codebase）中的代码库表描述的。

代码库表（或者叫代码库脚本）跟映射表（或者叫映射脚本）其实很类似：

[EVNT,   E1,   3012,   "Emergency Pause",   "紧急停止启动"   ]
[EVNT,   E2,   3039,   "Grade 2 Pump Starts",   "二级机泵启动"   ]
[EVNT,   E3,   3021,   "Main Engine Unloaded",   "主引擎动力被卸载"   ]
[EVNT,   E4,   4231,   "4# Boiler Alert Released","4#锅炉报警解除"   ]
[FLT-A,   F1,   5102,   "2# Pressure Sensor Fail","2 号压力传感器失效"]
[FLT-B,   F2,   5175,   "Turbine Controller Error","透平控制器错误"   ]
[ALT-C,   A1,   2231,   "4# Boiler High Temp",   "4#锅炉高温报警"   ]

- 第一列描述的是栅格的数据类型。"EVNT"代表发生的事件，"FLT"代表故障，"ALT"代表报警；
- 第二列代表的是栅格数据的标识（Key），这个我们在之前的映射中已经说明过；
- 第三列是一个数字，这个数字就是用来代表这个事件、故障或报警的编号的。简单地理解，就是我们把这些信息都用不同的编号进行标识。比如，你看到了"404"，就知道发生了什么；
- 第四、五列，分别是它们各自对应的英文和中文的含义。

我们注意到，FLT 和 ALT 的写法是后面加-A、-B 和-C，这个不是什么故障报警类型，而是代表这类数据"出现和消失的方式"，这个非常重要，是不能写错的。那么什么叫数据"出现和消失的方式"呢？下面我们来详细解释一下。

首先，这类数据信息都是来自设备的控制器的，而不同的设备控制器对这类信息的处理没有统一标准。就拿上面这个编号为"2231"来说，编号"2231"对应的是 ALT-C 数据类型，是一个"4#锅炉高温"的报警，这是一个一次性的报警信息。

067

也就是说，当这个信息出现的时候，我们会看到数据栅格 A1=1（TRUE）就在报文中出现了，我们也采集到了。但在这之后，即使这个报警被解除了，后面我们还会收到 A1=1，这个栅格的值不会变，需要人工去设备的控制面板操作一下，A1=1 才不会再出现。这就像有人跟你说，你的裤子拉链没拉好，你后来自己拉好了，但是对方不会再跟你说拉好了，你要自己确认是否拉好了。这是控制器一种可能的做法。

有一种情况，就是当这个报警被解除后，你会采集到 A1=0 这个信息，也就是说，报警解除后会有信息反馈，这时我们就定义 A1 为 ALT-A。只需要通过 ALT-A 的值（1 或 0）就能知道这个报警是什么时候出现的，什么时候消失的。这是控制器又一种可能的做法。

有的控制器可能是这样做的：这个栅格 A1=1 不会变成 A1=0，但也不会总重复，而是在某一个周期数据采集的时候，这个栅格不见了，也就是采集不到 A1=1 了。这时我们就定义 A1 为 ALT-B。这是通过"出现和消失"这种方式实现的，而不是改变数值。这又是一种处理方式。

如果只告诉你出现了报警，而不告诉你报警解除了，这种情况又怎么处理呢？当出现 A1=1 这个数据栅格的时候，说明 4#锅炉出现了高温报警，工作人员前去处置后，报警解除了，这个时候设备产生一个事件（E4）告知这个报警被解除，然后，需要通过人工在控制面板上解除这个报警，使 A1=1 这个数据栅格不再出现。这类方法在工业设备中非常常见。

[EVNT,	E1,	3012,	"Emergency Pause",	"紧急停止启动"	]
[EVNT,	E2,	3039,	"Grade 2 Pump Starts",	"二级机泵启动"	]
[EVNT,	E3,	3021,	"Main Engine Unloaded",	"主引擎动力被卸载"	]
[EVNT,	E4,	4231,	"4# Boiler Alert Released",	"4#锅炉报警解除"	]
[FLT-A,	F1,	5102,	"2# Pressure Sensor Fail",	"2号压力传感器失效"	]
[FLT-B,	F2,	5175,	"Turbine Controller Error",	"透平控制器错误"	]
[ALT-C,	A1,	2231,	"4# Boiler High Temp",	"4#锅炉高温报警"	]

在这个例子中，说明 2231 报警的消失是由于 4231 事件的出现。故障跟报警也与此类似。

在实际工业现场，我们可能会遇到更加复杂的情况，比如，事件导致的故障、故障导致的报警、报警导致的事件、故障导致的事件，然后通过某个事件又解除了报警等，把这些千变万化的情况抽象出来，其实就是-ABC。简单总结一下，如果是同一个 Key，=1 代表出现，=0 代表消失，那就是-A；如果 Key 只有=1，而且一直=1，这就是-C；如果 Key 只有=1，不会=0，但也不会重复，那就是-B。

通过上面这个例子，你或许应该能感觉到，为什么 MixIOT 体系要把事件、故障、报警放在一起，并且进行统一的编码。图 8-3 把 EFA 串成了一个糖葫芦，说明 EFA 之间关系的复杂性。MixIOT 体系在这方面做足了功夫，不仅通过 NIEFAD 变换把 EFA 摘出来，而且 MixIOT 体系还有其他的组件来处理这些-ABC 的相互关系，这些也是 MixIOT 体系独有的一个处理方法。

EFA 与栅格数据的关系

我们前面介绍了 EFA 的概念，以及它们是如何按照代码库规则进行分离的。而事实上，在 MixIOT 体系中，EFA 从栅格数据中分离出来，目的恰恰是与其他栅格数据更好地关联。

EFA（事件、故障、报警）跟其他栅格（状态数据）有两个明显的不同：第一，这些数据并不是时时刻刻都会出现的，而是间歇性出现的，我们称为"低频"数据，即出现频率较低的数据；第二，它们只能是 0 或 1，要么有（出现），要么没有（没出现），我们称为"开关量"，没有中间状态，所以它们是跳跃式变化的。正是由于 EFA 的这两个特性，在 MixIOT 体系中，把 EFA 作为一个"标签"，而且是一个在状态时间序列中的标签。

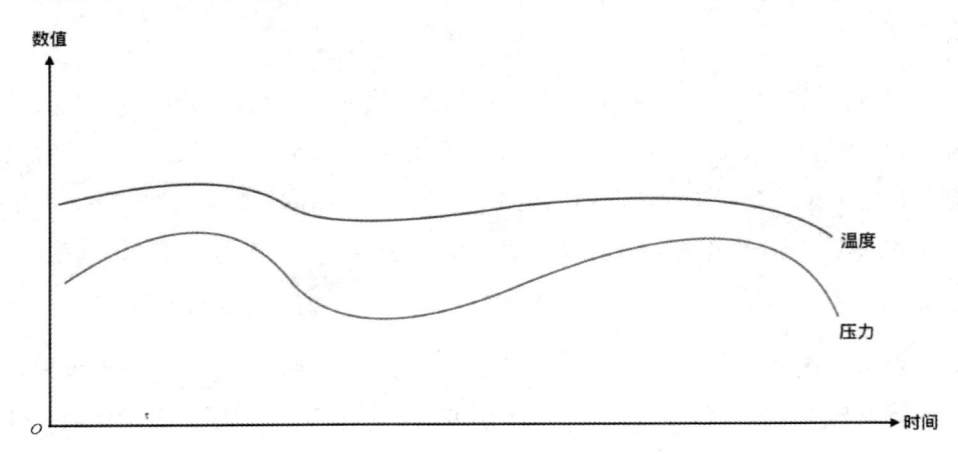

我们看图 8-4，很清楚地描述了这个设备温度和压力变化的情况与规律。

图 8-4　温度与压力变化曲线

如果我们把 EFA 的信息也加上去，图 8-4 就变成了图 8-5。

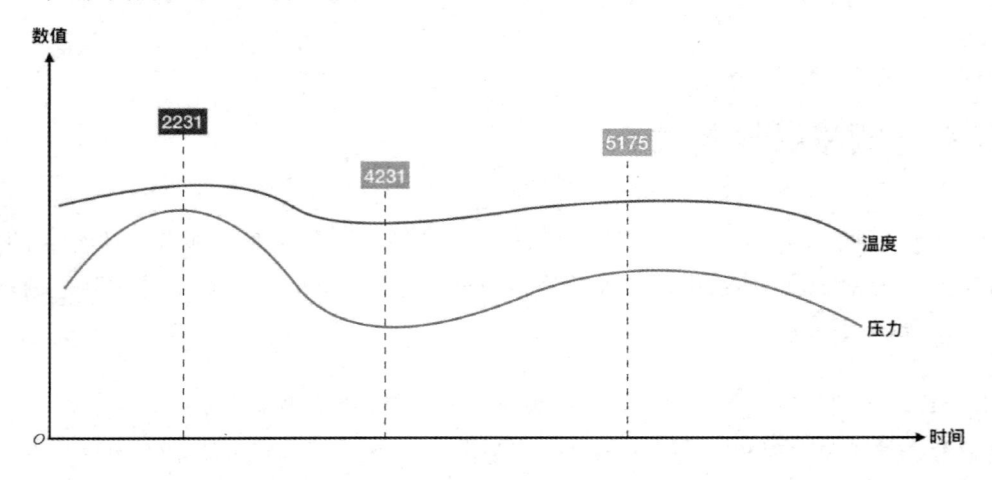

图 8-5　增加了 EFA 信息后的温度与压力变化曲线

看到图 8-5，你的感觉肯定又不一样了，因为这个图更加清楚地描述了这些"标签"是发生在什么状态上的。当然，要研究清楚这其中的规律，还需要做很多事情，比如要使用"数据脉搏分析方法"，这个方法是 Möbius（莫比乌斯）反演和 Mapkob（马尔科夫）过程的一个应用。如果你对这方面有兴趣，可以参考智物联的相关技术文档。

第 9 章 向量和矩阵（Vector & Matrix）

MixIOT 体系数据形式

MixIOT 体系支持的数据形式，除了单值数据（整数、浮点数、布尔型），还支持向量（Vector）和矩阵（Matrix）类型。而向量其实是一个 $N×1$ 阶的矩阵，算作矩阵的一个特例。

我们简单了解一下矩阵是什么样子的。一个 $n×m$ 阶矩阵 X 是这样表述的：

$$X = \begin{pmatrix} x_{11} & x_{12} & x_{13} & \cdots & x_{1n} \\ x_{21} & x_{22} & x_{23} & \cdots & x_{2n} \\ x_{31} & x_{32} & x_{33} & \cdots & x_{3n} \\ \vdots & \vdots & \vdots & \ddots & \vdots \\ x_{m1} & x_{m2} & x_{m3} & \cdots & x_{mn} \end{pmatrix}$$

如果 $m=1$，那么，矩阵 X 就是一个向量。

如果矩阵对角线的值都是 1，我们就称它为 $n×m$ 阶的单位矩阵 E（有的地方会写成 I）。

$$E = \begin{pmatrix} 1 & 0 & 0 & \cdots & 0 \\ 0 & 1 & 0 & \cdots & 0 \\ 0 & 0 & 1 & \cdots & 0 \\ \vdots & \vdots & \vdots & \ddots & \vdots \\ 0 & 0 & 0 & \cdots & 1 \end{pmatrix}$$

还有就是矩阵的其他一些概念,一个矩阵的转置矩阵、逆矩阵,以及矩阵的加减乘除的运算等,这些需要大家自己去找数学课本复习了。

MixIOT 矩阵是怎么来的

我们现在肯定有一个疑问,不管采集数据终端是哪家的,都不可能采集出来一个矩阵吧?既然不可能采集到矩阵,那为什么 MixIOT 的数据类型会有矩阵呢?

比如,我们的适配器采集到的数据,一定都是单值数据,这是毫无疑问的。这些单值数据通过映射(Mapping),变成了物联网对象的 FV 变量,这个我们都已经很熟悉了。

那么 MixIOT 里面的矩阵是怎么回事儿呢?这是由于在映射表中,可以把其他已经存在的 FV 变量,构造成一个矩阵变量。换句话说,一个对象的 FV 变量,可以是单值,也可以是向量,甚至还可以是矩阵。

还是先举一个例子。我们看一个对象(设备)的映射表是这样的:

[X_1,   "Temperature",   "温度",   STA,$DT-1,K1   ]
[X_2,   "Pressure",   "压力",   STA,$DT-1,K2   ]
[X_3,   "Vibration Frequency",   "振动频率",   STA,$DT-1,K3   ]
[X_4,   "Vibration Amplitude",   "振动幅度",   STA,$DT-1,K4   ]

这个映射表对应的对象,现在有 4 个 FV 变量都是这个设备的实时运行参数。假设这个对象是一台生产某种产品的设备，我们对这个产品进行误差测量，得到离线的误差数据，把产品误差也作为这个对象（设备）的 FV 变量，这个映射项就是：

[Y，"Product Tolerance"，"产品误差"，STA，&Collectos("1234")]

我们可以定义一个 2×2 阶对称的矩阵 M：

$$M = \begin{pmatrix} X_1 & X_2 \\ X_3 & X_4 \end{pmatrix}$$

那么，我们同样可以在映射表中，把这个 M 当作这个对象的一个 FV 变量，只不过这个变量 M 是一个矩阵，我们可以把它叫作"运行矩阵"。这个 M 的映射项是这样写的：

[M，"Operation Matrix"，"运行矩阵"，MAT，[[X_1, X_2]，[X_3, X_4]]]

我们还可以定义两个向量：

$$V_1 = (X_1, X_2)$$
$$V_2 = (X_3, X_4)$$

映射项是这样写的：

[V_1，"TP Vector"，"温度压力向量"，VEC，[X_1, X_2]]
[V_2，"Vibration Vector"，"振动向量"，VEC，[X_3, X_4]]

现在，我们可以完整地看一下这个映射表：

[X_1,	"Temperature",	"温度",	STA,	\$DT-1,	K1]
[X_2,	"Pressure",	"压力",	STA,	\$DT-1,	K2]
[X_3,	"Vibration Frequency",	"振动频率",	STA,	\$DT-1,	K3]
[X_4,	"Vibration Amplitude",	"振动幅度",	STA,	\$DT-1,	K4]
[Y,	"Product Tolerance",	"产品误差",	STA,	&Collectos("1234")	]
[M,	"Operation Matrix",	"运行矩阵",	MAT,	[[X_1, X_2], [X_3, X_4]]	]
[V_1,	"TP Vector",	"温压向量",	VEC,	[X_1, X_2]	]
[V_2,	"Vibration Vector",	"振动向量"	VEC,	[X_3, X_4]	]

当然，我们也可以去构造一个由具体数值构成的矩阵，比如这样：

$$M = \begin{pmatrix} X_1 & 0.35 & 2.16 & 5.94 \\ 9.62 & X_2 & 7.21 & 4.02 \\ 0.17 & 1.87 & X_3 & 3.68 \\ 2.59 & 0.95 & 5.21 & X_4 \end{pmatrix}$$

这个映射项大家可以自己写写试试看，应该很容易。

怎样构造有用的矩阵

前面的介绍说明了一个很重要的概念，MixIOT 里面所指的矩阵，不是数据采集而来的，而是通过映射表构造而来的，矩阵同样是对象的一个 FV 变量。既然矩阵也是一个 FV 变量，那么就可以参与各种运算，只不过这个运算需要使用到 MixIOT 的变换计算服务组件（详见第 23 章）。

通过前面的介绍，我们看到要在映射里构造一个矩阵 FV 并不是什么难事，方法很简单。但那只是我们为了说明如何构造矩阵而已，更重要的问题是如何构造一个有用、有意义的矩阵。

怎样构造一个有用、有意义的矩阵呢？这个问题是很难用几句话说清楚的，一方面需要我们进一步理解和学习与矩阵相关的理论，另一方面需要明确解决的问题是什么。

矩阵的特征向量和特征值

在 MixIOT 体系中使用向量和矩阵，主要是为了算出它的特征向量和特征值。

下面我们一一来做解释。

还是回到前面这个例子，对象（设备）的 4 个参数分别是温度、压力、频率和振幅，也就是这个对象（设备）的 4 个变量，而且我们相信，这 4 个参数的变化跟产品的误差是有关系的。

我们首先来分析一下，如果这 4 个参数之间的相互影响关系是不变的（参见图 9-1），箭头方向是影响的方向。

根据这个相互影响的关系，把这 4 个参数排成一个格子，假设温度对外的影响力之和为 1，并且它对其余 3 个参数都有平均的影响，那么对其余每个参数的影响力都是 1/3。所以，格子第一列数字分别是 1/3，1/3，1/3，如图 9-2 所示。

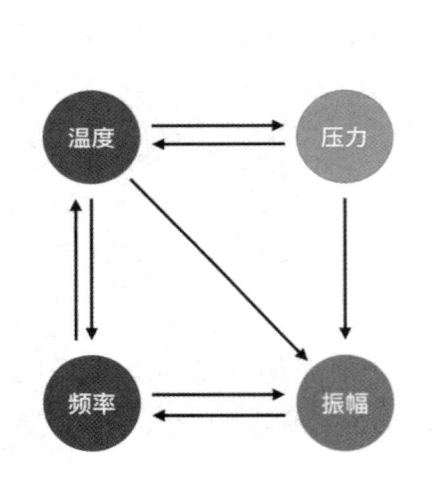

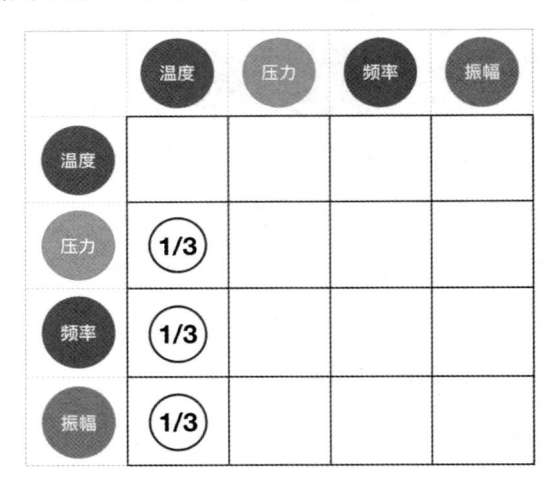

图 9-1　各参数的影响关系　　　　　图 9-2　温度对其余参数的影响力

压力对频率没有影响，而对温度和振幅有平均的影响，压力的影响力之和也是 1，那么第二列的第一个和最后一个数字都是 1/2，1/2，如图 9-3 所示。

其他的都以此类推。对角线的位置，是各参数自己对自己的影响，我们都设为 0。这样，就得到完整的格子，如图 9-4 所示。

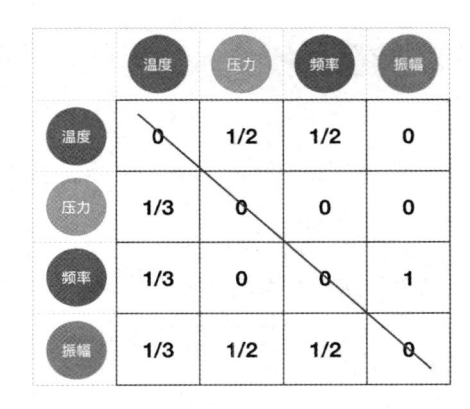

图 9-3　压力对其余参数的影响力　　　　图 9-4　参数间完整的影响力关系

这就是一个温度、压力、频率和振幅 4 个参数直接的"相关影响矩阵" M。

$$M = \begin{pmatrix} 0 & 1/2 & 1/2 & 0 \\ 1/3 & 0 & 0 & 0 \\ 1/3 & 0 & 0 & 1 \\ 1/3 & 1/2 & 1/2 & 0 \end{pmatrix}$$

如果我们可以找到一个向量 V 和一个值 λ，使得它们之间的关系如下：

$$MV = \lambda V$$

那么，这个向量 V 就是这个矩阵的"特征向量（Eigen Vector）"，这个值 λ 就是这个矩阵的"特征值（Eigen Value）"。其中的含义大致可以理解为，这个相关影响关系矩阵的综合影响，会向"特征向量"这个方向发展，而发展的速度就是"特征值"。如果我们要考察这 4 个参数对产品误差的影响，其实就是考察这个矩阵的特征向量和特征值对这个误差的影响，它对工业物联网有很重要的意义。

在刚才这个例子里面，我们有一个假设，就是这 4 个参数之间的相关关系是不变的，所以这个矩阵里面的数值都是常数。但是，在实际的工业设备中，各参数的相关影响关系并不一定是一成不变的。

这些相互影响的关系，我们可以先用 MixIOT 的统计计算服务（Statos）做一些计算。

（1）用 Statos 的 variance 方法（方差），算出每个因素的方差 $\sigma^2(X_1)$，$\sigma^2(X_2)$，$\sigma^2(X_3)$，$\sigma^2(X_4)$。

（2）用方差构造一个矩阵。

$$C = \begin{pmatrix} \sigma^2(X_1) & 0 & 0 & 0 \\ 0 & \sigma^2(X_2) & 0 & 0 \\ 0 & 0 & \sigma^2(X_3) & 0 \\ 0 & 0 & 0 & \sigma^2(X_4) \end{pmatrix}$$

（3）用 Statos 的 covariance 方法（协方差）算出协方差矩阵。

$$D = \begin{pmatrix} \text{cov}(X_1,X_1) & \text{cov}(X_1,X_2) & \text{cov}(X_1,X_3) & \text{cov}(X_1,X_4) \\ \text{cov}(X_2,X_1) & \text{cov}(X_2,X_2) & \text{cov}(X_2,X_3) & \text{cov}(X_2,X_4) \\ \text{cov}(X_3,X_1) & \text{cov}(X_3,X_2) & \text{cov}(X_3,X_3) & \text{cov}(X_3,X_4) \\ \text{cov}(X_4,X_1) & \text{cov}(X_4,X_2) & \text{cov}(X_4,X_3) & \text{cov}(X_4,X_4) \end{pmatrix}$$

（4）算出特征向量和特征值。

$$(D - C)V = \lambda V$$

那么，这个特征向量和特征值就是动态变化关系的总方向和总速度。

在实际项目中，可以发现这样一个规律：产品误差 Y 的变化和变化的速度，跟特征向量和特征值是基本一致的。这个结论对我们有很大帮助，我们可以用这个结论去调整设备的运行，从而降低产品的误差。

特征向量和特征值的计算，都由 MixIOT 体系变换计算服务（Transformer）完成。

决策中的矩阵应用

矩阵在具体决策中是怎样使用的呢?

举一个例子。假设你在某搜索引擎上搜索某个内容,该搜索引擎找到了 4 个相关的网页,分别是 P1、P2、P3 和 P4,那么这个搜索引擎要按什么顺序给你推荐这 4 个网页呢?它是这样做的,首先要把这 4 个页面的相互引用关系找出来,就是这个页面有没有链接到另一个页面,如图 9-5 所示。

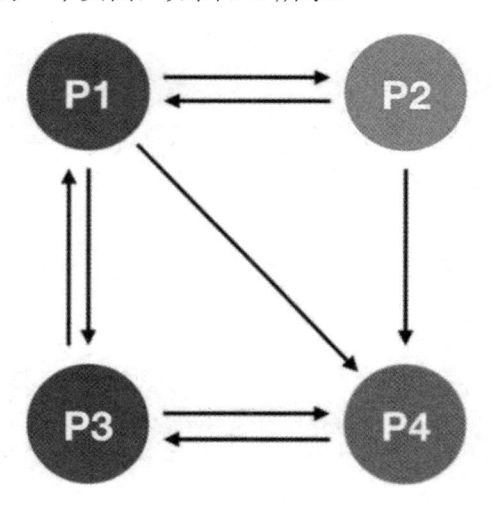

图 9-5　4 个相关网页之间的相互引用关系

然后,根据这个关系构造一个矩阵:

$$M = \begin{pmatrix} 0 & 1/2 & 1/2 & 0 \\ 1/3 & 0 & 0 & 1 \\ 1/3 & 0 & 0 & 0 \\ 1/3 & 1/2 & 1/2 & 0 \end{pmatrix}$$

最后，算出它的特征向量，比如，算出来的结果是 $V = (0.25, 0.22, 0.23, 0.29)$，那么这个搜索引擎给你的推荐顺序就是 P4, P1, P3, P2。你看明白了吗？

第 10 章
反向控制（Control）

什么是反向控制

在 MixIOT 体系中，绝大多数情况下，数据的方向是从"数据终端（适配器）到 MixIOT 体系"，这也叫"数据上行"。之前，介绍过数据上行的报文类型，有 N（Nominal）、I（Initial）、D（Diagnosis）、V（Video）、A（Audio）、R（Raw）和 P（Picture）等类型。

我们了解了"数据上行"，也就不难理解什么是"数据下行"了。数据下行指的是 MixIOT 体系给数据终端发送数据。数据下行有两个作用：

（1）对操作数据终端（适配器）的操控，比如，让适配器重启、让适配器下载升级程序，或者让适配器自检（并上报自检结果）等；

（2）让数据终端（适配器）给所对接的设备发指令，比如，让设备启动或者停止、让设备调整某些参数、让设备更改控制方式等，简单地说，就是对设备的操控。

MixIOT 体系对适配器的操控，是 MixIOT 体系自动完成的，无须我们去手动做什么事情，而"对设备操控"就叫作"反向控制"。

图 10-1 除了清晰地说明了数据上下行和反向控制之间的关系，还解释了一个事情：谁在操作反向控制、在哪里操作反向控制。那么，反向控制有什么问题吗？有什么风险吗？我们只有弄明白了这些问题，才能用好反向控制。

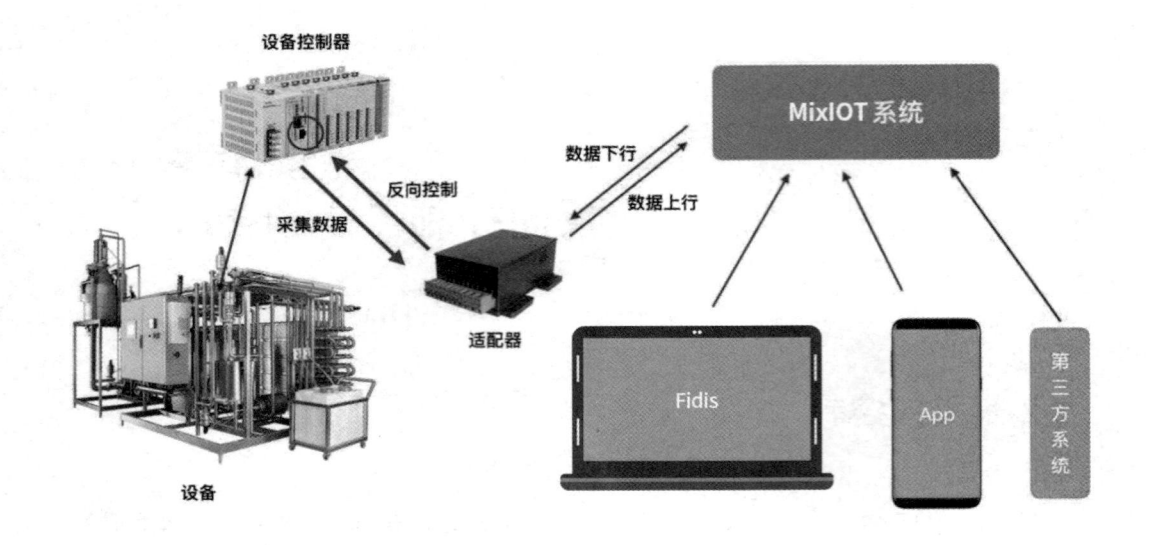

图 10-1　数据上下行和反向控制之间的关系

反向控制的风险

反向控制是有风险的！

我们看图 10-1，其实这是一个可怕的事情。想想就知道，任何人只需要有 Fidis 或者 App 的密码，就能通过计算机或者手机直接操控设备。我们再往深里想想，如果我们在 Fidis 或者 App 里可以下发任何对设备的操控指令，那无疑是让设备裸奔。所以，反向控制是有风险的。

如果我们限制只有某些人才能去操控设备就没风险了吗？

当然不是。

举个例子就知道了。如果一台设备在工业现场工作，此时，一个有权限的人，从手机 App 上发了一个对设备的操控指令（比如让设备停机）。MixIOT 平台就把这个指令发给了适配器，可是，这个时候网络信号突然不好，适配器没有在第一时间收到这个指令，设备当时并没有被关停，而是在继续运转。过了半个小时，网络信号好了，这个时候适配器收到了这条半小时前发过来的停机指令，那么设备是该停机，还是不停机呢？

这是一个很尴尬的问题，因为无论是停机，还是不停机，都可能会导致问题的发生。

由此可见，反向控制是一个有风险的操作。但是，如果没有反向控制，MixIOT体系的调度控制、优化策略、边缘计算等，所做的一切事情，也都变成了纸上谈兵，无用武之地。

所以，我们能说的就是：反向控制有风险，使用需谨慎。

反向控制机制

正是因为我们充分认识到反向控制中的这些风险，所以，MixIOT体系有一套建立反向控制的机制和使用反向控制的规范做法。

MixIOT体系中，首先是对能做什么反向控制，也就是能通过Fidis、App或者其他第三者系统控制什么，做出一个规定。换句话说，这是一个白名单制度。

从图10-2中，我们可以看到，反向控制的管理是在MixIOT Admin中的，而且是跟代码库（Codebase）放在一起的。代码库中有两个部分，一个是代码库脚本，另一个就是对象控制编码（脚本）。

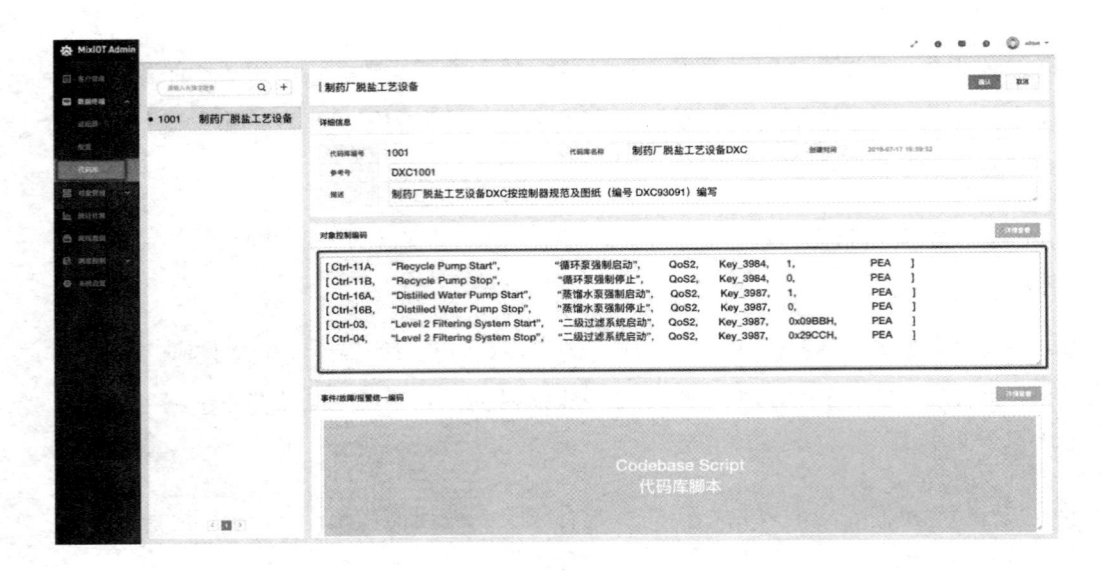

图 10-2 代码库中的对象控制编码（脚本）

我们同样无须担心，这个脚本其实跟代码库、映射表的写法是基本一样的，写出来是这样的：

[Ctrl-11A, "Recycle Pump Start", "循环泵强制启动", QoS2, Key_3984, 1, PEA]

[Ctrl-11B, "Recycle Pump Stop", "循环泵强制停止", QoS2, Key_3984, 0, PEA]

[Ctrl-16A, "Distilled Water Pump Start", "蒸馏水泵强制启动", QoS2, Key_3987, 1, PEA]

[Ctrl-16B, "Distilled Water Pump Stop", "蒸馏水泵强制停止", QoS2, Key_3987, 0, PEA]

[Ctrl-03, "Level 2 Filtering System Start", "二级过滤系统启动", QoS2, Key_3987, 0x09BBH, PEA]

[Ctrl-04, "Level 2 Filtering System Stop", "二级过滤系统启动", QoS2, Key_3987, 0x29CCH, PEA]

- 第一列，叫控制标识（Control ID），有了这个标识，我们就知道，这个控制项的名字，如 Ctrl-16A、Ctrl-11B。

- 第二列、第三列，分别是这个控制的英文、中文标签，也就是控制的具体含义。

- 第四列，是控制数据下发的时候，也就是数据下行的时候，所需遵循的 QoS 标准。所谓 QoS 标准可以理解为下行数据的"质量标准"，有 0、1、2、2+ 四个等级：

  - QoS0，代表这个指令 MixIOT 体系一定会下发下去，至少发一次，但是发下去后，不能保证适配器能不能收到，也不能保证适配器会不会按这个指令操控设备；

  - QoS1，代表这个指令 MixIOT 体系一定会下发下去，至少发一次，而且保证适配器一定能收到且至少收到一次，但是不保证这个指令什么时候能被适配器收到，也许立马就收到，也许三五分钟后，甚至一两天后才收到，也不保证适配器收到这个指令后，会按指令的要求操控设备；

  - QoS2，代表这个指令 MixIOT 体系一定会下发下去，而且保证适配器只收到一次，但是不保证适配器什么时候能收到，也不保证适配器会按指令的要求去操控设备；

  - QoS2+，代表这个指令 MixIOT 体系一定会下发下去，不仅保证适配器只收到一次，而且保证适配器在规定的时间（5 秒内）只收到一次或者在这个规定的时间之后不会再收到。

- 第五列、第六列，分别是设备控制器对应这个控制的"键和值"（Key & Value）。

- 第七列，是这个控制的应用等级，有 P,E,A,PE,EA,PA,PEA 等级别。这些控制级别的意思是，这些控制项只能出现在什么场合，不是什么人都能去控制的。详细的使用请参考相关使用手册，这里也不做详细叙述了。

我们从 MixIOT 体系建立的反向控制机制可以看到，这些机制就是为了保障反向控制的安全的，降低反向控制的风险。对那些高度敏感的、涉及重大安全影响的控制项，使用的时候更需要慎之又慎。

反向控制的范围

工业设备自身的控制器,是设备运行控制的中枢单元,是工业设备构成中非常重要的东西,它的理论基础就是控制论。一般来说,工业设备控制器自身是闭环的,也就是说,工业设备本身的控制应该就可以使设备正常运行,而无须外部帮忙做什么事情。

那么,对于设备控制器而言,反向控制很显然是一个"外部势力",控制器自己干得好好的,现在来了一个反向控制指令,会不会干扰设备控制器的运行呢?答案是不会的。因为反向控制的范围仅仅是"控制参数调节",而没有办法去改变"控制逻辑"。

图 10-3 所示的是一个简单的自控模型。一个经过电控阀门的注水管向一个水池里面注水,注水阀门的开关由控制器来控制。水槽的底部有一个水泵,把水往外抽,但是水泵什么时候抽水,抽水的力度有多大,则不在控制器的控制范围内。但是,每一个瞬间被抽掉多少水,又注入多少水,是可以计算的。

现在这个场景下,只知道水池原来有多少水(S_0),要求控制器来控制这个电控阀门,不管水泵怎么抽水,水池的液位必须要在最高水位(α)和最低水位(β)之间,而这两个值是给定值(或者叫设定值)。

那么,这个控制器就需要对某个时刻的水位进行计算:

在 t_0 时刻,原有水量 $S_0=S(t_0)$,假设有连续流入的水,在 t 时刻,瞬间的水量为 $X(t)$;水池也有连续流出的水,在 t 时刻瞬间的水量为 $Y(t)$。

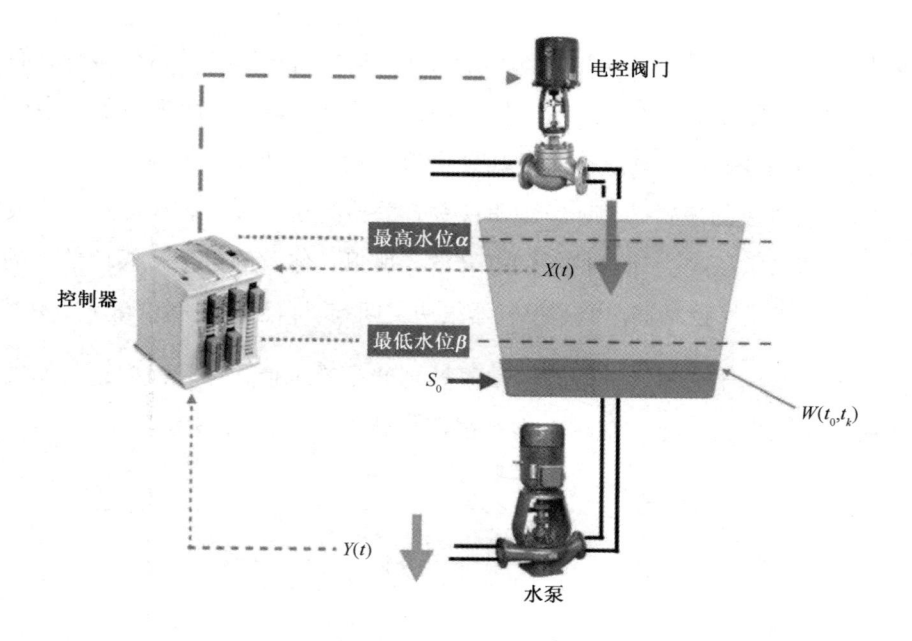

图 10-3　自控模型

我们考察从 t_0 到 t_k 时刻发生的变化，假设这个时候水池里的水增加了 $W(t_0,t_k)$，那么，水池在 t_k 时刻的总水量为：

$$S(t_k) = S(t_0) + W(t_0,t_k) = S_0 + W(t_0,t_k)$$

其中：

$$W(t_0,t_k) = \int_{t_0}^{t_k} X(t)\mathrm{d}t - \int_{t_0}^{t_k} Y(t)\mathrm{d}t = \int_{t_0}^{t_k} [X(t) - Y(t)]\mathrm{d}t$$

在这个前提下，它的控制逻辑条件就是：

$$\alpha \leqslant S_0 + \int_{t_0}^{t_k} [X(t) - Y(t)]\mathrm{d}t \leqslant \beta$$

下面，我们分别说明来自外部的反向控制会有什么影响。

- 如果反向控制是修改了最高水位（α）和最低水位（β），那么，控制器还是会按自己的逻辑来控制的，以保证满足上面的逻辑条件，这个是没问题的。

- 如果反向控制控制的是电控阀门的开关，比如现在水池的水位很低，而出水口的水泵抽水力度很大，控制器正在让阀门全开注水，而你发了一个让阀门关掉的指令。控制器这个时候如果去执行指令，把阀门关掉了，但是很快控制器按自己的逻辑一算，发现不能关，关掉的话，水池的水可能就要被抽干了，那么它还是会让电控阀门打开的。所以，你发的这条让阀门关掉的控制指令，干扰了控制器，但是控制器很快又回到了自己的控制逻辑。

从上面这个例子来看，反向控制如果控制的是给定值，那就没问题；如果是其他在控制逻辑之内的指令，那这个指令很可能就不会起什么作用。

第 11 章 调度与控制（D&C）

了解调度与控制

D&C（Dispatch & Control，调度与控制），是 MixIOT 体系中非常重要的服务组件，也是应用起来复杂、解释起来麻烦的一个服务组件。

D&C（调度和控制）实际上是两个东西，一个是调度，一个是控制。所谓调度，就是根据数据计算，得出一个最佳的调度方案；控制就是把方案转换成对对象（设备）的参数量化的调整指令，再利用 MixIOT 体系的反向控制机制，把这些控制指令下发下去。

我们需要举两个例子来说明 D&C，先看第一个例子（参见图 11-1）。

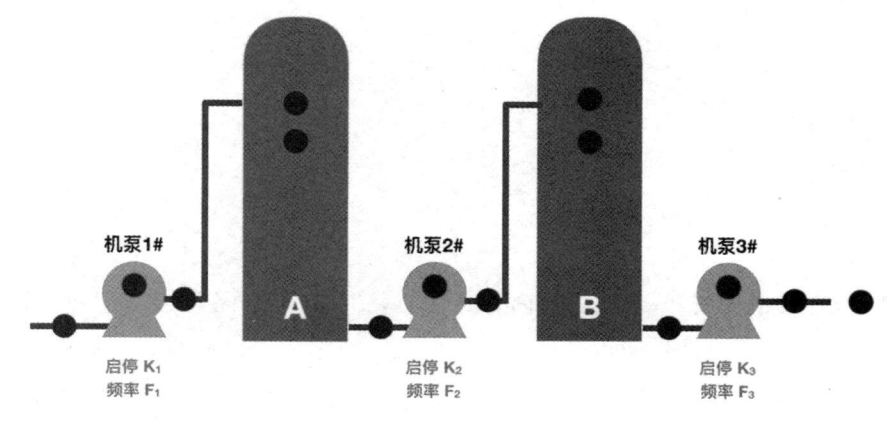

图 11-1 化工厂的工艺过程

假设这是一个化工厂的工艺过程，物料从管道，经过机泵 1#进入一个反应釜，再从这个反应釜里面出来，经过机泵 2#进入第二个反应釜。完成反应后，从第二个反应釜出来，由机泵 3#把这些经过反应的物料拿走。

图 11-1 上面有圆点标注的地方，都是一些相关的传感器和参数，如物料的温度、黏度、含水量、流量、压力，反应釜的温度、压力、液位高度，还有就是机泵的参数，例如，电机的转速、频率、功率、电流、电压等，以及最终出来的产品的化学成分、温度等。

面对这么一个场景，我们可以利用 MixIOT 体系做如下事情：

- 监控机泵 1#，2#，3#；
- 监控反应釜 A，B；
- 监控整个工艺过程物料状态、温度、含水量、黏度、组分；
- 监控每一段输送管道的温度、压力；
- 计算每台机泵的偏态估计值和增量估计值；
- 计算两个反应釜的偏态估计值和增量估计值；
- 对整个工艺装置进行在线诊断；
- 计算两个反应釜的运行平衡；
- 计算反应釜 A-B 的运行匹配；

……

这些都是 MixIOT 体系里面的内容，后面我们将陆续介绍。假设我们把这些事情都做得完美了，该计算的也计算了，结果也出来了，但我们发现，A-B 两个反应釜之间的匹配情况不是很好，要么就是进料多了，要么就是进料少了，这样就导致化学反应的不充分，进而影响产品质量。

无论我们如何计算和处理,最后能调整的就是三个机泵的启停(开关)和三个机泵的频率。这个频率就是让这个机泵转得快,还是转得慢,频率越高,机泵在单位时间内泵出来的物料就越多。

我们怎么用 D&C 来做这件事呢?

(1)创建 D&C 项目,做一些基本的配置,类似名称描述之类的;

(2)在 D&C 项目中,设置每 10 分钟为一个计算周期;

(3)每 10 分钟 D&C 都会输出一个调度方案,相应的结果就在 D&C 结果数据库里面,如下所示:

......

10:10 调度方案 $K_1=1$,$K_2=1$,$K_3=1$,$F_1=48$,$F_2=45$,$F_3=50$

10:15 调度方案 $K_1=1$,$K_2=1$,$K_3=1$,$F_1=50$,$F_2=42$,$F_3=43$

10:20 调度方案 $K_1=1$,$K_2=0$,$K_3=1$,$F_1=48$,$F_2=0$,$F_3=50$

10:25 调度方案 $K_1=1$,$K_2=1$,$K_3=1$,$F_1=48$,$F_2=50$,$F_3=47$

10:30 调度方案 $K_1=0$,$K_2=1$,$K_3=1$,$F_1=0$,$F_2=45$,$F_3=44$

......

(4)把调度方案变成反向控制,发给适配器,让适配器把这些指令发给设备的控制器。这是一个 D&C 用在"流程工业"中调度的例子,当然我们忽略了中间的计算环节。

再看第二个例子(参见图 11-2)。

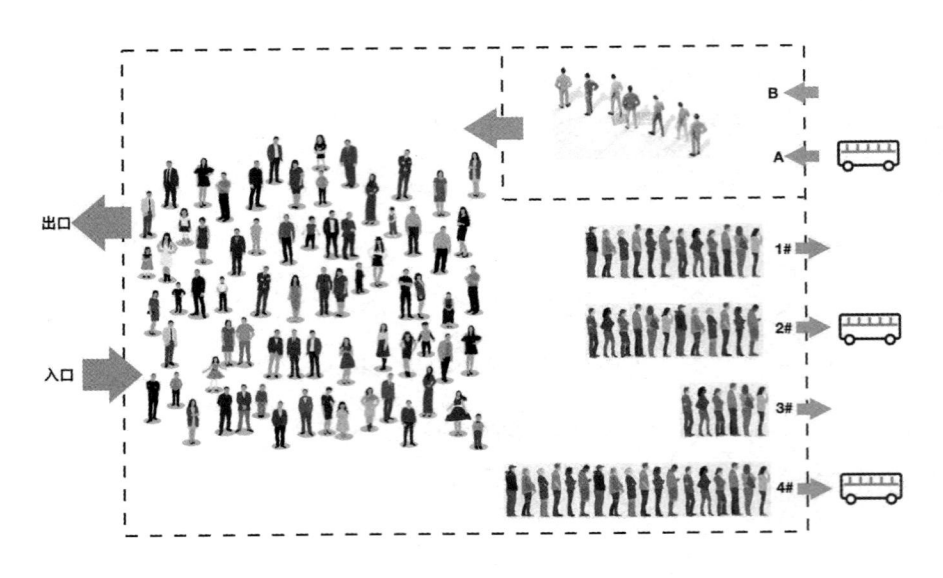

图 11-2　长途汽车站的候车大厅

这是一个长途汽车站的候车大厅，人进人出。1#~4#是发车口，对应前往 4 个不同目的地的车次，走不同的路线，票价和发车时间也不一样；A、B 两个口是到达旅客的入口，车辆到达的时间也不同。假设在 4 个发车口排队的旅客人数、2 个到达口的到达车辆和到达旅客人数及进出大厅的人数都有实时的数据记录。同时，大厅所能容纳的人数有一个上限。车站里的车辆总数是确定的，每一辆车能承载的旅客数量也有一个上限，这些车辆可以被安排去任何一个发车口，去相应的目的地。

那么，我们需要怎么安排车辆发车调度，才能保证最大运力和最佳经济效益，而且不让候车室内人满为患，让旅客等候的时间最短呢？

假设我们使用 D&C，通过已知的数据来做各种计算，按每 15 分钟为一个计算周期，最后输出的结果如下（E 代表发车出口，其值等于 1 为发车）：

……

10:00 调度方案　$E_1=0$，$E_2=0$，$E_3=0$，$E_4=1$

10:15 调度方案 $E_1=0$，$E_2=0$，$E_3=0$，$E_4=0$

10:30 调度方案 $E_1=0$，$E_2=1$，$E_3=0$，$E_4=0$

10:45 调度方案 $E_1=0$，$E_2=0$，$E_3=1$，$E_4=0$

11:00 调度方案 $E_1=1$，$E_2=0$，$E_3=0$，$E_4=0$

……

这个结果就是一个调度，把这个结果通知到车辆驾驶员和发车口的检票员，就是控制。

在前面两个例子中，一个是"连续"的，一个是"离散"的。如果我们用 D&C 来进行它们的调度，首先设立一个"目标"，围绕这个目标，周期性地给出调度方案，让当前的状态不断接近（或达到）这个目标，并把状态稳定在最接近目标处。这个其实就是 D&C 要做的事情，或者说这是 D&C 的定义。

D&C 的周期性输出一定是一个调度方案。换句话说，调度方案是 D&C 的一个计算结果。那么，要能使用 D&C 来进行计算，就需要有各种数据为基础。一般来说，数据越丰富、越精确，调度方案的质量就会越好。

D&C 的管理

MixIOT D&C 在 MixIOT 体系中的组织方式是 D&C 工程（也叫 D&C 项目），是在 MixIOT Admin 里面管理的。这是一个标准的 MixIOT 命题管理方式，D&C 项目的单元参见图 11-3。

一个 D&C 系统中，可以有多个 D&C 工程，每个工程都是相互独立、各自运行、互不影响的。一个 D&C 工程里面，涉及两个内容，分别是"单元"和"流程"。

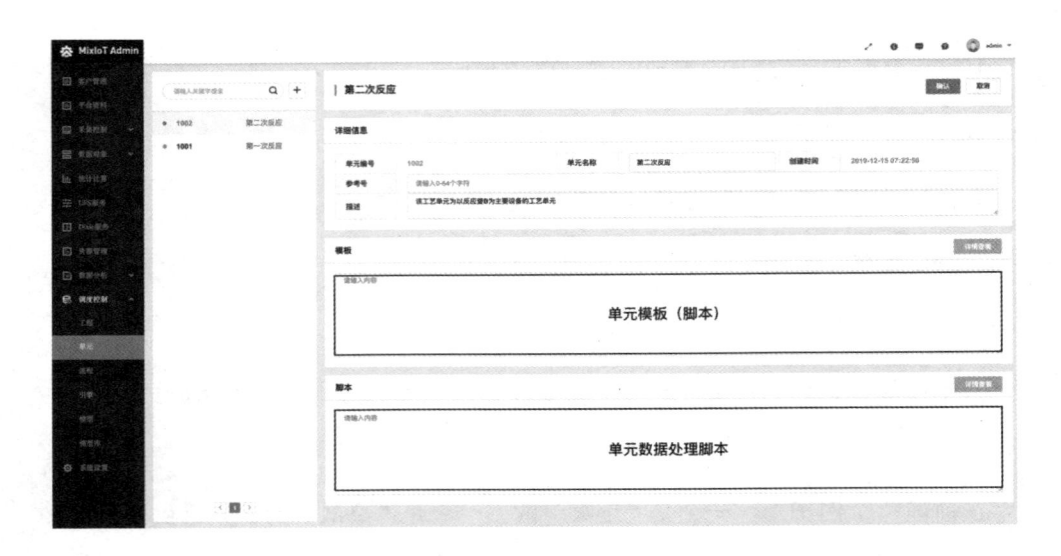

图 11-3　D&C 项目的单元

所谓单元，就是我们定义好的"对象"（这个我们始终都不能忘记，MixIOT 体系的基本单位就是对象），一个对象或者多个对象；而"流程"是数据在"单元"之间的流动顺序和过程，如图 11-4 所示。

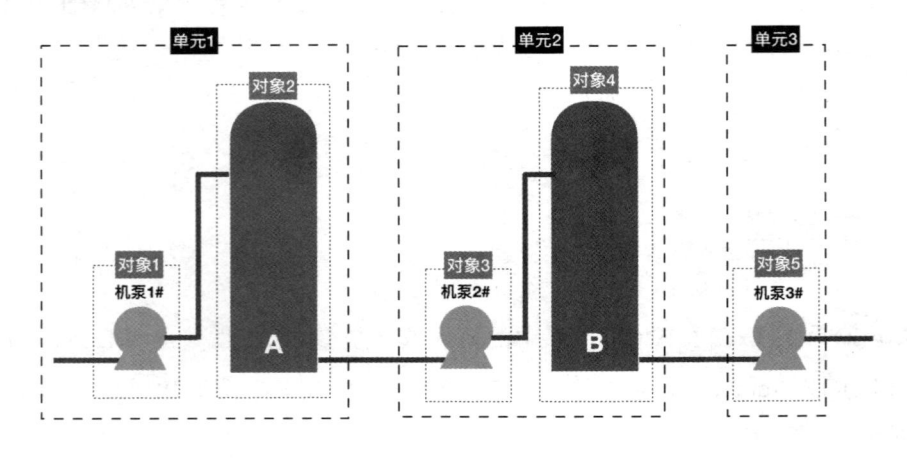

图 11-4　流动顺序和过程

在前面这个例子里面，假设我们定义了 5 个对象，分别是三个机泵和两个反应釜。而我们把机泵 1#和反应釜 A 作为单元 1；机泵 2#和反应釜 A 作为单元 2；机泵 3#作为单元 3。那么，在这个项目中，就需要在列表中把这三个单元都列出来。化工厂工艺调度的 D&C 工程（项目）参见图 11-5。

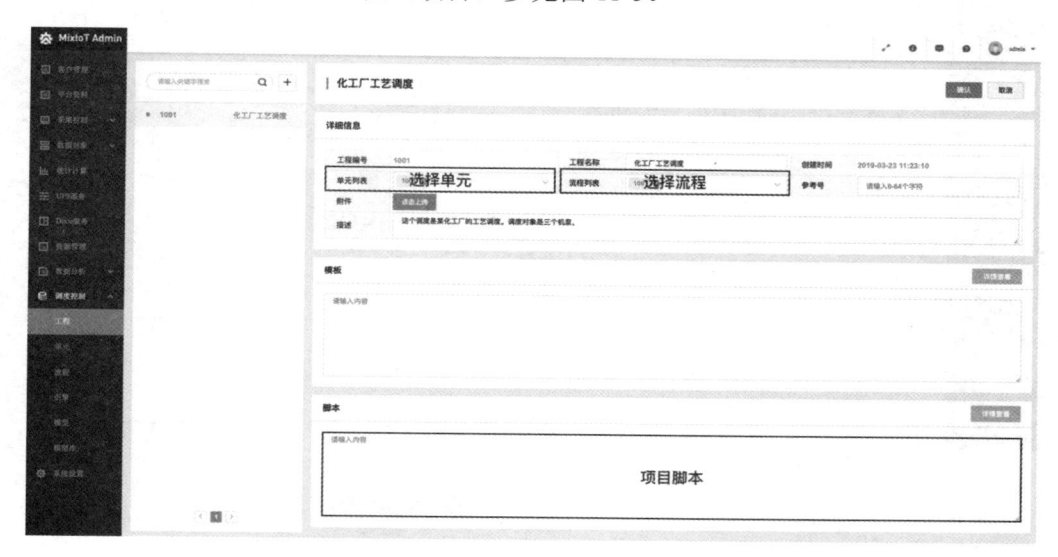

图 11-5　化工厂工艺调度的 D&C 工程（项目）

我们这样定义了单元之后，就可以看到，物料的流动变成了一个线性的过程，单元 1—>单元 2—>单元 3，便于我们计算。

我们在定义单元的时候，往往是根据实际情况来确定的。像这个例子中的定义，意思就是说，单元 1 是进行"一次反应"，进来这个单元之前的，一定是"一次反应"之前的，从这个单元里面出来的，一定是"一次反应"完成之后的。单元 2 也是一样的。那么，单元 3 呢？进去之前还不是最终结果产品，而出来之后就是最终产品。

单元和流程（D&C 工程的流程参见图 11-6）也一样需要编写模板脚本和数据处理脚本，在这里就不具体说了。

D&C 除了前面介绍的单元和流程，还有三个东西，分别是引擎、模型和模型库。

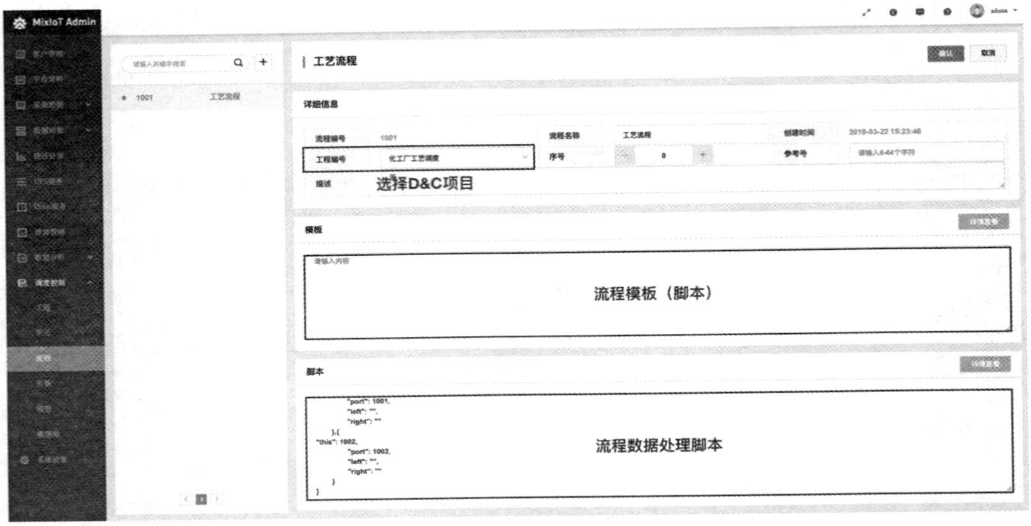

图 11-6　D&C 工程（项目）的流程

　　D&C 需要计算，计算需要相关对象的数据。而这些数据，就是通过 D&C 引擎，从 MixIOT 体系中把数据拿到 D&C 系统里面来的。

　　MixIOT 体系提供了标准方式的引擎和接口方式的引擎。在实际使用中，我们也可以编写自己的引擎，部署到 MixIOT 体系中，并直接使用。但是，无论我们怎么选择引擎，还是需要写一段脚本，这是出于跟引擎对接的需要。就好像我们造汽车一样，发动机我们可以用别人的，但是我们总需要按照发动机的要求，去对接油路、电路、传动变速箱位置等。脚本就是起这个作用的。D&C 引擎脚本参见图 11-7。

　　MixIOT 体系还提供了一些调度计算的模型供用户选择和使用，并且会不断完善。而模型库，就是存放这些模型的地方（参见图 11-8）。如果模型库里面没有满足我们需要的模型，我们也可以自己设计模型，放到模型库中。

图 11-7 D&C 引擎脚本

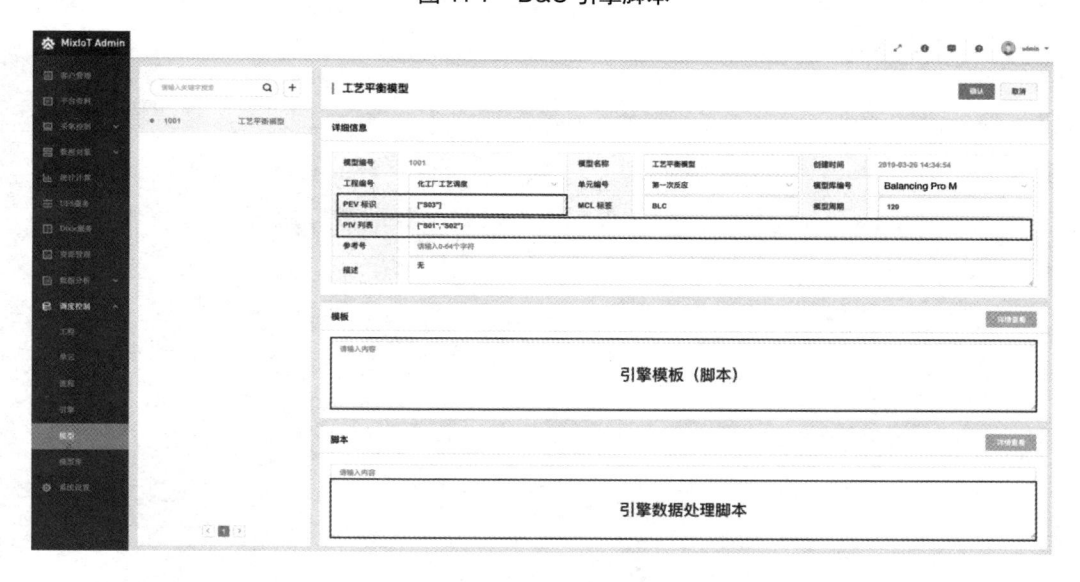

图 11-8 D&C 模型库中的工艺平衡模型示例

干涉型控制

D&C 的主要目的，是针对某个目标拿出一个控制（调整）策略，然后把这个策略转换成一个控制指令。

在"反向控制"章节中介绍过控制相关的内容，D&C 对设备控制器而言，就是一股"外部势力"，我们把它称为干涉型控制。也就是说，D&C 不提供调度控制策略的时候，工业系统还是维持原来的控制逻辑；D&C 只管输出调度方案和对应的控制指令，而最终是否采纳控制指令，还是由设备控制器自己决定的。

那么，如果设备控制器对 D&C 的控制指令熟视无睹，不予理会，又会怎么样呢？这就又要回到这个 D&C 策略最后会落脚到什么样的控制上。可以参考"反向控制"一章内容。

对于设备控制器而言，反向控制很显然是一个"外部势力"，控制器自己干得好好的，现在来了一个反向控制指令，会不会干扰设备控制器自己的运行呢？答案是不会。因为反向控制的范围仅仅是"控制参数调节"，而没有办法改变"控制逻辑"。

第 12 章
多媒体应用（VAPO）

MixIOT 体系的多媒体

MixIOT 体系是用来处理工业物联网数据的一台机器，从采集数据到处理数据，再到统计计算和分析，生生不息，永不停止。但你也许会觉得，MixIOT 体系好像跟人工智能、图像识别、声音识别、视频识别等这些高大上的东西扯不上什么关系。其实不然，MixIOT 体系同样是可以处理多媒体信息的。

在代码库一章里介绍过，MixIOT 体系的数据终端报文类型有很多种。

- 数据终端自身的报文类型：I、N 和 D。
- 采集数据的报文类型：R。

除此以外还有：

- 采集媒体的报文：V（视频）、A（音频）、P（图片）。

V、A、P 三个类型的报文，就是 MixIOT 里的"多媒体"类型数据。当然需要澄清的是，V（视频）是视频片段，就像我们微信中录的一段小视频，而不是网上看电影电视、视频通话、视频监控那样的视频流；A（音频）也是一样的，是音频片段，跟微信的语音信息一样的一段声音，而不是微信通话那样的音频流。而图片就是图片。

也就是说，只要你能用适配器采集到 V（视频片段）、A（音频片段）、P（图片），把它们的报文传到 MixIOT 体系平台，平台一样会保存这些媒体数据，接下来就是你要怎么做一个应用，把这些东西用起来。简单的应用，就是把声音和视频播放出来，把图片显示出来。如果要做一个复杂的应用，当然也可以，例如对这些内容做图像识别、声音识别，甚至是视频识别。但是，这些是另一门类的技术了，MixIOT 体系本身并没有办法提供，需要用户自己去做。

先简单介绍一下，MixIOT 体系是怎么处理这些多媒体数据的。

MixIOT 体系中有一个服务组件叫 VAPO（Video Audio & Picture Organizer，音/视频、图片在线服务组件），可以从 MixIOT Gards 服务中，把 V、A、P 报文摘出来，然后把音频、视频和图片分别保存起来，并做好保存位置的记录。同时，MixIOT 体系也提供了 API，让应用可以把这些保存好的音频、视频、图片拿走，愿意怎么处理就怎么处理。

MixIOT 体系处理多媒体数据参见图 12-1。

假设用适配器（Aprus X）对接一个带拾音器的摄像头。Aprus X 用 Lua 写好了程序，可以对摄像头进行相关操控，比如：

- 抓拍照片；

- 录音 60s；

- 录像 30s；

- 录像 60s，并同时录音；

- 间隔 2s 连续抓拍 5 张照片；

- ……

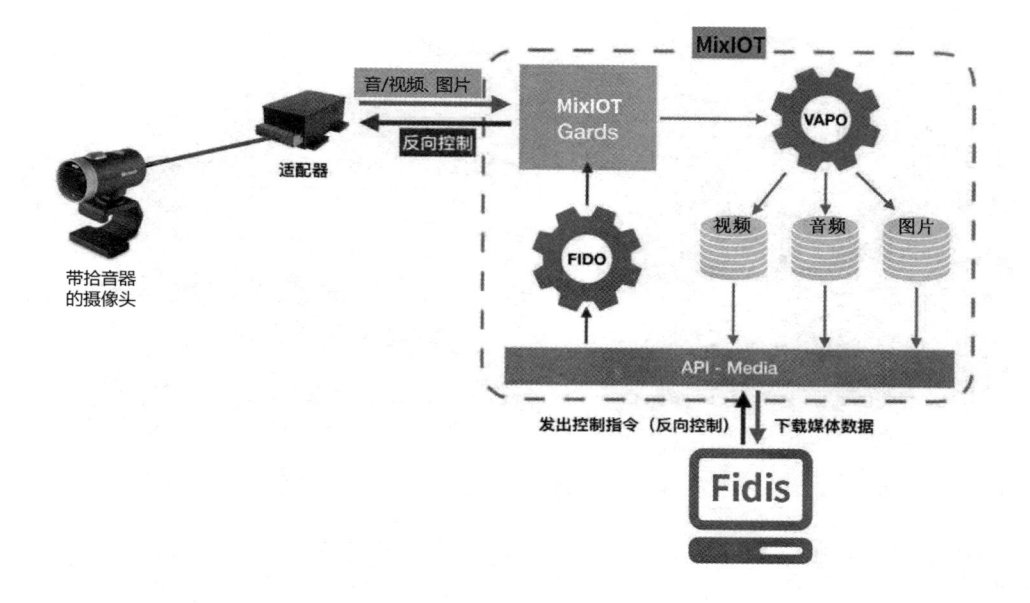

图 12-1　MixIOT 体系处理多媒体数据

那么，摄像头完成图片抓拍、录音或者录视频后，适配器会从摄像头中把这些多媒体数据拿到，并上报给 MixIOT 体系平台，经过 Gards 进行交换。这个时候，VAPO 就发挥作用了，它会把适配器发来的视频、音频和图片从 Gards 中拿出来，并保存到相应的数据库里面。

剩下的，就是看在 Fidis 里面要做什么应用了，这个应用可以利用 MixIOT 体系的 API，给适配器发出抓拍指令，也可以把抓拍好的音频、视频、图片从 MixIOT 体系里面拿到应用里来展现和识别。

多媒体应用

先说一个简单的应用。我们只用一个适配器对接摄像头。把这个摄像头安装在锅炉房的某个位置，做一个应用，叫"现场监控"（参见图 12-2）。

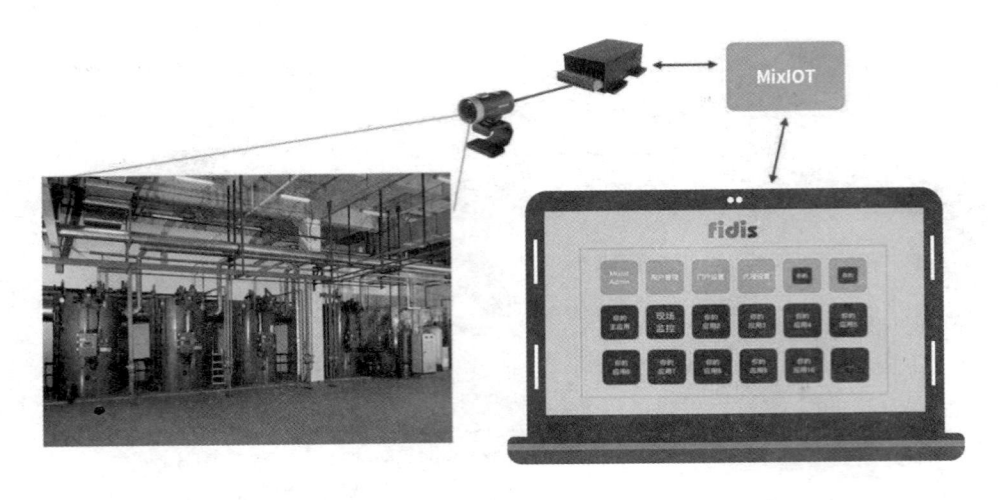

图12-2 通过摄像头对锅炉房进行监控及Fidis中的"现场监控"应用

这个"现场监控"应用很简单：通过应用下发抓拍图片或视频指令，然后在应用上播放，并保存在本地（参见图12-3）。

图12-3 "现场监控"应用中视频、图片的播放与保存

再用一个纺织厂检查布匹来做复杂的例子（参见图12-4）：两个适配器，一个对接摄像头，可以操控摄像头抓拍；另一个对接布检机，可以反向控制布检机往前、

往后或停止。

我们需要在 OpenFrame 开发框架下做一个应用，叫"智能布检"，并把这个"智能布检"应用（参见图 12-5）部署到 Fidis 体系中。

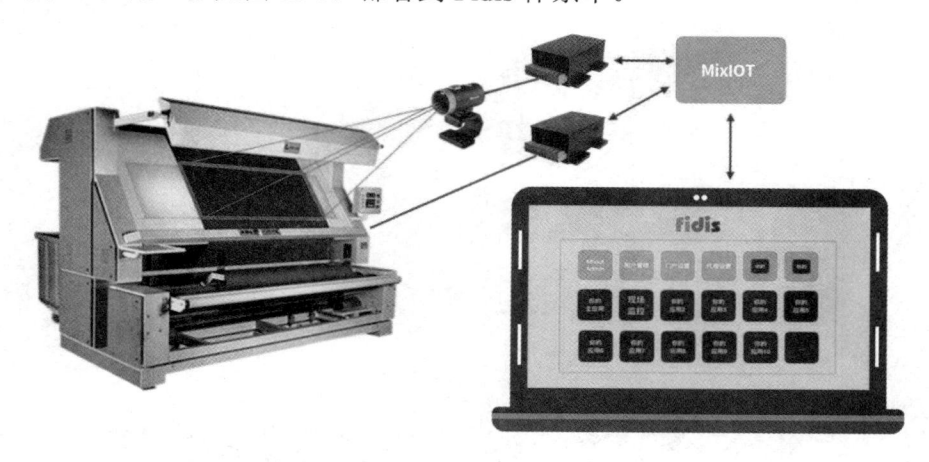

图 12-4　布检机监控和控制系统

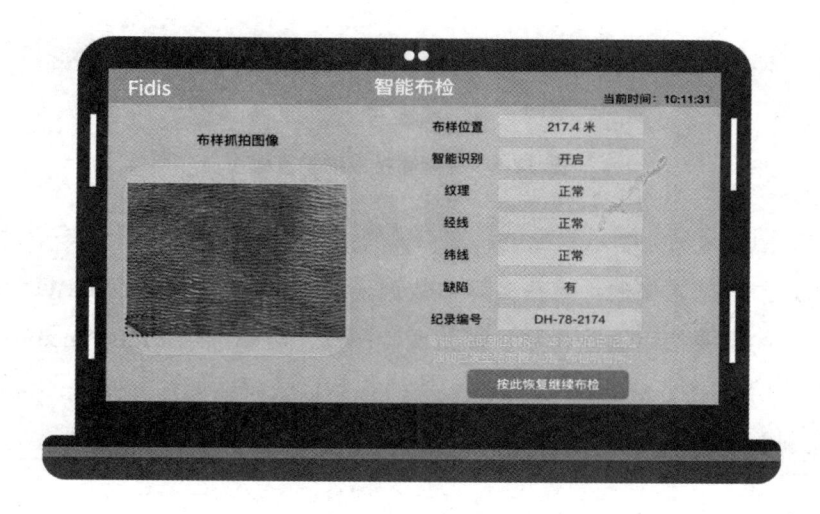

图 12-5　智能布检应用

打开"智能布捡"应用。

"智能布检"应用里面用到了机器学习图像识别(这个智物联暂时提供不了,需要第三方提供)。智能布检应用的流程如图 12-6 所示。

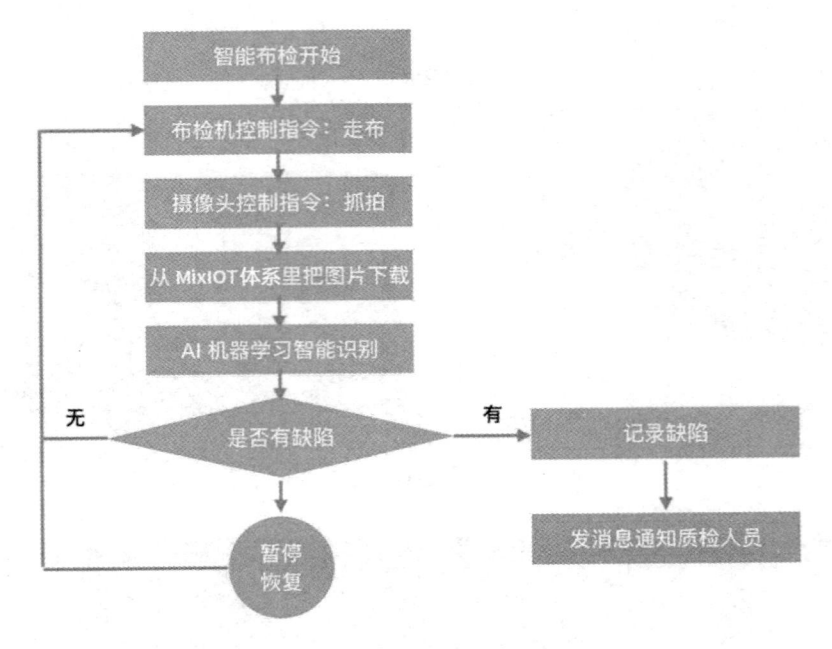

```
          ┌─────────────┐
          │  智能布检开始 │
          └──────┬──────┘
                 ↓
          ┌──────────────────┐
    ┌────→│ 布检机控制指令:走布 │
    │     └──────┬───────────┘
    │            ↓
    │     ┌──────────────────┐
    │     │ 摄像头控制指令:抓拍 │
    │     └──────┬───────────┘
    │            ↓
    │     ┌──────────────────────┐
    │     │ 从 MixIOT 体系里把图片下载 │
    │     └──────┬───────────────┘
    │            ↓
    │     ┌──────────────────┐
    │     │ AI 机器学习智能识别 │
    │     └──────┬───────────┘
    │            ↓
    │   无  ╱是否有缺陷╲  有    ┌─────────┐
    │  ←──╲         ╱──────→│ 记录缺陷 │
    │        ╲───╱           └────┬────┘
    │         ↓                   ↓
    │      ╱──────╲        ┌──────────────────┐
    └─────│暂停恢复│        │ 发消息通知质检人员 │
          ╲──────╱        └──────────────────┘
```

图 12-6　智能布检应用的流程

刚才的例子只是一个示意范例,重点说明了 MixIOT 体系是支持多媒体(音频、视频和图片)数据采集的。这些多媒体数据采集后,也会保存在 MixIOT 的多媒体数据库中。如果要使用这些音频、视频或者图片,可以利用 Fidis OpenFrame 框架开发一个应用,通过 MixIOT API 把相关的音频、视频或图片拿回来,该显示的显示,该识别的识别。

我们也说一下未来。MixIOT 体系会逐步增加一些机器学习、人工智能、智能识别等服务组件,到那个时候,就能更加容易实现一些跟音频、视频、图片有关的应用了,就像做一个统计计算,或者做一个报表那么方便。

第三部分
数据来源篇

在实际工业物联网项目中,数据来源是多样的。能够在统一的处理规则下保持对不同数据来源的开放性和灵活性是 MixIOT 体系的一大特点。

MixIOT 体系既可以处理智物联自己研发的数据采集终端 Aprus 和 Apieco 采集的数据,也可以处理其他采集终端采集的数据,甚至可以处理各种离线数据。这一部分的内容就是告诉你 MixIOT 体系是怎样做到这一点的。

第 13 章 适配器（Aprus）

关于数据采集

我们曾经在"工业物联网的五个包子"中介绍过，工业物联网项目成立的前提是数据，数据的采集就是工业物联网的第一个包子，这个包子能不能吃上和吃好，直接关系到工业物联网项目的成败。

事实上，数据采集工作比我们的想象要复杂，这是因为我们需要进行数据采集的对象是千奇百怪、千差万别的。不仅不同类型的设备不同，相同类型的设备出自不同的生产厂家，也有不同；同一个厂家生产的相同类型的设备，不同型号的又不同；同一个厂家生产的同一个类型，甚至同一个型号的设备，去年生产的跟今年生产的也不一定相同。

如果是一个工厂的物联网项目，那就更加复杂。工厂可能使用几十种不同类型的设备，有国产的，也有进口的，除了设备简单的操作说明书，可能其他什么资料都没有。年头久远一点的设备，甚至可能连说明书都找不到。在这种情况下，我们就需要对原设备加装传感器。

数据采集本身就是一个复杂的工程，很难有一个"一招鲜吃遍天"的方法。我们能做的事情，就是使用有用的工具，降低数据采集的难度，简化数据采集的流程，提高数据采集的效率。智物联也研发了自己的数据采集终端，包括适配器 Aprus

和边缘计算控制器 Apieco 等，本章主要讲解 Aprus，关于 Apieco 的内容将在第 34 章介绍。

Aprus 适配器

Aprus（Advanced Programable Remote Utility Server，高级可编程适配器），是智物联的一个主流数据采集终端产品，适合采集绝大多数物联网项目的数据。

这里最重要的就是"可编程"。你可以把适配器理解为一个小电脑，需要对接什么设备、使用什么与设备对接的通信协议、采集什么数据、如何采集数据、如何组织采集的数据、使用什么网络、连接什么平台、使用什么网络通信协议、怎么把数据发给平台等，这些都是通过 Aprus 的编程来实现的。关于 Aprus 编程，后面会介绍。

Aprus II、III 分别是第二代、第三代适配器，我们称为 M 系列，适用范围是：

（1）标准 RS-232、RS-485 等串行通信协议；

（2）Modbus 协议。

Aprus X 是 X 系列适配器（参见图 13-1），主要用于更加复杂的设备对接和编程需求，包括 OPC 等。

在使用 MixIOT 体系的项目中，需要对所使用的适配器在 MixIOT Admin 里进行备案注册管理。也就是说，一个 MixIOT 体系只支持备案注册的适配器（参见图 13-2），没进行备案注册的适配器不会被允许连接到系统，更不会去接收和处理它们的数据。

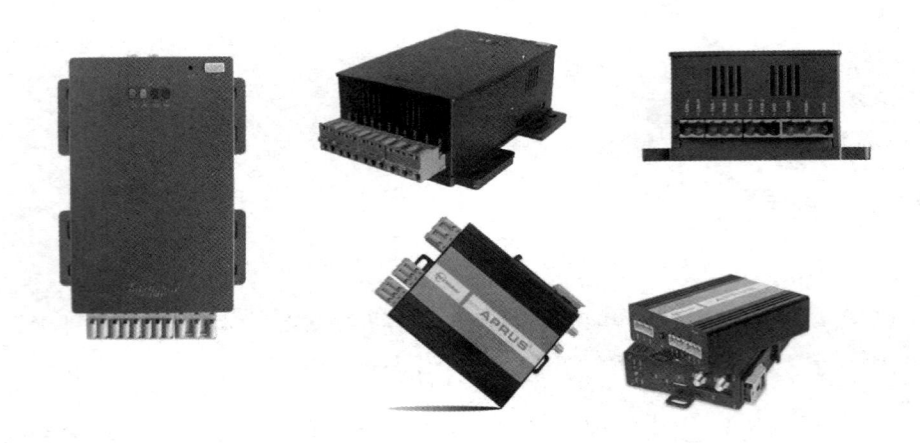

图 13-1　Aprus X 适配器

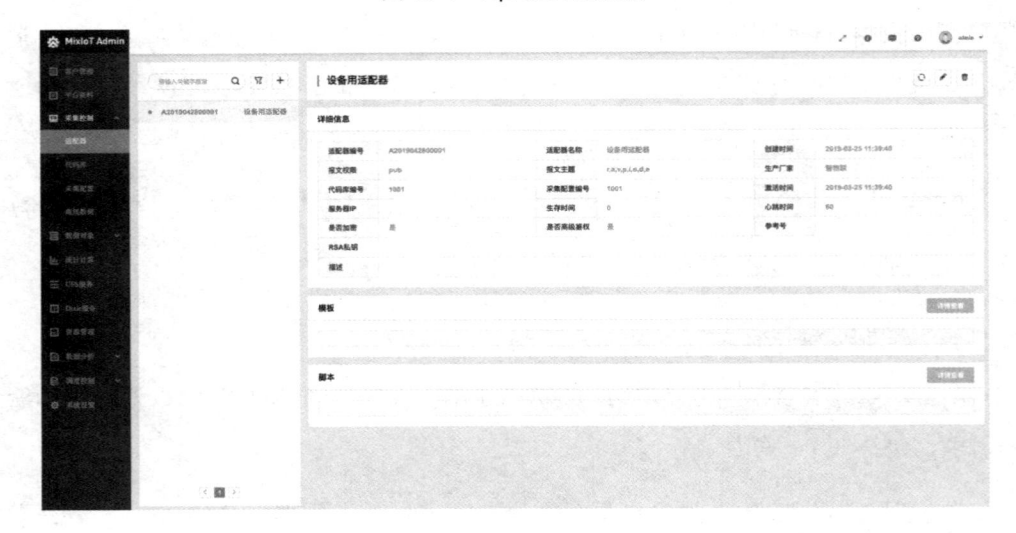

图 13-2　适配器的备案注册

Lua 和 Aprus Lua（编程语言）

Aprus M 系列适配器适用的是 Aprus Lua，这是根据实际需要对 Lua 标准编程语言进行的一个简化和补充，是 Lua 的一个子集。简单地说，M 系列适配器是可以用 Aprus Lua 来编程的，它不仅完整地兼容了标准的 Lua，比标准的 Lua 更简洁、丰富。

Lua 语言是比较冷门、生僻的一种语言，算是一个小语种，熟悉的人不是很多。这个语言的特点就是比较精简，是一个脚本语言。智物联是第一个把 Lua 语言应用到工业物联网数据采集的公司。

Aprus Lua 在标准的 Lua 基础上，增加了以下模组（Modules）：

（1）物理接口 I/O 驱动模组；

（2）设备通信协议模组；

（3）数据读写模组；

（4）与 MixIOT 平台数据通信协议模组；

（5）QoS 模组；

（6）数据安全模组。

有了这些增加的模组，就使得适配器能处理更多类型的物理 I/O，能运用更多的设备通信协议。

图 13-3 所示是一个适配器里实际的 Aprus Lua 程序，用来对接设备。

aprus.lua 是一个主程序，config.lua 是一个配置程序。这两段程序加起来，就实现了一个设备复杂的数据采集，并把数据上报到 MixIOT 体系。

```
-- config.lua
return {
    AprusCfg={
        dev="GZB_WNS_ZQ",
        luaver="MA3WNS.L.V300.R",
        keepAlive="60",
        gpsptime=7200,
        protocol = 11;
    },
    AprusLan = {
        netip = "192.168.1.10",
        netmask = "255.255.255.0"
    },
    MODBUS={
        Server={
            Ip="192.168.1.20",
            Port="502",
        },
        Node={
            CollrReg={
                {sID=1,rType=2, rAddr=1, rLen=18, rTime=500},
                {sID=1,rType=2, rAddr=49, rLen=9, rTime=500},
                {sID=1,rType=4, rAddr=54, rTime=500},
            },
            --FUNCTION 0x01<-->1 0x02<-->2 0x03<-->3 0x04<-->4 0x05<-->5 0x06<-->6 0x0F<-->15 0x10<-->16
            CollpReg={
                --short
                {sID=1,rType=2, rAddr={1,2,3,4,5,6,7,8,9,10,11,12,13,14,15,16,17,18,49,50,51,52,53,54,55,56,57},
                    dType="short", pMode={2,0}, dOffset={{0,0},{0,0},{0,0}}, dExt={{0,0},{0,0},{0,0}}, dStyle={"L1_2"}},
                {sID=1,rType=2, rAddr={1,2,3,4,5,6,7,8,9,10,11,12,13,14,15,16,17,18,49,50,51,52,53,54,55,56,57},
                    dType="short", pMode={1,300}, dOffset={{0,0},{0,0},{0,0}}, dExt={{0,0},{0,0},{0,0}}, dStyle={"L1_2"}},
                --float
                {sID=1,rType=4, rAddr={1,2,3,4,5,6,7,8,9,10,11,12,13,14,15,16,17,18,19,20,21,22,23,24,25,26,27,28,29},
                    dType="float", dOffset={{0,0},{0,0},2}, dExt={{0,0},{0,0},{0,0}}, dStyle={"L1_4"}},
                {sID=1,rType=4, rAddr={30,31,32,33,34,35,36,37,38,39,40,41,42,43,44,45,46,47,48,49,50,51,52,53}, pMode={1,15},
                    dType="float", dOffset={{0,0},{0,0},2}, dExt={{0,0},{0,0},{0,0}}, dStyle={"L1_4"}},
            },
        },
    },
}
-- end config.lua
```

图 13-3　Aprus Lua 程序

我们完全不必担心 Aprus Lua 难学，智物联专门提供了 Lua 资料（参见图 13-4），还有专门的培训课程，要是还不行，那就按示范程序照葫芦画瓢。

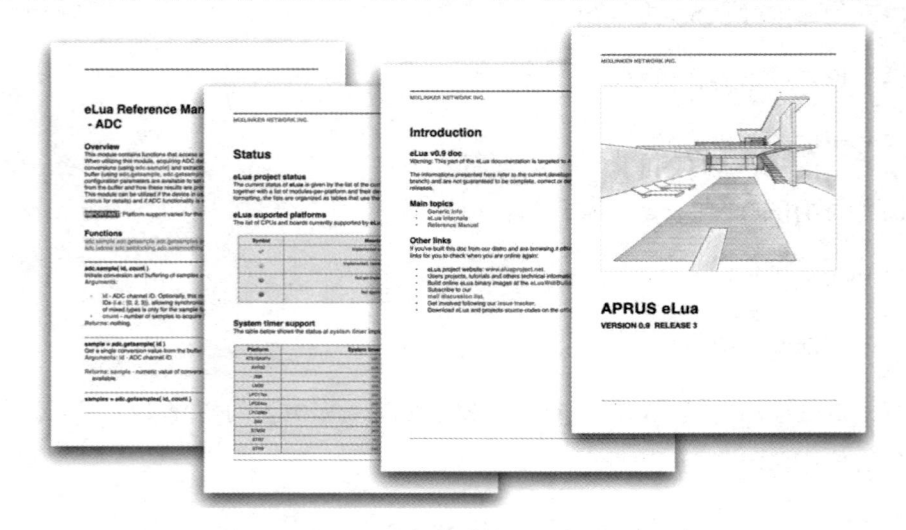

图 13-4　智物联的 Lua 资料

你可能在想，这些嵌入式的东西，又没有操作系统，只能识别 C 语言编译的机器代码，那一般不都是用 C 语言来编程的吗？是的，但我们又有多少人能用 C 语言写程序呢？就是因为 C 语言太难了，我们才使用 Lua。通常我们也叫 eLua（e 就是嵌入式的意思）。

这又是怎么做到的呢？这是因为 Aprus 使用了一个用 C 语言写的 Lua 容器。简单地说，就是虽然放进去的是 Lua，但是这个 Lua 是放在这个容器里的，会被这个容器翻译成 C 语言的代码。

适配器配置管理

Aprus 适配器出厂的时候，里面只有一个基础固件（Firmware）程序。假设需要用这个适配器对接某个设备，需要把 Lua 程序编制好了。怎么把 Lua 程序放到适配器里面去呢？

一个方法就是把适配器用一条 USB 线连接到电脑上，然后把编好的 Lua 程序拖拽到适配器里面去，就像往 U 盘里复制文件一样，参见图 13-5。但是，这个方法我们只是在测试实验的时候用，并不推荐实际项目中这么做。一个原因是，如果有好几百个适配器，里面的 Lua 程序都是一样的，那就要做好几百次重复的工作，这没有意义。更重要的一个原因是，用这种方法把程序放进去，未来很难管理。

另一个方法就是 MixIOT Admin 对 Aprus Lua 提供的配置管理适配器里面包括两组芯片（MCU 和 REMOSU），它们都是适配器底层固件的程序，参见图 13-6。由于不同的硬件版本可能有区别，我们把 MCU、REMOSU 和 Lua 的搭配，称为配置。可以通过创建配置的方法，把 MCU、REMOSU 和 Lua 程序上传到 MixIOT 平台。配置创建好后，就会自动获得一个配置的标识（编号）。

图 13-5　适配器的配置-1

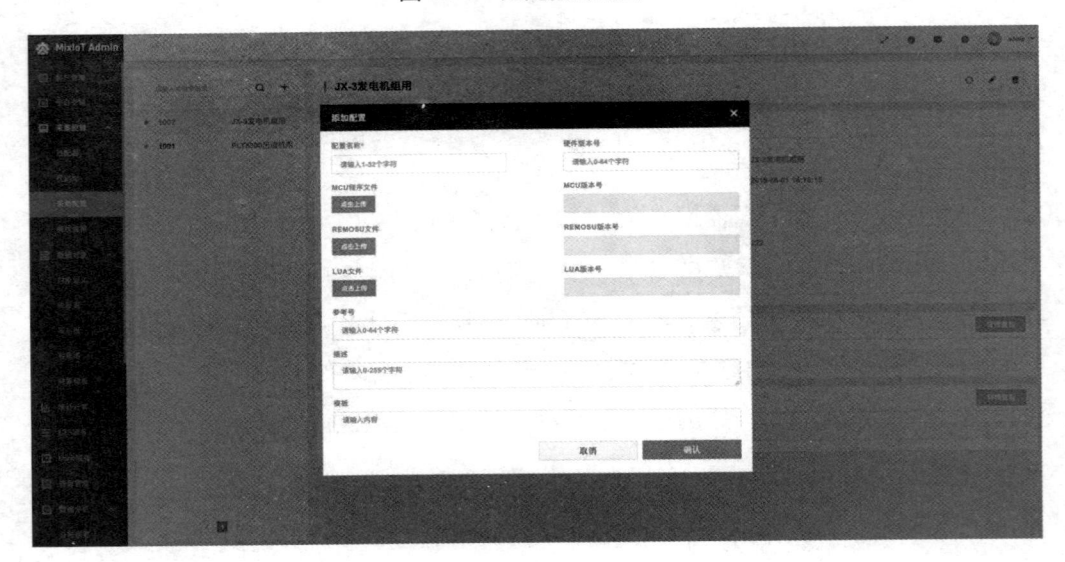

图 13-6　适配器的配置-2

这样，我们在对适配器进行备案的时候，只需要指明，这个适配器是对应哪一个配置就行了。我们来看看图 13-7。

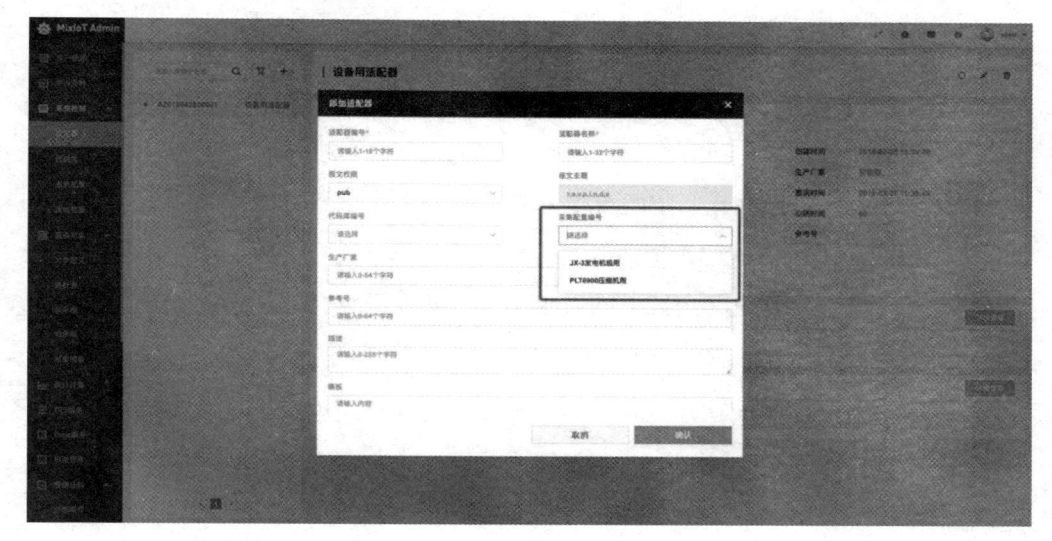

图 13-7　适配器的配置编号

MixIOT 体系中适配器配置管理的机制是这样的：

- 首先需要把 Lua 程序编制好；
- 创建适配器的配置，Lua 程序文件上传；
- 其他两个程序，MCU 和 REMOSU，如果与空的适配器是一致的，那就无须上传。如果有更新了，就上传。
- 给适配器备案注册的时候，选择这个适配器用哪一个配置。

然后，就可以把这个"空"的适配器直接对接到设备上（尽管这个时候，这个适配器什么工作都没有做）。一旦适配器通电开始工作，就会直接对接 MixIOT 体系平台，把属于自己配置的 Lua 下载，并安装到适配器上。

配置管理还有一个好处就是未来方便升级。无论是 MCU 程序更新升级，还是

REMOSU 程序更新升级，还是 Lua 要更新升级，我们都只需要做一件事情，就是在对应的配置里面，把升级的程序上传上去。

在前面的文章里我们讲过适配器的报文类型。其中，I 报文是上电初始化，N 报文是每 4 个小时一次。适配器会在上传 I 报文和 N 报文的时候，告诉 MixIOT 体系自己的版本号是什么。一旦适配器上报的版本号与 MixIOT 体系平台最新上传的不一致，MixIOT 体系就会让适配器重新下载对应的程序来进行升级。也就是说，升级文件更新后，最长不超过 4 个小时，适配器就会自动进行升级。对于那些一分钟也不能等的适配器，如果马上要升级，也简单，即在现场把适配器断电再上电，也就是让适配器重启一下，那么对应的程序就自动升级了。

为什么要这样，而不是马上立竿见影地进行升级，一旦更新就要立即大面积全部更新？因为这是工业应用，不是手机游戏 App，为了避免大面积地发生问题，需要操作简单。

Aprus X 适配器

Aprus X 跟 Aprus II 和 III（Aprus M 系列）不一样。Aprus M 系列是没有操作系统的，而 Aprus X 系列是带有 Linux 操作系统的。因为有操作系统，所以 Aprus X 系列能做更多复杂的数据采集，尤其是非标准和私有协议的数据采集。

不过，Aprus X 里面也有一个 Lua 容器，我们仍然可以在里面用 Lua 编程。除此以外，Aprus X 系列还可以用 C、C++，甚至 Python、Julia 等程序语言来编程。

Aprus X 是可以兼容 Aprus M 系列的，那么，又何须 Aprus M 系列的存在呢？这是考虑到成本因素，因为 Aprus X 系列比 Aprus M 系列昂贵。当然，如果想统一起来好管理，全选 Aprus X 系列也未必不是一个好方案。

第 14 章
入栈机（Dixie）

什么是入栈机

Dixie（Data Inbound Exchange Infrastructural Engine）是 MixIOT 体系中的数据入栈交换服务组件，简称入栈机。

在 MixIOT 体系中，除了可以使用智物联的数据采集终端，也支持第三方的数据采集终端，而且不要求第三方的数据采集终端遵循 MixIOT 体系的数据报文规则。那么，这些第三方的数据采集终端采集到的数据，怎么能够在 MixIOT 体系中进行数据处理呢？这就需要用到 Dixie（入栈机）来帮忙了。

入栈机服务可以理解为 MixIOT 体系的前置翻译服务，可以把任何第三方数据采集终端上报的任何格式的数据，转换成符合 MixIOT 体系规范的数据格式。这样，经过入栈机的数据，实际上就变成了符合 MixIOT 体系规范的数据。典型的使用场景参见图 14-1。

图 14-1 就是一个比较典型的使用场景：通过第三方的 OPC UA/DA 数据采集终端，采集 CNC 数控加工中心的数据。这个 OPC UA/DA 数据采集终端所采集的数据，是按其他标准来的，并不符合 MixIOT 体系的数据规范，那么，就需要先把这个数据报文给 MixIOT Dixie，让入栈机把数据进行翻译，变成符合 MixIOT 体系规范的数据。

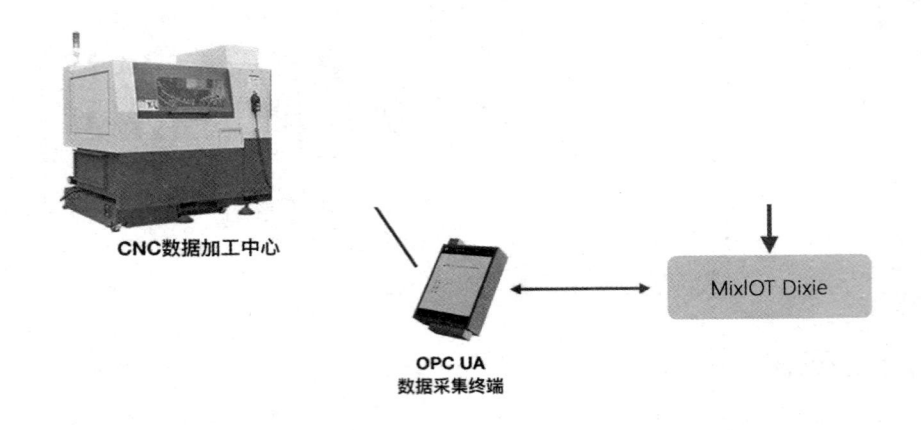

图 14-1　入栈机的使用场景

Dixie 并不限于对接第三方的数据采集终端，而是可以对接任何形式的数据来源，包括来自其他平台的数据、ERP/MRP 的数据、CRM 的数据、MES 的数据等。

Dixie 的管理

Dixie 是 MixIOT 的一个标准组件。如果需要使用 Dixie，需要在 MixIOT Admin 里面去创建 Dixie 项目。创建完成后，随时可以把 Dixie 服务给启动起来，如图 14-2 所示。

Dixie 的设置相对是比较复杂的，要真正弄清楚这些设置到底是怎么一回事，就需要对 MixIOT 体系有更加深入的了解。下面就来解释一下 MixIOT 体系是怎样接收数据的。

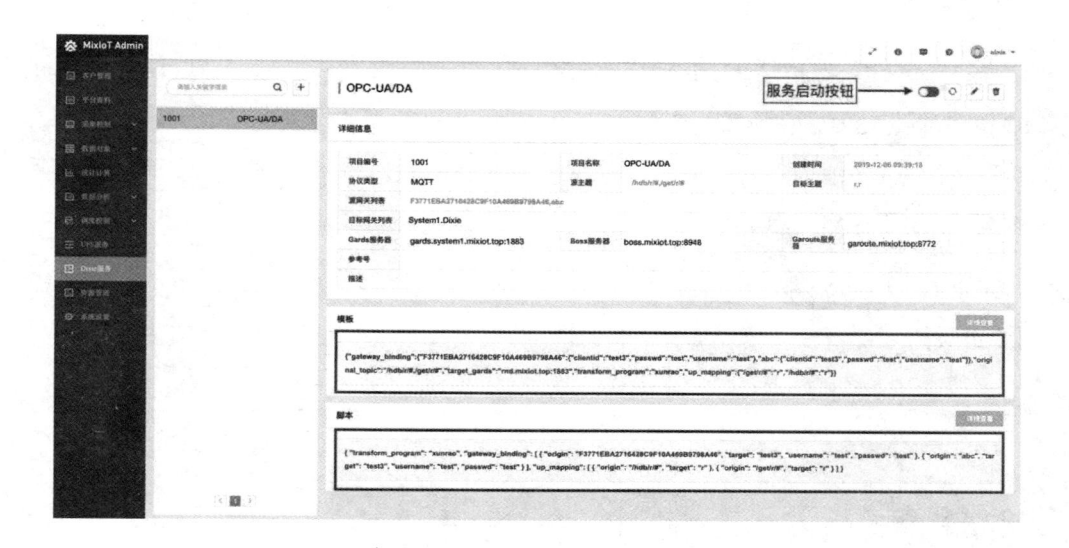

图 14-2　入栈机项目的启动

Gards 服务

实际上，我们总在说的 MixIOT 体系，不管是如来方略云部署，还是如来方略柜部署，它都有一个专门用来接收数据的服务组件，叫 Gards 组件。Gards 是 Generic Advanced Remote Data Service 的缩写，中文的意思是通用远程数据服务，这是一个基于 MQTT 协议的数据交换服务。Gards 服务可以用来接收所有适配器和 UFS 传送过来的数据。

Gards 有两个版本，分别是 Gards Pagosa（单主机版本）和 Gards Falconer（集群版本），在部署 MixIOT 体系的时候可以根据实际需要选择。一般来说，对系统整体可靠性要求很高的情况，可以部署 Gards Falconer 版本；对普通的工业物联网应用，Gards Pagosa 一般都可以满足需要。

虽然 Gards 支持 MQTT V3/5 协议，但它只能接收符合 MixIOT 体系规范的 MQTT 数据，这是因为 MixIOT 体系把标准的 MQTT 服务做了一些扩充和改变，这个问题就不做详细描述了，大家可以参考智物联的其他技术资料，这些调整和改变是为了让服务更加高效、可靠。

Gards 服务除了接收来自适配器和 UFS 的数据（"数据上行"），也可以给适配器发送数据（"数据下行"），如图 14-3 所示。关于数据下行可以参考反向控制一章。

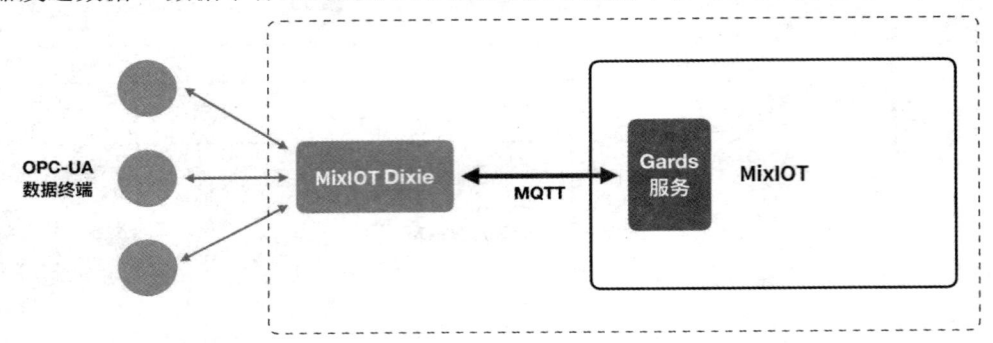

图 14-3　Gards 服务

我们注意到，在 Dixie 的配置里面，需要配置 Gards 服务器。这是因为 Dixie 要知道，这些第三方的数据翻译好后，要把它们发到什么地方。

一旦数据进入了 Gards 服务，后面就是执行标准的 MixIOT 体系数据处理流程了。

Garoute 服务

前面介绍了 MixIOT 体系中的 Gards 服务。对一个复杂的系统来说，比如数据终端有几十个，甚至上百万个，甚至更多，那么一个 Gards 服务就很难应付了。所以，一个 MixIOT 体系允许同时存在多个 Gards Pagosa 服务，或者一个 Gards Falconer 服务。

当一个系统中存在多个 Gards 服务时，Dixie 的数据该送去哪一个 Gards 呢？如果我们把所有的数据都往一个 Gards 里送，就很可能导致这个 Gards 忙，其他 Gards 闲，让系统失去平衡而出现问题。Garoute 就是用来解决这个问题的，Garoute 实际上是 Gards Route（通用远程数据服务路径）的意思，它可以告诉 Dixie，什么数据往哪里送。这就是为什么我们在 MixIOT Admin 的 Dixie 服务中，看到有 Garoute 这个选项。如果 MixIOT 体系里只有一个 Gards 的话，就可以不去管这个选项；而如果存在多个 Gards 的情况，这个选项就必须要指定，否则，那些翻译好的数据就不知去向了。

图 14-4 解释了 Garoute 和 Gards 之间的关系，Dixie 首先需要向 Garoute 询问，这些数据发给谁，在得到回复后，就按回复的走。需要说明的是，Dixie 并不是每次发生数据都要问 Garoute 这个数据发给谁，Dixie 跟 Garoute 之间是一个通信管道，该切换到哪一个 Gards，Garoute 会随时通知，在没得到新的通知之前，还是会按之前指定的选项来发。

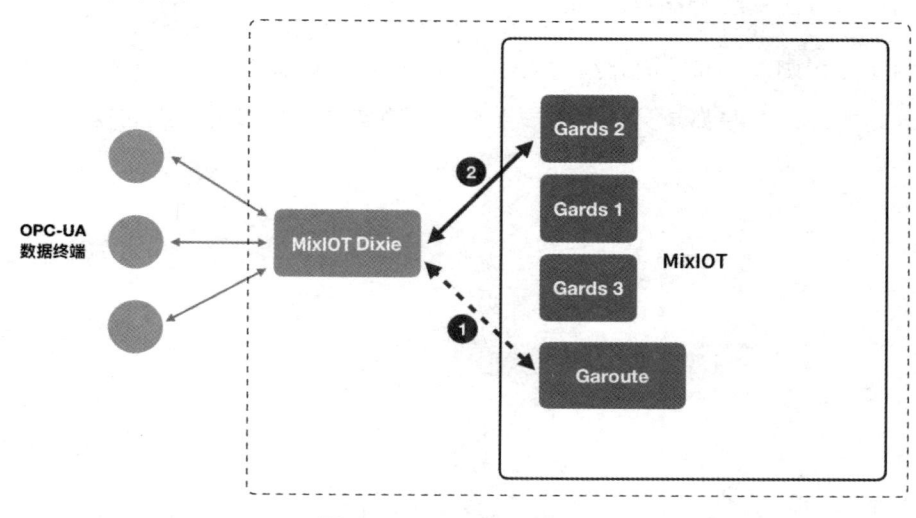

图 14-4　Garoute 和 Gards

这里稍微解释一下，多个 Gards Pagosa（单主机版本）和一个 Gards Falconer（集群版本）是两回事，多个单机版本的 Gards 算多个 Gards，Garoute 需要去管理负载平衡；而集群版本的 Gards 虽然也是由多个 Gards 构成的，但在逻辑上仍然只能算一个 Gards。这有点像我们安装服务器的时候，用了两个硬盘做镜像一样，如果一个硬盘坏了，另一个硬盘还能接着工作，但容量还是一个硬盘的。所以，集群 Gards 的能力并不会比单机版高。

Dixie 模板和脚本

MixIOT 体系里面几乎所有的东西，都是由模板和脚本构成的。映射表、代码库及后面讲到的各类组件莫不如此。

Dixie 也不例外，也有模板和脚本。Dixie 模板是用来描述和解析那些来自第三方的数据是什么样子的，而 Dixie 脚本是用来告诉 Dixie 服务这个样子的原始数据需要用什么方法变成 MixIOT 能接收的样子的。

除了模板脚本，和前面介绍的 Gards、Garoute，还有不少其他东西，比如源网关列表之类的，这些都是具体使用的细节了，有需要可以参考详细的使用手册。

第 15 章 离线数据

什么是离线数据

"离线数据"是相对"在线数据"而言的。所谓在线数据，就是可以通过数据采集终端直接采集到的数据，比如适配器对接设备控制器后直接采集到的数据，反之，"离线数据"就是不能通过数据采集终端（适配器）直接采集的数据。

一个工业物联网项目是否成功，关键就是数据采集，而数据采集并非我们想象得那么难。事实上，不是我们想要的所有数据都可以用数据采集终端采集到的，这是其一；其二，在诸多实际情况中，也并非都需要用数据采集终端去实时采集。

如图 15-1 所示，基本上描述清楚了离线数据采集的场景都有哪些。

离线数据的采集，我们称之为"离线测量"采集。比如，一个数控机床加工出来的工件，我们需要知道它的几何尺寸，就需要通过测量；比如，一个化工产品被生产出来，我们要进行化验，看看它的化学成分，就需要用到化验仪器，而化验结果，可能显示在屏幕上，也可能是打印出来的；再比如，我们需要知道某个仪表上的读数，而这个仪表是一个模拟表，没法对接什么适配器，那我们就只好用眼睛去看仪表的读数。把上述这些数据进行采集，就是所谓的离线数据采集。

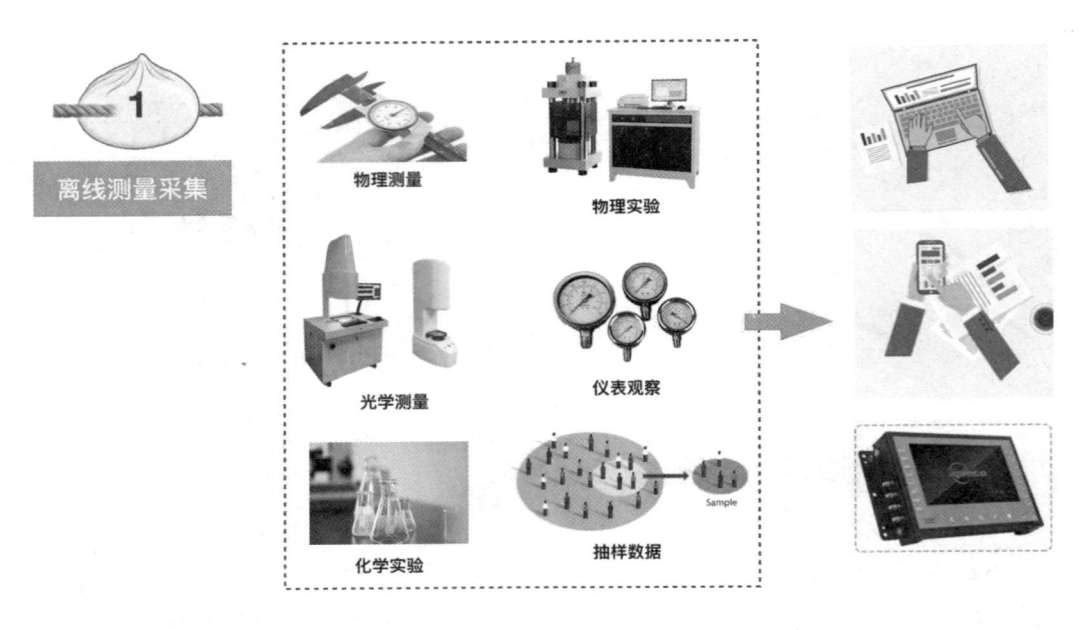

图 15-1 离线数据采集的场景

Collectos（离线数据库）

MixIOT 体系是支持离线数据的，但是对离线数据有两个基本要求：一是要有获得数据的途径，二是要有把这些数据收集到的方法。

首先，我们介绍两个重要的概念。

一个是 Collectos，它是 MixIOT 体系中的一个"离线数据的数据库"，就是用来保存离线数据的。另一个是 API-Q，这是 MixIOT 提供的一个收集离线数据的接口。了解了这两个概念，我们就可以说明离线数据采集的流程是什么。

举个例子，一个石膏的生产工厂，除了用适配器采集生产设备在生产过程中的数据，我们还想把产品（石膏）的化学成分和 pH 值一并纳入这个对象的数据库，如图 15-2 所示。

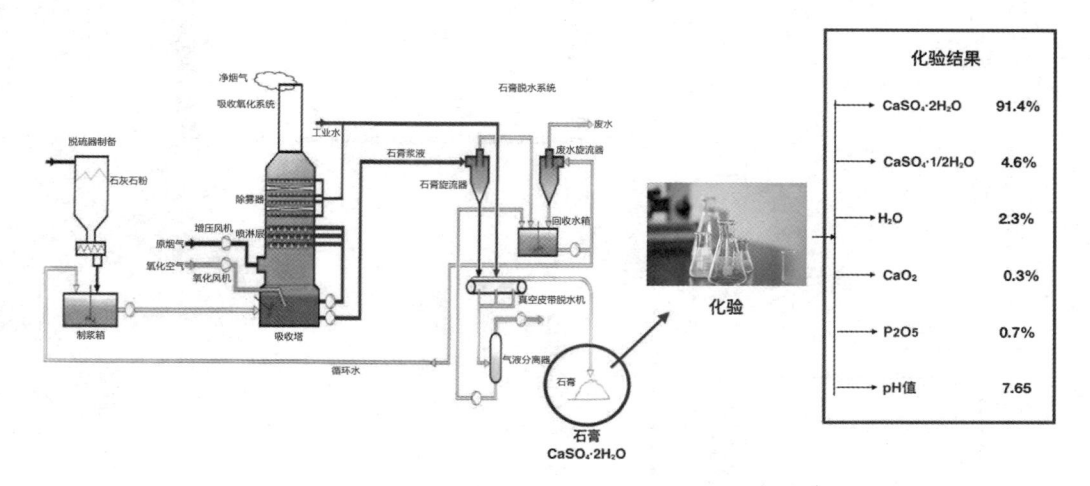

图 15-2　石膏的化学成分和 pH 值

把产品的数据纳入同一个对象的目的，是为了弄清产品的质量跟生产设备运行、原材料及生产过程的各种数据之间的关系。而产品（石膏）的化学成分和 pH 值，是通过化验得到的。化验的过程我们都了解，溶液、溶剂之类的瓶瓶罐罐和滴定方法等，这些很显然是没办法用适配器去采集数据的。这个时候，我们可以提供一个手机 App，这个 App 用到了 API-Q Collectos 接口。假设我们需要一个小时做一次对产品的化验，只需要把这个化验结果输入这个 App 就行了。石膏生产工厂在线数据与离线数据的采集参见图 15-3。

在图 15-3 中，我们看到，用了多个适配器直接对接这个装置中的不同设备，分别采集这些设备运行的数据，这就是在线数据的采集。除此之外，我们还需要一个 App，手工输入化验结果数据，而这个 App 得到手工输入的数据后，再通过 MixIOT API-Q 接口，把手工输入的数据发送到 MixIOT 体系，MixIOT 体系在收集这些数据之后，就会保存到 Collectos 数据库里面，等待后续的应用。

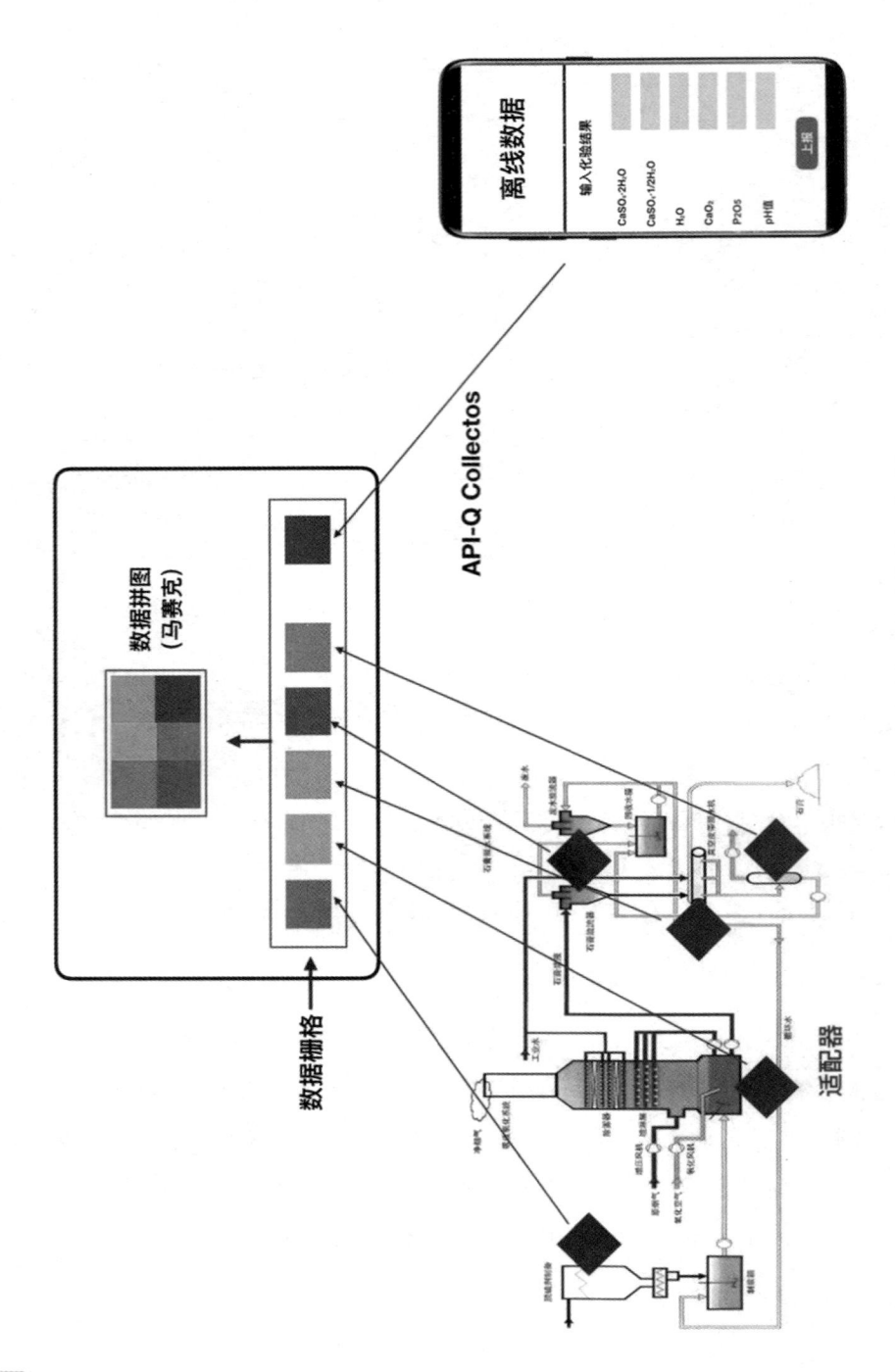

图 15-3 石膏生产工厂在线数据与离线数据的采集

为什么我们要把产品（石膏）的成分也作为这个对象的数据呢？其实很好理解，产品质量取决于什么？除了进来的原材料，当然跟这个设备的运行密切相关，比如氧化的程度、水分多少、某个设备运转快慢，都会对最后生产出来的石膏成分有影响，对石膏的 pH 值有影响。如果我们把这些通过化验得到的离线数据也纳入这个对象，那么我们能做的事情，就不仅仅是对这套石膏生产装置的运行进行监控，而且还可以找出产品的质量与设备运行之间的关系。这就是为什么 MixIOT 体系要支持离线数据采集的意义所在。

另外，需要说明的是，因为离线数据的采集是采用"离线测量"方式，所以，采集的频度可以很低，比如，每一个批次的产品进行 2 次化验，或者 1 小时进行 1 次化验。

离线数据标识

上面的例子中，我们介绍了用一个 App 去做"石膏产品成分化验结果"的离线数据采集。接下来要介绍，怎么让 MixIOT 体系把这些数据保存到离线数据库 Collectos 里面，怎么样把这些数据整合到对象里面。

首先说一下，离线数据采集之前，我们需要做什么。

如果我们要使用离线数据，需要先在 MixIOT Admin 的离线数据管理版块中，创建离线数据"项目"，每一个离线数据项都是一个项目，创建时需要配置好每一个离线数据项的信息。

以 pH 值项目的创建为例,如图 15-4 所示。

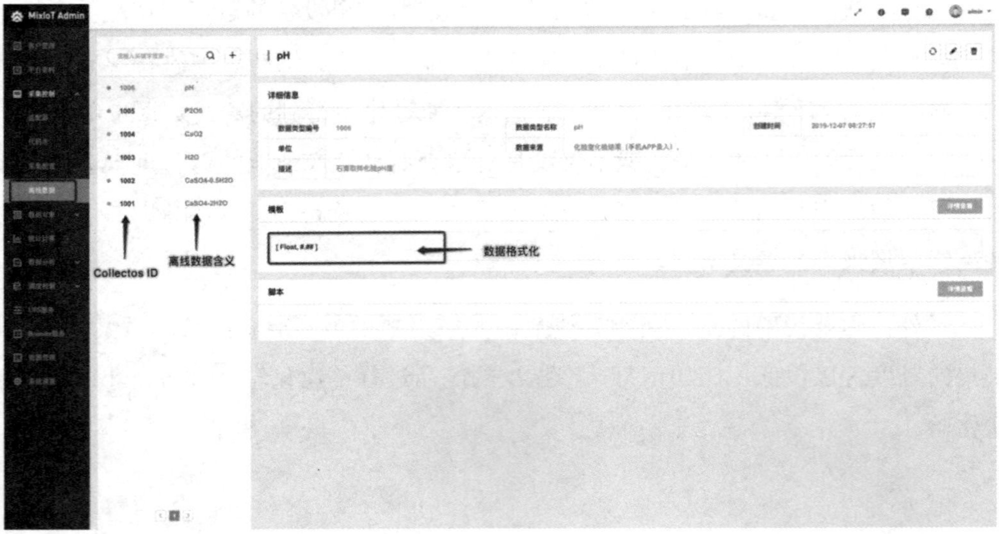

图 15-4 离线数据 pH 值的创建

其中,"模板"是用来告诉 MixIOT 体系离线数据处理系统的,这个数据的格式是什么。Float 代表浮点数,#.##代表一位整数、两位小数的格式,其作用就是自动把收集到的离线数据按这个标准来进行格式化。其他的信息当然也要填写明白。

创建离线数据项目,实际上就相当于在 MixIOT 体系里声明了有这些离线数据的存在。最前面的离线数据项目标识(1001、1002 等)是由系统自动分配的。总之,离线数据项目的标识是唯一的,一个标识代表一个离线数据。

在前面石膏生产线这个例子中,我们需要创建 6 个离线数据项目,分别是"二水硫化钙含量百分比""半水硫化钙含量百分比""含水量百分比""二氧化钙含量百分比""五氧化二磷含量百分比"和"pH 值"。

在 MixIOT Admin 中创建好了这些离线数据项目后,就可以在对象的映射表中,建立离线数据与对象之间的关系了,写出来是这样的:

[X_{901}, "Percent of CaSO4.2H2O", "二水硫化钙含量百分比", STA, &Collectos("1001")]

[X_{902}, "Percent of CaSO4.1/2H2O", "半水硫化钙含量百分比", STA, &Collectos("1002")]

[X_{903}, "Percent of H2O", "含水量百分比", STA, &Collectos("1003")]

[X_{904}, "Percent of CaO2", "二氧化钙含量百分比", STA, &Collectos("1004")]

[X_{905}, "Percent of P2O5", "五氧化二磷含量百分比", STA, &Collectos("1005")]

[X_{906}, "Percent of pH", "pH 值", STA, &Collectos("1006")]

当我们的映射表中有了这些映射项之后，对象就多了 $X_{901}\sim X_{906}$ 这 6 个 FV 变量。当我们在手机 App 上输入化验结果，这些变量就有了数值，而且这些数值都变成了对象变量的数据，我们就可以进行各种数据处理，画出含量百分比的变化曲线。通过变化曲线，我们就可以看到设备运行和生产过程的数据对石膏产品结果都有哪些影响。

还有一个很重要的地方，如果我们对产品的离线数据进行了采集，那么我们便可以计算产品的偏态估计值。所谓产品的偏态估计值，就是生产出来的产品，与标准高质量产品的要求有多少偏差。有关偏态估计值的详细介绍，可以参考本书第 25 章，这里就不详细说了。

离线数据是 MixIOT 体系中非常重要的一个内容。除了用于产品的化验结果这类应用场景，还可以用于仪表读数的采集、各种测量数据的采集、各种抽样数据的采集等。总之，无法用适配器进行自动采集的数据，如果需要的话，都可以用离线数据的方法采集。

另外，说到离线数据这个话题，我们一定要提一下数控机床（或者叫加工中心，CNC）。假设你是一个机械加工厂的老板，你厂子里面有 100 台数控机床，都按同一个加工程序来加工一批零件，但是加工出来的零件存在误差，而且误差的特征和变化趋势都不一样。

如果做一个物联网项目，只是去实时监控这100台机床的运行状态，请问这种物联网有用吗？答案是"没有用的"！机床运行得再好，可是生产出来的都是废品，那又有什么用呢？数控机床加工产生的误差是一件非常复杂的事情，不仅跟机床运行的状态有关，还跟刀具磨损、车间温度、湿度等因素有关。

如果把加工件的误差作为离线数据，纳入数控机床这个对象中，那情况可能就不一样了，你可以用MixIOT体系找到控制误差的最佳办法。

第四部分
扩展组件篇

MixIOT 体系中,有服务组件、应用程序、计算模型(算法模型)、方法等不同的形态,这里先对"服务组件"做一个解释。所谓服务组件,是指按 MixIOT 体系命题方式组织和管理的、以手动方式运行命题(项目)且自动生成运行结果的、常驻 MixIOT 体系中的服务程序(或程序组)。

服务组件的定义,说明了几个含义:

- 它必须是以命题为组织方式和管理的;
- 它在 MixIOT 体系中是能自动运行的;
- 它是定期、定时生成运行结果的。

MixIOT 体系中的显示板服务、报表服务、代理服务、统计计算、估计值计算、在线诊断、平衡与匹配、入栈机等,几乎都是服务组件。

在这一部分,我们将介绍其中的一些服务组件,它们对 MixIOT 体系的运行、数据的基本处理和展现起到十分重要的作用,一般我们称之为"扩展组件"。而与分析和算法有关的服务组件 将在第五部分进行介绍。

第 16 章 显示板服务

数据流推送

MixIOT 体系有一系列的工业物联网的数据处理服务组件。服务组件把数据处理好后，会保存在服务组件的数据库中。这些处理后的数据要怎么去用，怎么把这些数据显示出来，那就是 Fidis 应用系统要做的事情了。为什么 MixIOT 体系还会与"显示"扯上关系呢？

我们先从一个应用的实例说起。

如图 16-1 所示，是某物联网项目中 Fidis 应用（设备运行状态实时监控）的截图，这里面的数据都是经过 MixIOT 体系服务组件处理过的，现在要放在应用上去展现。

也就是说，MixIOT 体系提供数据，应用端组织这些数据的展示和呈现曲线、标签、文字。

一般情况下是这样做的：应用端把需要显示的数据呈现方法确定好，然后需要什么数据，就找 MixIOT 体系要过来。如果应用需要 5 秒刷新一次数据，那就 5 秒找 MixIOT 体系要一次，拿到数据后刷新；如果想要 1 秒刷新一次，那就 1 秒找 MixIOT 体系要一次数据。

第四部分　扩展组件篇

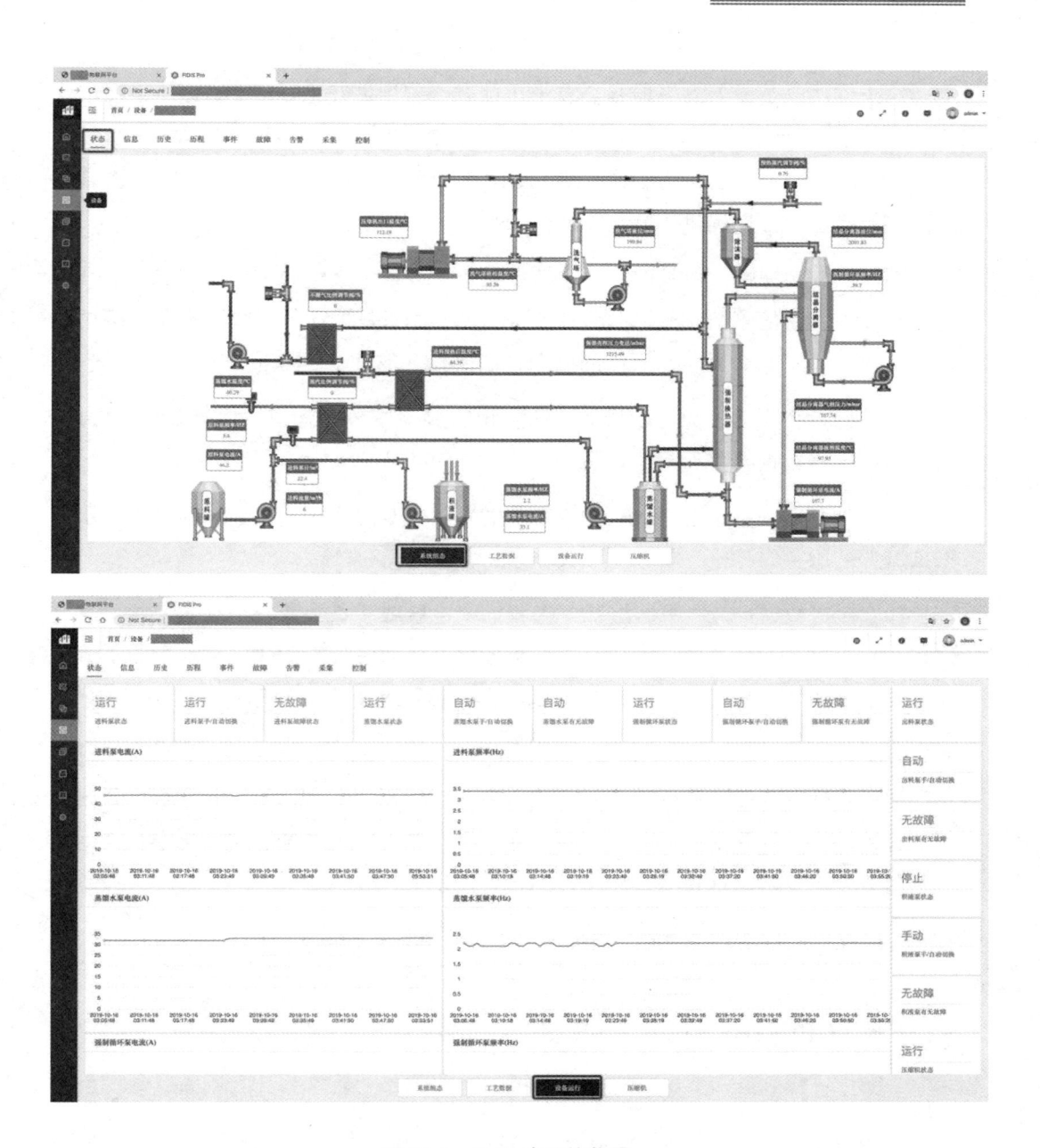

图 16-1　Fidis 应用的截图

这个方法倒是没毛病，但是会有一个问题，应用端在忙，MixIOT 体系端也要跟着忙。而且最重要的是，如果同时有 100 个人在实时监控的话，就要同时发起 100 个向 MixIOT 体系要数据的请求，那 MixIOT 体系也只好同时满足这 100 个人看实时监控的需求，分别提供 100 次相同的数据。

不仅两头都在忙，而且同一个事情要重复 100 次，显然很不经济实惠。但好像这也是没有办法的事情，其原因就在于 MixIOT 体系是被动的，它并不知道应用端要什么数据、要怎么显示（不同的显示方法所消耗的计算资源也不一样）。

让我们换个角度来想，如果能让 MixIOT 体系事先就知道应用端要什么数据，而且知道这些数据要怎么显示，能不能让大家都不那么忙呢？

答案是可以的。这就是 MixIOT 体系里面一个专门给应用端显示提供"显示数据推流"的服务组件——显示板（Dashboard）服务。

什么是"数据推流"呢？这就好像我们在电脑或手机上看一个视频一样，只要你打开播放器，不管多少个人同时打开播放器，视频的数据就像自来水管的水流一样，童叟无欺，同样的东西同时推送到各自的播放器上面，管你看，还是不看。

MixIOT 体系的数据推流服务组件做的就是这件事，它把应用端需要什么数据，包括数据长什么样子、用什么方式呈现、多长时间刷新一次，都提前掌握。只要应用端打开，就像打开了水龙头，这些数据就会源源不断地被推送到应用端，应用端也不用去发出要数据的请求，MixIOT 端也不用挨个儿去响应。

显示板（Dashboard）服务

显示板（Dashboard）服务组件，就是一个这样的组件，以"显示板"的方式给应用端提供数据推流服务。为了让 MixIOT 知道应用端需要什么数据，要怎么显示，要怎么刷新，我们就把显示板这个服务交给 MixIOT Admin 去管理。

要想让 MixIOT 体系给应用端的显示去推流，还是老样子，需要在 MixIOT Admin 的"显示板"管理中，创建一个显示板。创建好后，每个显示板都会有一个唯一的 Dashboard ID（显示板标识），这个是系统自己生成的。有了这个标识，应用端只需要说，我要哪个 Dashboard ID 的推流就行了，别的都不用去操心。

图 16-2 截图是通过 MixIOT 显示板服务创建的。当然，还需要学会写脚本。不过也不用担心，这个脚本不难学，我们就不在这里详细说明了，参考显示板相关的使用指南即可。

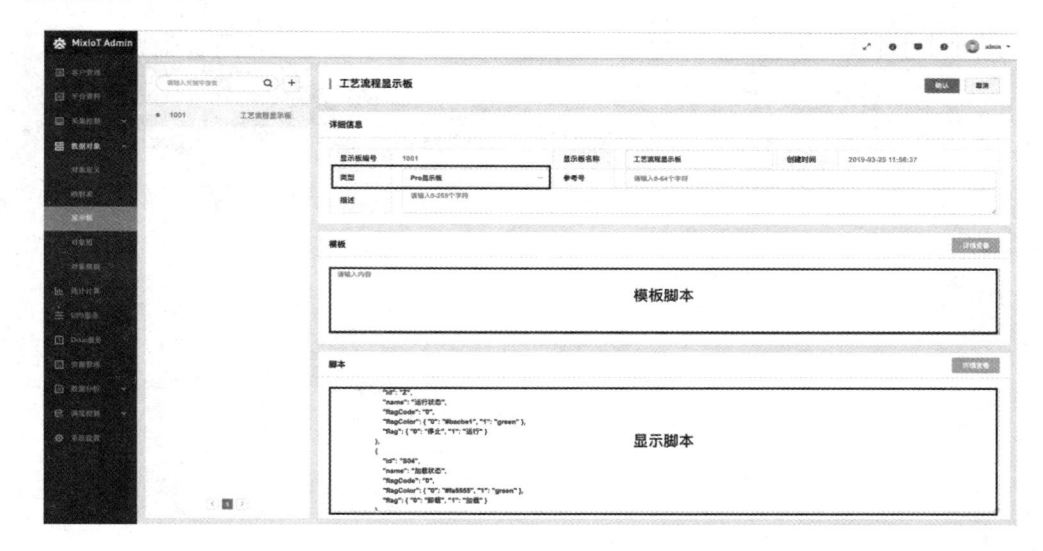

图 16-2　显示板服务的创建

当然，怎么显示出来才符合习惯，看上去能赏心悦目，这就要看我们自己能把这些东西设计成什么样子了，这是一个手艺活儿，也是一件不容易的事情。不过，MixIOT 体系专门为显示板设计准备了一个工具，还可以预览，很快大家就能用上了。

显示板的脚本是比其他脚本要复杂一些，并不是难，而是麻烦。每一个显示的元素，都要有一段文字（参见图 16-3）。这段文字说的是：哪一个是 FV；是统计的数据、计算的数据，还是其他数据；显示在什么地方；用什么方式显示。

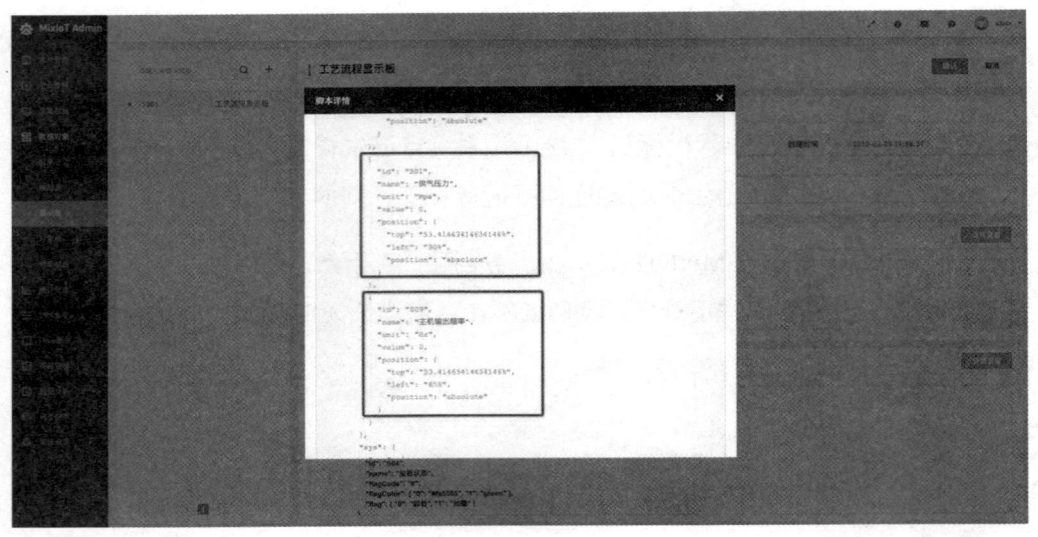

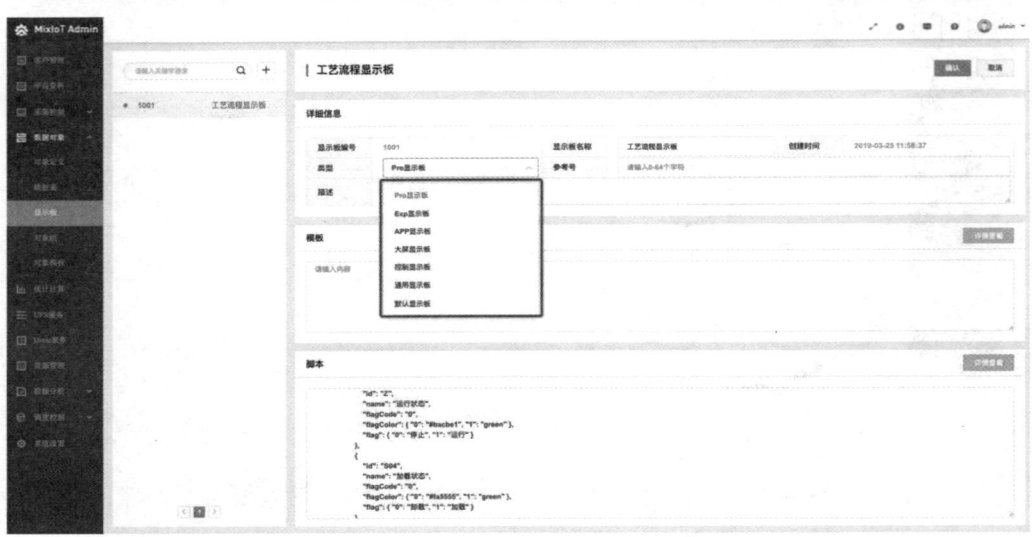

图 16-3 显示板服务脚本和显示类型

我们还注意到，上面这个截图里，显示板项目还有一个显示类型的选项，这里面写的 Pro、Exp、App、大屏、控制、通用、默认等，都会在本书及智物联的其他技术资料中进行解释。

所以，这个显示板服务，不只是用于 Fidis 应用的实时监控，还可以在任何地方使用，包括手机 App、投影大屏等。那怎么使用呢？很简单，只需要安装一个 MixIOT 体系的推流 SDK，就好像一个"播放器"一样。这些内容都会在 Fidis OpenFrame 开发指南里面做详细的介绍。

有了这个显示板服务，是不是就让我们的应用变得清爽多了呢？这可是 MixIOT 体系的独门绝技，我们只需要设计好想显示出的样子，然后在显示板管理上创建一个显示板项目，剩下的事情就交给 MixIOT 体系去操心了。

最后一个问题，就是怎么能把这个显示板设计得好用、好看。在此介绍一下 MixIOT 体系的工具集（参见图 16-4）。其实，显示板只是这个工具集的其中之一而已，利用这个工具集，未来连映射表、代码库、统计计算等，都可以用工具来实现，把我们从写脚本的劳动中解放出来。

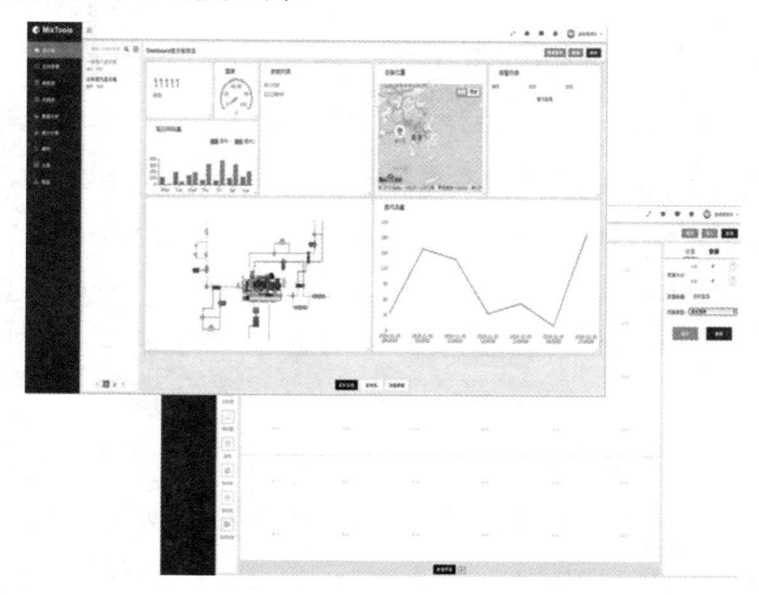

图 16-4　MixIOT 体系的工具集

第 17 章 代理服务（Agent）

什么是代理服务

代理服务（Agent）是 MixIOT 体系中一个非常重要的服务，也是使用非常多的一个服务，同时是一个容易被忽略的服务。

如果能掌握好代理服务的使用，不仅可以让你忙里偷闲，而且还能事半功倍。

我们知道在 MixIOT 体系里面充满着数据，数据都保存在不同的数据库中：适配器采集的栅格数据保存在 Grid 数据库，对象的马赛克数据保存在 Mosaic 数据库，离线数据保存在 Collectos 数据库，统计数据保存在 Statos 数据库，统计报表保存在 Report 数据库等。这几个数据库会被频繁地读取、计算，并产生新的数据。

举个例子，如果我们现在使用 MixIOT 体系的信使服务（参见第 18 章），希望：

- 当某台设备出现 3105 故障的时候，第一时间用邮件发送给设备管理员；
- 当某台设备出现 2396 故障的时候，第一时间用微信发送给车间主任；
- 当某台设备出现两次 7452 事件的时候，第一时间用手机短信通知给工段长；

- 每天早上 8 点钟检查一下前一天的生产日报表是不是自动统计出来了，并把报表发给厂长。

……

3105 故障、2396 报警、7452 事件，这些都还有印象吧，这就是代码库（Codebase）里面的统一编码。

那么，信使服务该怎么办呢？每分钟去看一下，还是每 10 分钟去看一下？怎么能做到第一时间？虽然 MixIOT 体系提供了完备的 API，允许信使服务去访问这些数据库，但是如果谁都这样做，有事儿没事儿都去数据库里面看一下，不仅效率低下，而且还浪费计算资源。

所谓代理，就是自告奋勇，"这事儿我包了"，它代表所有的应用去蹲守在这些数据库旁边，一旦发现数据库里面有信使服务需要的这些内容出现，就立即告诉信使服务说：3105 故障出现了，2396 报警现在来了，7452 事件连续发生两次了。然后，信使服务再去相应的数据库里把这些数据拿出来，该发短信的发短信，该发微信的发微信，该发邮件的发邮件，该发给谁的发给谁。

这样一来，整个 MixIOT 体系里面所有的应用，每一项工作就变得十分有序，大家有事儿委托代理就行了。代理服务就是一个不知疲倦的、忠诚的、勤快的跑腿的。

代理是怎么工作的

代理服务是一个相对独立的服务组件，有自己的管理界面，不在 MixIOT Admin 里面来管理。这里顺便提一下，MixIOT 体系的服务组件，有些通过 Admin 来管理，有些却是自己管理自己，大家知道是这么回事儿就行了。这是 MixIOT 体系设计时候的一个耦合原则，远近亲疏都有讲究。

我们先来看一下图 17-1，这张图应该可以很好地解释代理服务的工作机制。

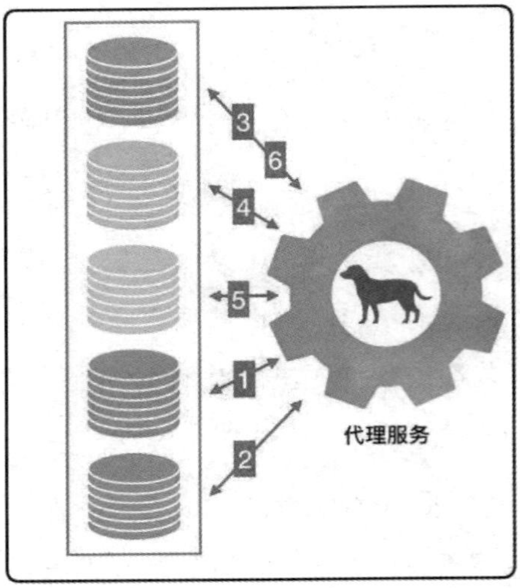

代理标识	数据源	条件	委托人
1		出现XXX	
2		XXX=XXX	
3		XXX>XXX	
4		出现两次XXX	
5		XXX≠XXX	
6		XXX<XXX	

图 17-1　代理服务的工作机制

跟 MixIOT 体系其他服务组件一样，代理服务是以"代理项目"的形式进行的。如果某应用需要使用代理服务，需要创建一个代理服务项目，在这个代理服务项目中，这个应用就是"委托人"。这是需要明确的，因为只有知道代理项目是谁委托的，才能知道最终去通知谁。

除了委托人，一个代理服务项目还需要指定是哪个数据源，也需要指定满足什么么代理条件（也叫"代理规则"）。代理规则在代理服务中是可以重复使用的。

完成了代理项目的创建，就可以启动这个代理服务项目。一旦代理发现了委托人的诉求，就会通知委托人。通知的方式是通过"回调"，每个委托人都至少有一个"回调地址"，这就像委托人的门牌号码，有了它，代理才知道要通知委托人的话，该到哪条街，去敲哪个门。

在 MixIOT Fidis OpenFrame（应用编程框架）中，对所有在这个框架中实现的应用软件，都有一个明确的规范，如何来提供回调地址，这是每一个 Fidis OpenFrame 框架下的应用软件必须遵从的规则，除非这个应用打算永远自力更生，不依靠任何代理服务。

如图 17-2 所示，代理条件里有一项，需要写一个代理规则执行脚本，这个也不难，跟映射表、代码库、统计计算都很类似，只要稍加学习就不难掌握。

图 17-2　代理条件中的代理规则执行脚本

如图 17-3 所示是代理项目。这里就无须写脚本了，只需要指定委托方的回调地址就行了。

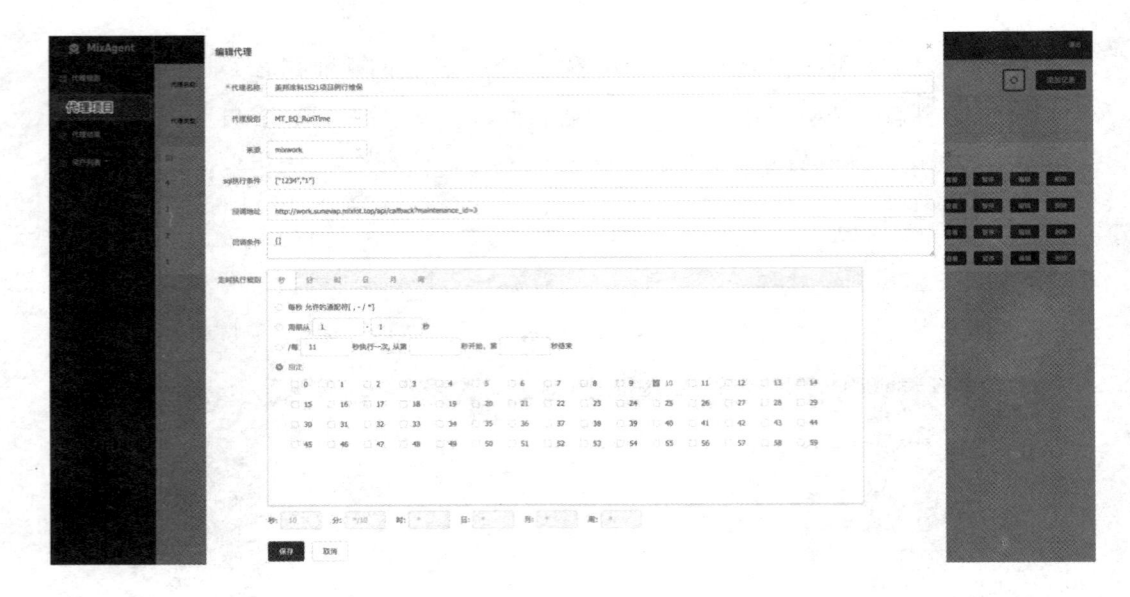

图 17-3 代理项目

代理服务的具体使用可以参考相关使用指南,这里就不再赘述了。

第 18 章 信使服务（Messenger）

什么是信使服务

信使就是邮差，信使服务（Messenger）是一个 MixIOT 体系的服务组件，它的作用是把 MixIOT 体系里面的某种组织形式的数据，用某种特定的传输方式，输送给 MixIOT 体系之外某个特定接收方。

从这个定义，我们可以看到信使服务有三个要素。

（1）要有内容。内容是指 MixIOT 体系的某种组织形式的数据，这些数据可以是原始数据、统计数据、报表数据等，总之，就是 MixIOT 体系中的任何数据。当然这里面有一个安全问题，不是什么数据都能被传输的，这是另一回事了。

（2）要有传输渠道。在信使系统中，传输渠道也叫"路由"，可以是短信、邮件、微信、App 推送等。

（3）要有接收方。这个好理解，就是这些数据发给谁。

与其他服务一样，要使用信使服务，就必须创建信使服务项目，参见图 18-1。

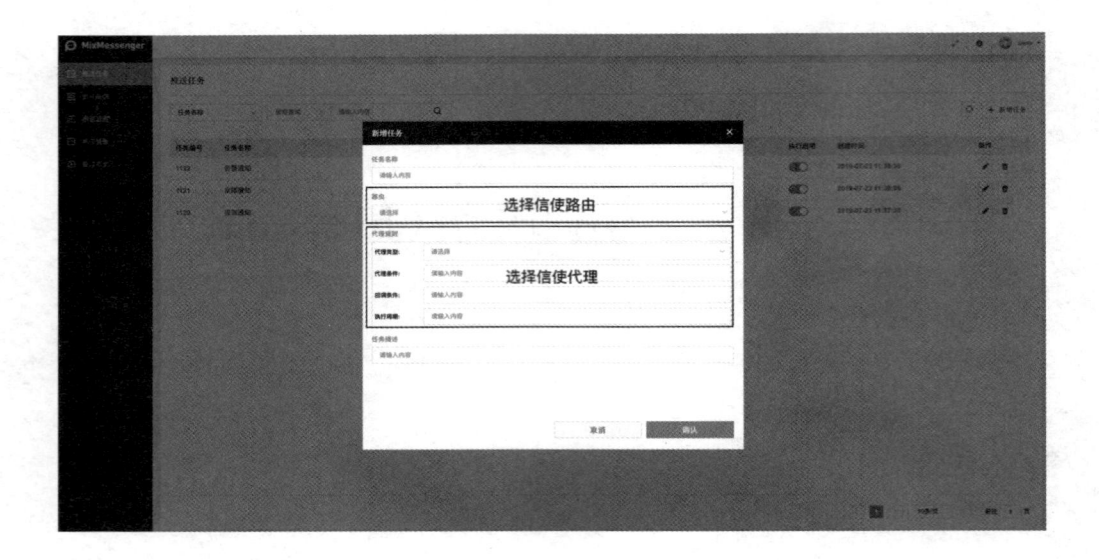

图 18-1　信使服务的创建

创建信使服务的时候需要做两件事情：一是需要选择使用哪一个路由，二是需要选择信使代理。路由是指这个信使服务到底是要发短信、发邮件、发微信，还是发 App 推送，这个前面解释过了，也很容易理解。那么，信使服务为什么需要选择代理呢？

信使服务和代理

关于代理是什么，我们在本书的《代理服务》一章中做过介绍，这里就不多说了。信使服务使用代理的原因很简单，就是因为需要信使发出去数据。

举个例子来帮助理解，假设我们创建的这个信使服务，是当设备出现编码（Codebase）为 3398 故障的时候，立即给某人发一个手机短信，通知他发生了这个故障。当这个信使项目创建完成后，信使怎么知道现在发生了还是没发生这个故障呢？信使没有未卜先知的能力。所以信使服务就需要委托代理，如果出现编码为3398的时候，就第一时间告知。通过这个例子其实我们可以看到，MixIOT里面所有的服务组件是相互独立的，没有耦合，但它们之间又可以通过代理服务相互协作。

信使路由和通道

要用好信使服务系统，我们还需要弄清楚两个很重要的概念：信使的路由和通道，这是在创建信使服务时需要的，如图18-2所示。

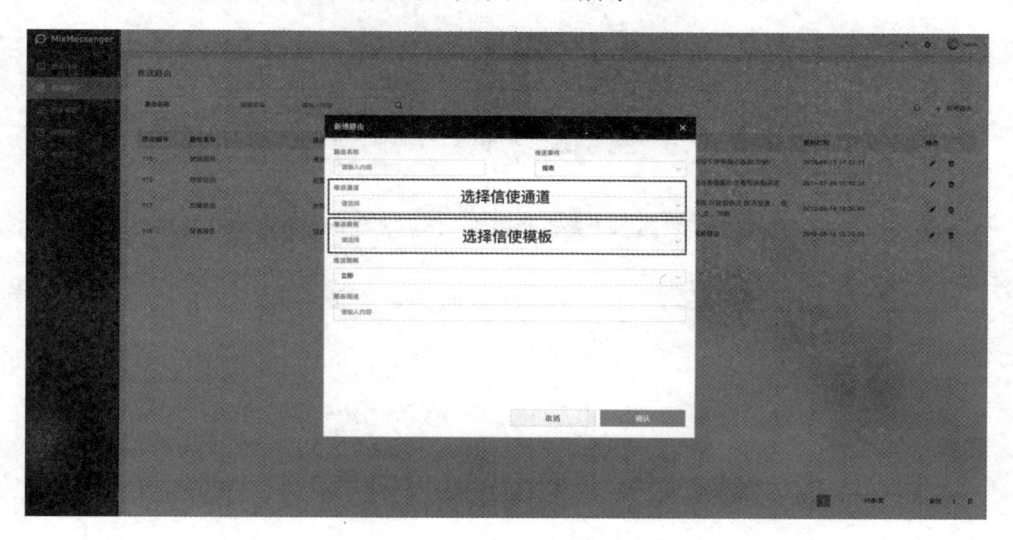

图 18-2　信使服务的路由和通道

简单地说，通道就是已经存在的"道路"，而路由就是邮差走哪一条道路。所以，通道是物理的，而路由是逻辑的。无论我们是否有路由，通道都是客观存在的。

这就像我们开车导航一样，要从起点到终点，有两条可以走的道路（相当于两个通道）。我们创建 2 个信使路由：路由 1 是走通道 1；路由 2 是走通道 2，如图 18-3 所示。以后我们要走物流运货（信使项目），就需要对应一个确定的路由。

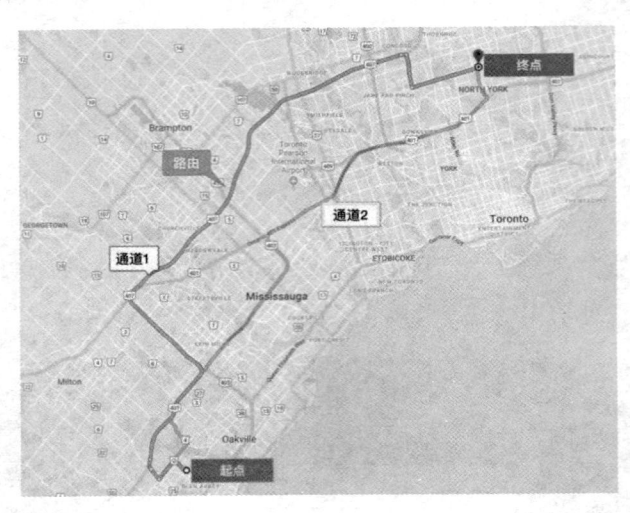

图 18-3　路由 1 是走通道 1；路由 2 是走通道 2

比如，同样是发短信的，可能会有很多通信运营商给我们提供服务，这些都是通道：

通道 1，提供方是晓斌公司，联通短信，30 秒之内送达，0.03 元/条；

通道 2，提供方是晓丹公司，联通短信，10 秒之内送达，0.05 元/条；

通道 3，提供方是晓峰公司，移动短信，4 秒之内送达，0.08 元/条；

通道 4，提供方是晓君公司，电信短信，2 秒之内送达，0.10 元/条。

那么，我们的路由可以这样来设计：

路由 A，紧急短信路由，通道 4；

路由 B，一般短信路由，通道 1。

顺便说一下，通道 Metric（度量值）的概念，这个在 MixIOT 体系信使服务中其实并没有要求。一般来说，我们在选择通道的时候，不只是要求快，还要考虑性价比。我们可以自己设计一个 Metric 值的计算方法，比如：

$$（短信通道）Metric 值 = \frac{每条短信成本/min}{送达时间/s} \times 10$$

那么，我们就差不多能算出上面四个通道的 Metric 值分别是：

通道 1，Metric = 1；

通道 2，Metric = 2；

通道 3，Metric = 20；

通道 4，Metric = 50。

当然，我们也可以用其中的一个因素作为通道的 Metric 值。在此介绍 Metric，只是告诉大家，在路由选择上面，有这么一个概念存在。实际上，我们熟悉的导航路径推荐算法，比如，涉及高速公路收费时间段、国道免费时间长等，其实都是这个方法推荐的。

通道的建立

信使服务里面，通道并不是天然存在的，是需要根据 MixIOT 客户自己的需要和资源去开发的。智物联为了让客户使用起来更加容易，预制了很多标准的通道，只需要在部署这个服务的时候，配置好一些参数即可，比如邮件通道、微信通道、手机 App 推送（安卓或 iOS）等。短信通道就需要根据客户自己的短信资源了，因为短信服务提供商所提供的接口不太一样。

第 19 章 报表服务（Report）

为什么应用的 UI 是别人的

这个问题很奇怪，因为我们通常都觉得，一个软件应用，UI（用户界面）当然是自己的。UI 很重要，好看的 UI 让人赏心悦目。功能再强大的软件应用，UI 不好看，就好像打了折扣。其实，一个应用的 UI 未必是自己的。

我们想象一下，有一个报表应用软件，我们只需要在报表上，按照需要创建报表项目，比如生产的报表、设备运行的报表、能耗的报表、产出的报表、维修的报表、故障的报表，以及各种日报表、周报表、月报表，这些报表都是根据报表项目的要求自动生成的，而且我们可以设定相关报表出来后通过邮件发给什么人等。

那么请问，这个报表软件的 UI 是自己的吗？当然不是，而是所使用的邮箱的。Foxmail、Gmail、网易邮箱等，都可以是报表的 UI。

其实，MixIOT 体系的绝大部分应用都不是自己的 UI。报表服务（Report）就是其中的一个。说这个的意思是，我们需要经常修正自己固有的想法，去了解和接纳一些新的观点。

什么是命题服务

在本书中,我们看到的几乎每一个东西,如映射表、代码库、代理项目、报表项目、估计值计算项目、统计项目等,其实无一例外,都是"命题服务",如图 19-1 所示。理解什么是命题服务,对正确理解 MixIOT 体系至关重要。

图 19-1　命题服务

MixIOT 体系实际上是一个由多个命题服务构成的体系。每个命题服务都由三部分组成:命题容器、结果容器和运行这个命题的程序组。命题容器就是一个存放各种命题的地方,是一个命题数据库;结果容器是保存命题结果的地方,也可以理解为一个结果数据库;而运行命题的程序组,就是执行每个命题运行的程序组。命题、程序与程序组参见图 19-2。

图 19-2 中,公告板上的一个方块,就是一个命题(项目),每个人就是一个执行命题的程序。

图 19-2 命题、程序与程序组

每个人（程序）按对应命题的要求完成各自的工作，然后，把结果放到图 19-3 的结果板上，这个结果就可以被其他需要的地方（另外一个命题）再次引用。这就是一个命题服务（命题、结果、程序）和另一个命题服务之间的关系。

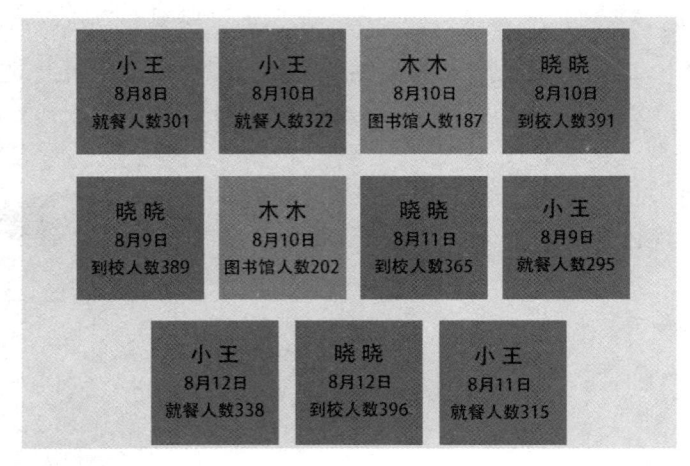

图 19-3 命题结果

报表命题(项目)三要素

MixIOT 体系报表系统也是一个命题服务,所以它的架构也是容易理解的。如果你需要一个报表,就创建一个报表命题(报表项目),参见图 19-4。创建报表项目需要做三件事情。

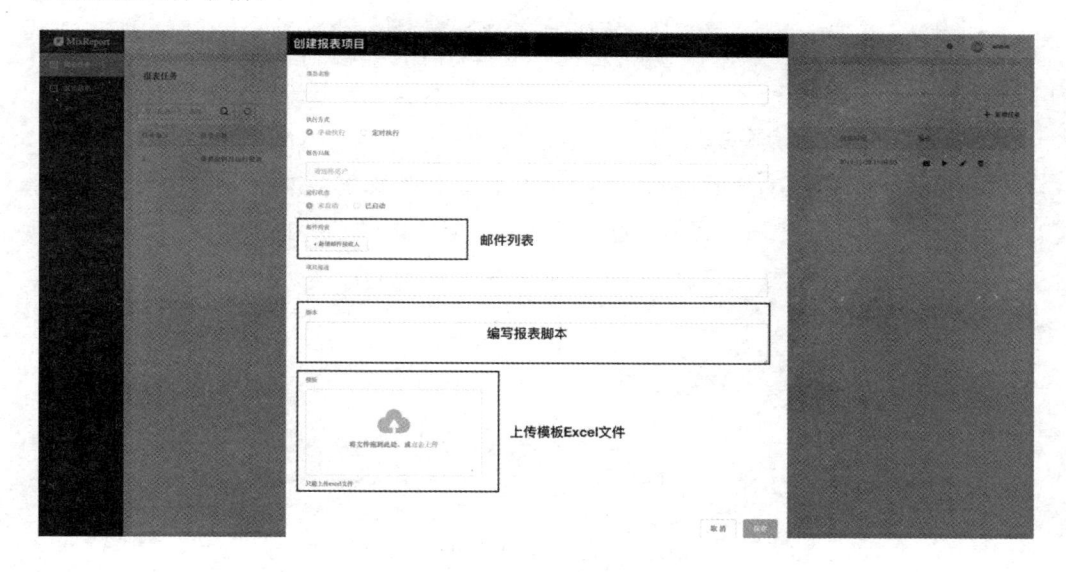

图 19-4 报表创建

(1)设置好这个报表项目的属性。这个容易理解,比如,给这个报表项目起一个名字,设置一下这个报表是什么报表,是每天一次、每周一次,还是每个月一次;指定一下这个报表是否需要用邮件发送给什么人,还是只保存在报表的结果数据库里面等。

（2）要提供这个报表的模板。

（3）根据模板，写一个报表的脚本。这个脚本也跟映射表、代码库、统计计算等差不多，学习一下就可以掌握，不会有什么大问题。

一旦报表命题创建好，它就会按你设定的要求，定期生成 Excel 格式的报表，并发送给指定的邮件列表。这是一个一劳永逸的应用，除非你修改报表，否则，报表创建完成后，就基本上不用再理会它了，只需要每天收邮件就行。所以，报表系统的 UI 并不是自己的，而是邮件的。

这里需要重点解释一下，什么是报表模板？为什么 MixIOT 体系要用报表模板方式。

我们看过非常多所谓自动生成报表的软件，拖拽就可以构造一个报表的样子，其实这是一个相当划不来的方法。与其用拖拽去构造你需要的报表的样子，不如用一个 Excel 去做一个报表的样子。这样，报表需要固定的那些地方，如标题、表头、合并、分拆，就可以固定下来，报表程序只需要做一件事情，就是去往这个表格里面填空。

假设我们想要这样一个故障报表（参见表 19-1）。

表 19-1 故障报表

分类	序号	设备		本月故障情况			
		名称	型号	故障次数	停机时间	处置次数	处置费用
机械类							
电子类							
动力类							
本月合计							

这还不算复杂的故障报表，但是里面也有合并、边框、粗线、细线、底色等。我们无须花大量时间，思考用什么软件来构造这个报表的格式，只需要把上面的报表变成这个报表命题（项目）的模板就行了，固定的地方都不要去管，把需要有数据的地方，注明一下就可以了，如表 19-2 所示。

表 19-2 报表命题（项目）的模板

分 类	序 号	设 备		本月故障情况			
		名 称	型 号	故障次数	停机时间	处置次数	处置费用
机械类	$B3	$C3	$D3	$E3	$F3	$G3	$H3
	$B4	$C4	$D4	$E4	$F4	$G4	$H4
	$B5	$C5	$D5	$E5	$F5	$G5	$H5
电子类	$B6	$C6	$D6	$E6	$F6	$G6	$H6
	$B7	$C7	$D7	$E7	$F7	$G7	$H7
	$B8	$C8	$D8	$E8	$F8	$G8	$H8
动力类	$B9	$C9	$D9	$E9	$F9	$G9	$H9
	$B10	$C10	$D10	$E10	$F10	$G10	$H10
	$B11	$C11	$D11	$E11	$F11	$G11	$H11
本月合计				0	0	0	0

而最后一行，可以直接使用 Excel 的求和计算公式：

· *fx* · SUM ▼ E3:E11 ▼ | ✗ ✓

我们现在似乎知道了，我们想要什么样的报表，就可以有什么样的报表，可以先在 Excel 上做一个模板，剩下的就是报表脚本怎么写了。

具体的报表脚本怎么写，还是老规矩，参考报表使用手册和指南，这里只说一下概念。报表里面的数据一般有两类,一类是直接从 MixIOT 体系现有的数据里面拿,如客户、设备等;另一类,是需要统计计算的数据,一般来说,我们把这类数据先进行统计和计算(参见第 22 章),计算后,这些数据都在 Statos 数据库里,再把这些数据从 Statos 里面拿出来就行了。

报表脚本比之前的映射表、代码库等稍微难一些,不过不要紧,基本上看一个示范,就知道怎么写了。下面放一个截图(参见图 19-5),大家可以感受一下,不要被它的样子吓坏,它其实很可爱。

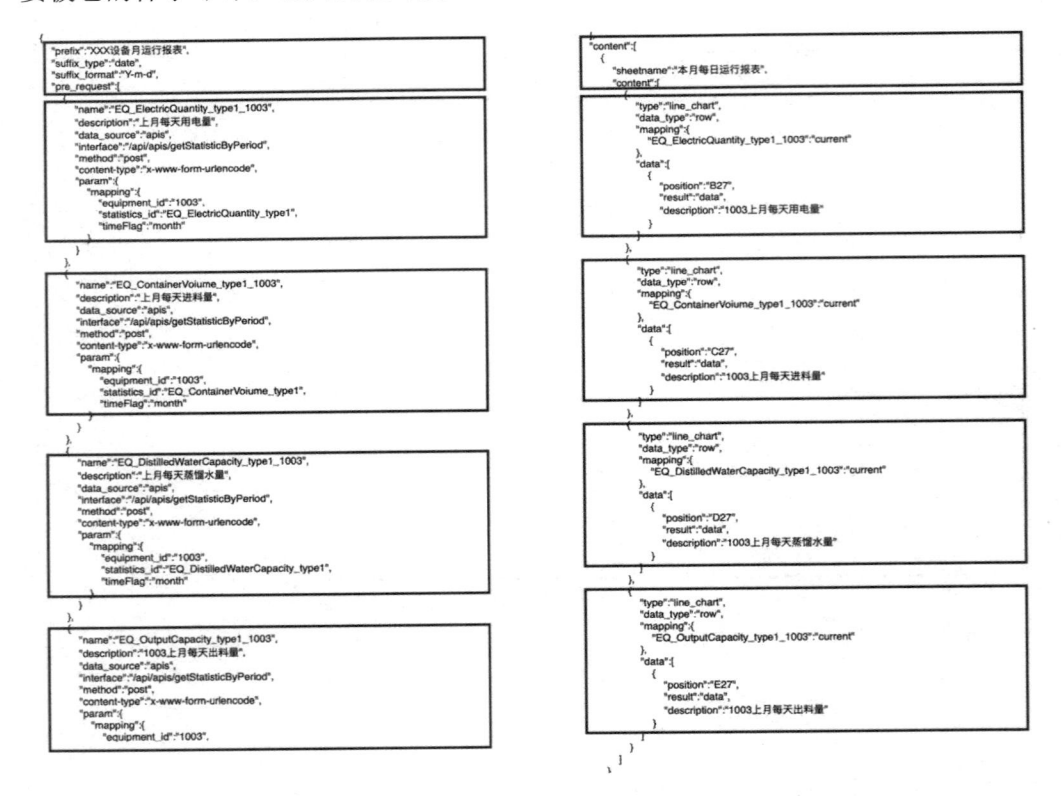

图 19-5　报表脚本截图

第 20 章 连锁服务（UFS）

什么是连锁服务

UFS（MixIOT Unified Franchises Service，统一连锁服务组件），是分散部署的 MixIOT 之间进行数据交换的标准组件。Franchises 这个词本身是"特许连锁经营许可"的意思，用在被授权的 MixIOT 体系之间的相互数据交换，是非常合适的一个词。

MixIOT 体系的部署是很灵活的，采用云部署方式的"如来方略云"可以部署在公有云服务上（如华为云、阿里云、百度云、腾讯云、AWS 等），也可以部署在企业私有云上（如中石油、中电、葛洲坝、中石化等企业的私有云）。此外，还有一种形式，就是部署在工业现场专用的如来方略柜里。这些采用不同部署方式的 MixIOT 体系，只需要各司其职就行了，它们之间的信息交互都是交由 UFS 来完成的。掌握和了解 UFS，对规划 MixIOT 体系的部署有非常重要的意义。

图 20-1 就是如来方略柜 R 系列，目前有 R1200 和 R2000 两个型号，跟公有云、私有云一样，都是 MixIOT 体系的安身立命之所（参见第 33 章）。

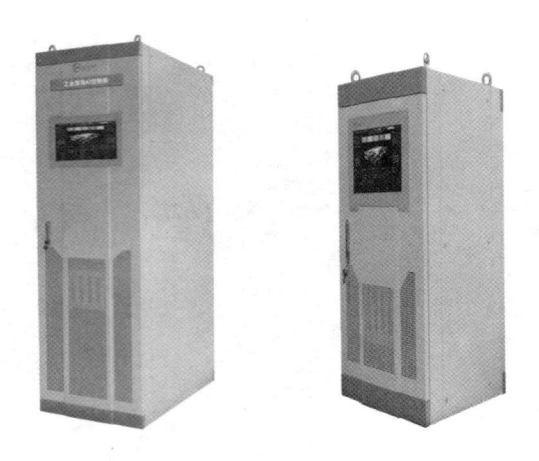

图 20-1　如来方略柜 R 系列

我们看下面这个例子，这是一个机构庞大而复杂的集团公司，其组织架构如图 20-2 所示。

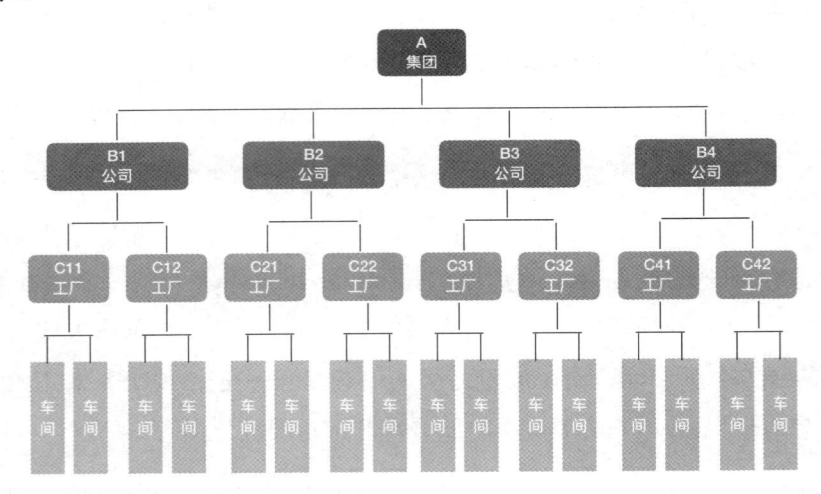

图 20-2　A 集团公司组织架构

最上面是集团，集团下面是公司，公司下面有工厂，每个工厂下面有车间。在这种复杂的情况下，我们如何来部署整个工业物联网系统呢？要想回答这个问题，就需要厘清每个层级的职责和他们所关心的事情。

我们从下往上来说。车间是一个生产单位,如果你是车间主任,最关心的自然是生产设备、生产过程和生产出来的产品。你甚至需要掌握每一台设备的运行情况,这就是一个很标准的 MixIOT 体系要做的事情。所以,在车间层级,我们可以考虑部署一个如来方略柜 R1200 或 R2000。

在工厂这个层级,如果你是厂长,虽然也要关心生产,但是只需要从宏观的角度,掌握全厂的设备总体运行情况、总体生产过程情况和总体产品情况,无须去关心某个车间里面某一台设备运行的时候温度是多少、压力是多少、电流是多少、电压是多少等。在这个层级上,也可以部署一个如来方略柜 R1200 或 R2000。如果不考虑相关数据保密性因素的话,也可以选择部署如来方略云。

在公司这个层级,如果你是公司的经理,要关注的当然是下面各个工厂的生产情况,同样不需要去关心某个工厂某个车间的某台设备是怎么运行的,这些有车间主任操心就够了。所以,可以考虑部署如来方略云。集团这个层级同样可以考虑部署如来方略云。

图 20-3 中,R 代表如来方略柜部署,C 代表如来方略云部署。工厂和车间都可以用 R 部署,是因为它们都在一个工厂里面,车间的 R 可以跟工厂的 R 在同一个工厂的局域网里面,所以,它们都可以用 R 部署。如果工厂里面本身并没有局域网,那么,工厂这个层级也就只能用 C 部署了。

从这里我们看到,所有设备运行的数据、生产的数据、产品的数据,只有一个来源,就是车间。工厂层级、公司层级、集团层级的 MixIOT 体系,其实什么都没有。那么,它们需要的数据又是从哪里来的呢?答案只有一个:通过 UFS,把部署在车间 R 的 MixIOT 体系数据传送给工厂、公司、集团的 MixIOT 体系,如图 20-4 所示。

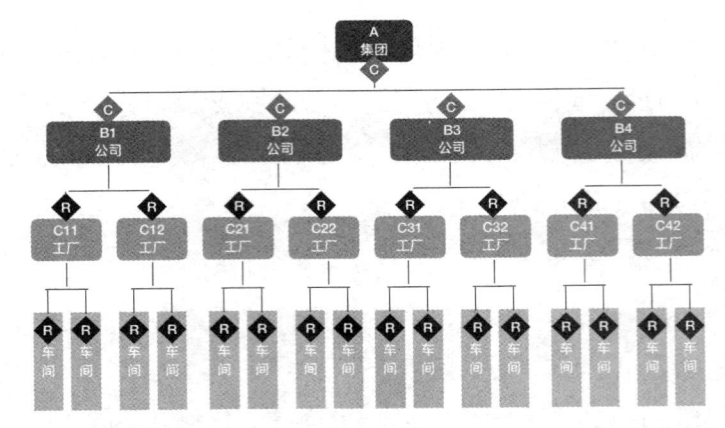

图 20-3　A 集团部署图（R 代表如来方略柜部署，C 代表如来方略云部署）

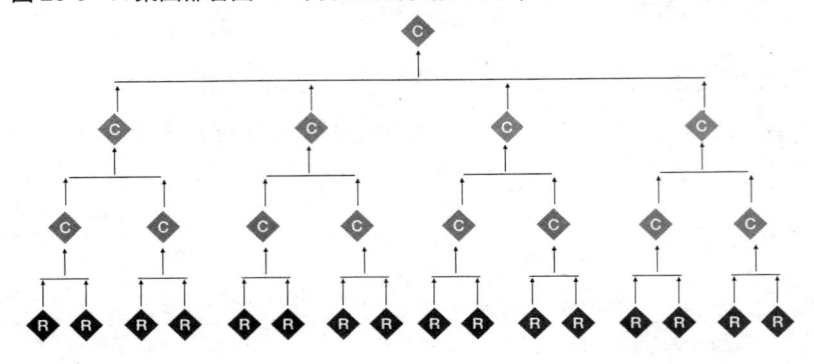

图 20-4　A 集团的数据流向

所以，UFS 的作用，就是把自己这个 MixIOT 体系的数据，提供给另一个 MixIOT 体系。这里需要说明的是，UFS 本身是没有层级关系的，理论上说，UFS 可以提供所在 MixIOT 体系上的任何数据，这完全是由 UFS 自己决定的。

那么，车间 R 部署的 MixIOT 体系要把哪些数据提供给工厂的 MixIOT 体系呢？一般来说，工厂层级是不需要车间那些实时的设备运行数据的，一是这些数据量很大，二是没有这个必要。工厂需要的是车间的一些统计数据，这些统计数据可以先在车间层级 R 部署的 MixIOT 体系上做好统计计算，然后把结果提供给工厂的 MixIOT 体系即可。公司、集团层级也是一个道理。

UFS 如何维持 MixIOT 体系的方式不变

无论在什么情况下，MixIOT 体系接收数据的方法只有一个，就是我们熟悉的最基本的方法：定义对象，建立映射。这是 MixIOT 体系接收数据的一个铁律，无论数据是来自采集数据的适配器，还是来自 UFS，都是一样的。

要理解到位，首先就要建立一个正确的概念：一个 MixIOT 体系要通过自己的 UFS 把自己的数据提供给另一个 MixIOT 体系，它就是把自己变成了另一个 MixIOT 的数据终端，从这个意义上来说，它与采集数据的适配器终端是一样的。

所以，一个 MixIOT 体系要接收另一个 MixIOT 体系通过 UFS 发过来的数据，跟接收采集数据的适配器发过来的数据是一样的，同样是要把发数据的那个 MixIOT 体系定义成一个对象，把它们发过来的数据当作栅格，需要定义这个对象的映射。这就是 UFS 维持 MixIOT 体系方式不变的方法，如图 20-5 所示。

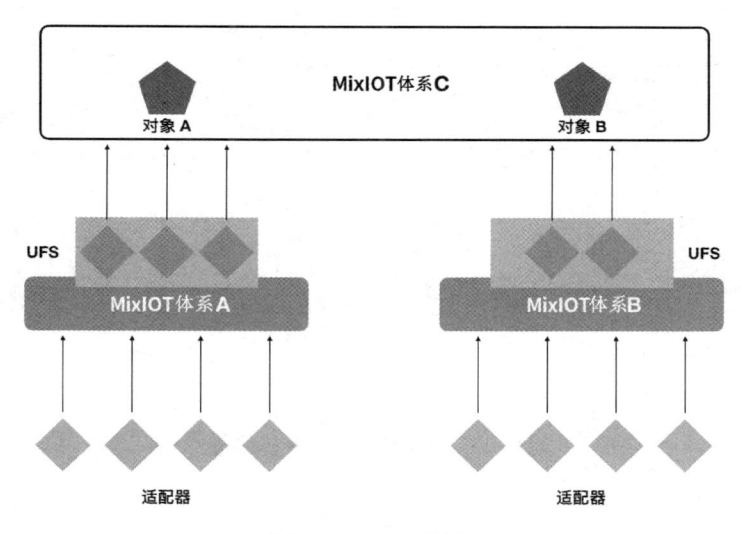

图 20-5　UFS 服务

UFS 项目

UFS 是放在 MixIOT Admin 里面去管理的,这个组织形式是 UFS 项目。一个 UFS 项目就是一个特定的 UFS 服务,负责把某些数据提供给另外一个 MixIOT 体系。

一个 UFS 服务相当于一个"适配器",这个"适配器"的标识是一个复合标识,形式是"MixIOT-ID:UFS 项目-ID"。

我们把上面的图 20-5 重新注明一下,就变成了图 20-6。

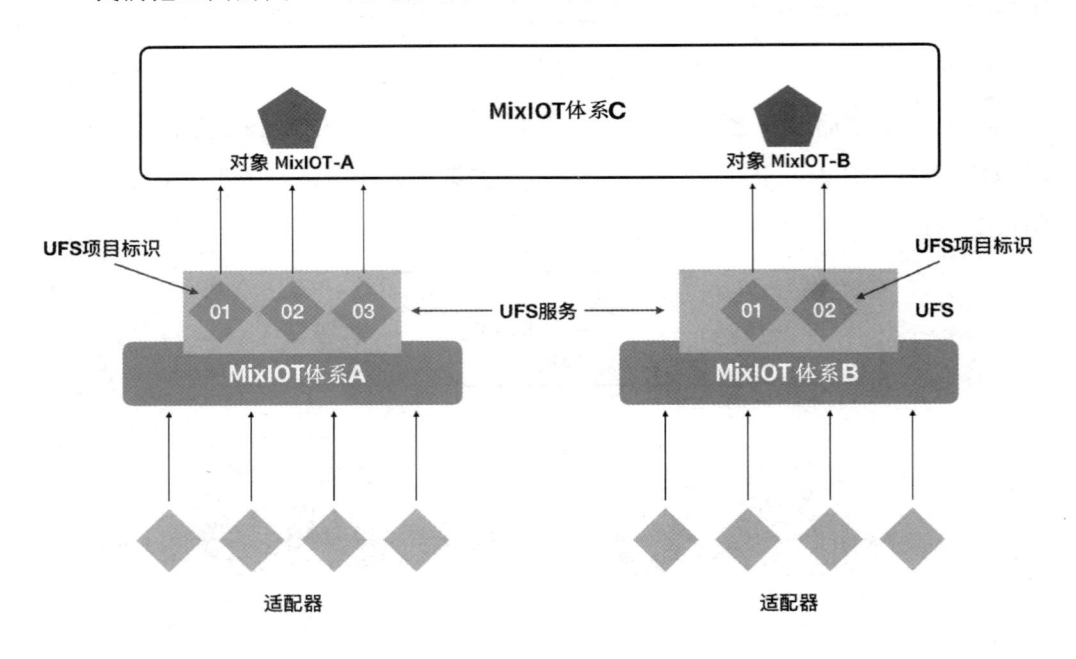

图 20-6 加标识后的 UFS 服务

MixIOT-A 和 MixIOT-B 通过各自的 UFS 服务给 MixIOT-C 提供数据。MixIOT-A 的 UFS 服务里面,有 3 个 UFS 项目(标识分别是 01、02、03);MixIOT-B 的 UFS

服务里面，有 2 个 UFS 项目（标识分别是 01、02）。

那么，MixIOT-C 可以定义 2 个对象，分别是 MixIOT-A 和 MixIOT-B。这 2 个对象的"适配器"分别是："MixIOT-A：01""MixIOT-A：02""MixIOT-A：03"和"MixIOT-B：01""MixIOT-B：02"。

MixIOT-A 和 MixIOT-B 中的每个 UFS 项目是按各自定义的方式去给 MixIOT-C 上报数据的。

我们以 MixIOT-A 为例，UFS 01、02、03 上报的栅格数据如图 20-7 所示。

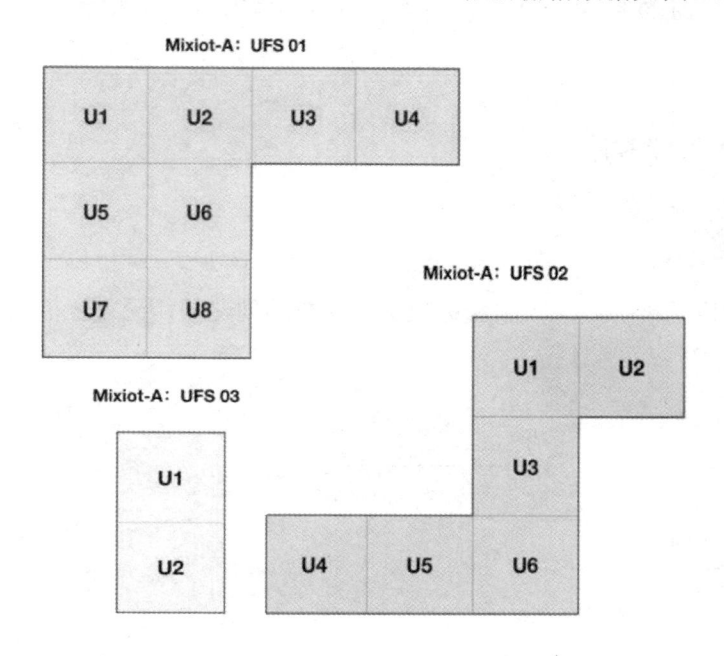

图 20-7　UFS 01、02、03 上报的栅格数据

那么，在 MixIOT-C 中定义的"MixIOT-A"这个对象的马赛克数据的映射关系应该如图 20-8 所示。

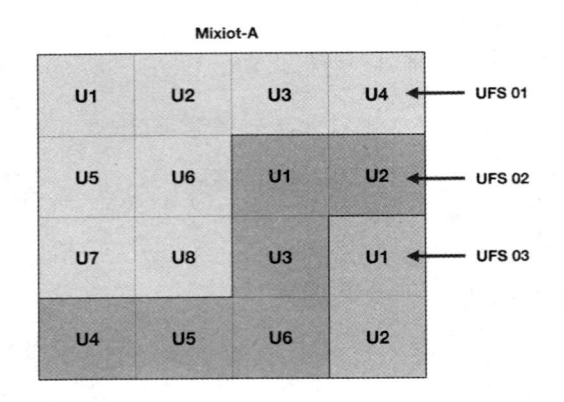

图 20-8　MixIOT-C 中定义的 MixIOT-A 的马赛克数据映射关系

UFS 脚本和模板

我们打开 MixIOT Admin，首先找到 UFS 服务的地方，就可以创建一个 UFS 服务了，如图 20-9 所示。UFS 服务标识是系统自动创建的，无须我们指定。

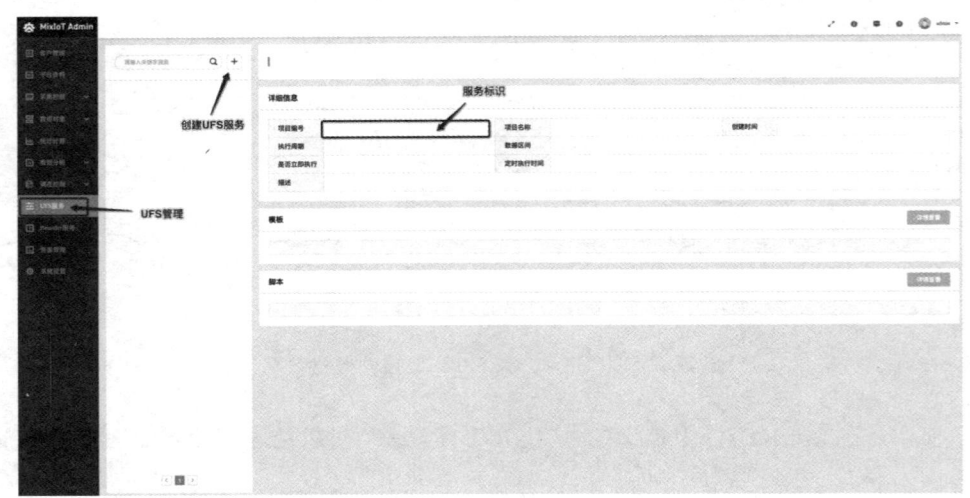

图 20-9　创建 UFS 服务

在创建 UFS 服务的时候，完成弹窗里面需要的各种设置（见图 20-10），这个 UFS 就算是创建好了的。

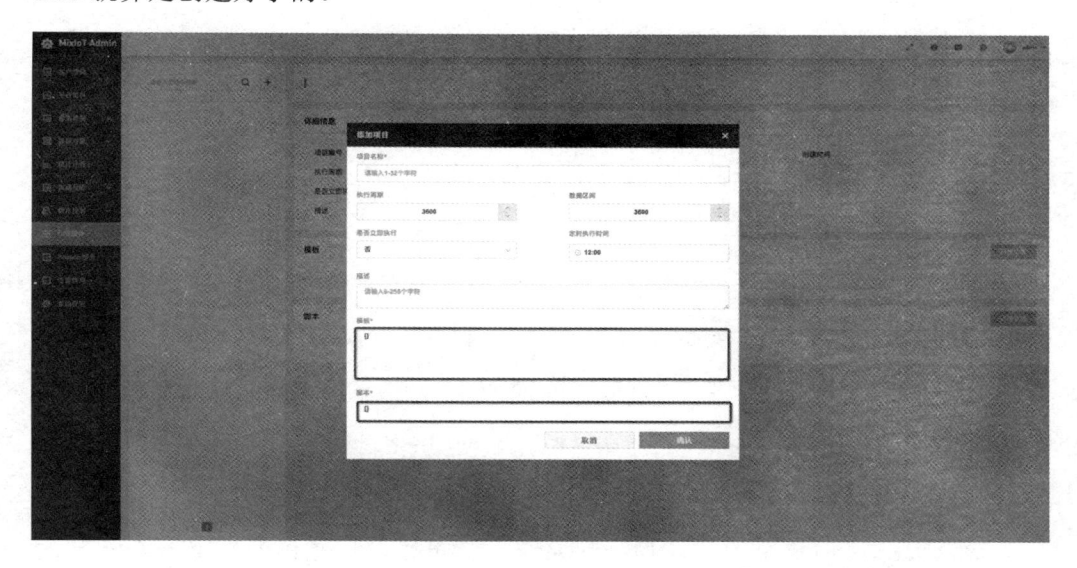

图 20-10　完成 UFS 设置

这些设置包括给服务命名、设置报文的周期、指定执行条件、确定数据周期等。这些都是容易理解的，只要按 MixIOT UFS 的使用说明去做就行了。

UFS 脚本和 UFS 模板这两个概念很重要。简单来说，UFS 脚本定义的是这个 UFS 服务需要把自己这个 MixIOT 里面的哪些数据拿出来，并按照设置的报文周期和数据区间，把数据上报给另一个 MixIOT 体系，这个脚本也叫"UFS 数据脚本"。UFS 模板也叫"UFS 模板脚本"，描述的是这些数据是按什么格式报出去的。

MixIOT 体系中，对怎么去写 UFS 数据脚本，怎么去写 UFS 模板脚本有一个明确的规范。这些脚本的写法，跟映射表（Mapping）、代码库（Codebase）等的写法是差不多的，这里就不做详细说明了，如有需要可以参考 UFS 的使用手册。

UFS 是构建复杂应用的基础

UFS 是 MixIOT 体系之间传递数据的一个服务和工具,也是构造复杂应用的基础。

UFS 与我们通常意义上的"API 接口"有本质的不同,前面介绍过了,这是一个唯一可以维持"MixIOT 方式不变"的方法。维持"MixIOT 方式不变"是一件非常重要的事情,只有方式不变,才有可能用 MixIOT 去构建复杂的工业物联网系统,而且保证这个工业物联网系统的所有数据脉络都清楚,而不是到处拉蜘蛛网,最后变得"一地鸡毛",无法收拾。

有了 UFS,再复杂的工业物联网系统,都可以保证是由一个又一个标准的 MixIOT 体系构成的,而所有的 MixIOT 体系规范都是一样的,方法也是一样的。

另外,需要说明的是,如果用 MixIOT 体系去构建一个复杂的工业物联网体系,我们并不建议做那些简单的"备份式数据转移"。也就是说,如果一个复杂系统中用到了多个 MixIOT 体系的话,每个 MixIOT 体系都只需要保存各自需要的数据,各司其职,而无须这个 MixIOT 体系完全去备份另一个 MixIOT 体系的数据。跟前面说的例子一样,集团没必要拥有每个车间每台设备运行的实时数据,这是一件没有道理的事情。

第 21 章 安全隧道

什么是安全隧道

GAST（Generic Access Security Tunnel Service，安全访问隧道服务），是 MixIOT 体系中的一个常用的服务。它提供了一个安全访问隧道，让任何一个互联网上的 PC（节点）都能通过这个隧道直接访问 MixIOT 体系中的工业设备控制器。

一般来说，工业设备的控制器（如 PLC），如果需要升级，都必须在设备旁边进行，通过串口线或 USB 等，把电脑连接到设备的控制器上进行操作。这是由两个原因造成的，一是客观上很难做到跨网络的连接，二是有安全的考量。

但在很多工业场景中，设备生产商把设备销售给他们的用户后，经常希望能够对这些设备的控制器中的控制软件进行远程升级，有时候甚至需要对设备进行远程操控。这样可以大大降低他们的售后服务成本，也能节省消耗在路程上的时间。

GAST 提供的安全隧道就是为了解决这个问题的，它一方面可以解决跨网络远程访问，另一方面可以保证这个访问是绝对安全的。

我们还是通过一个例子来讲解。

某设备上使用了一个西门子 S7-300 PLC 控制器。如果要升级这个 PLC 的程序，必须要有一台可以运行 S7-300 PLC 的客户端软件，用一条网线，直接从 PC 对接到 S7-300 PLC 的网口，如图 21-1 所示。

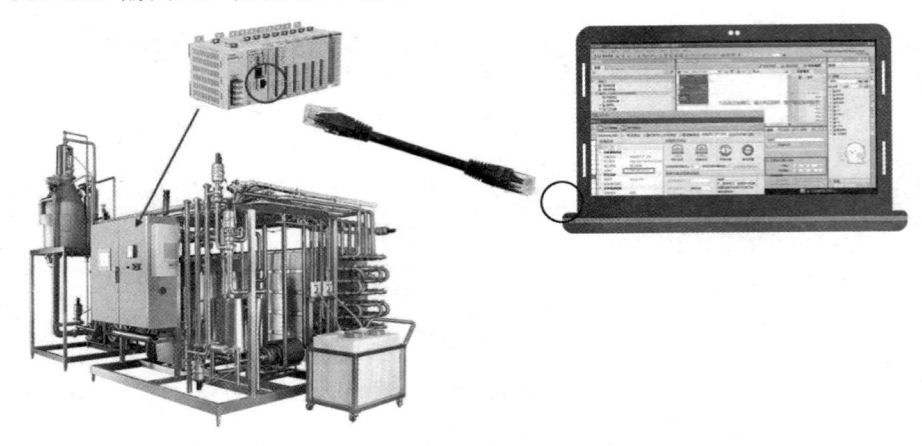

图 21-1　PC 与西门子 S7-300 PLC 的直接对接

如果变成图 21-2 所示，PC 上的 PLC 客户端软件是连接不到 PLC 的。

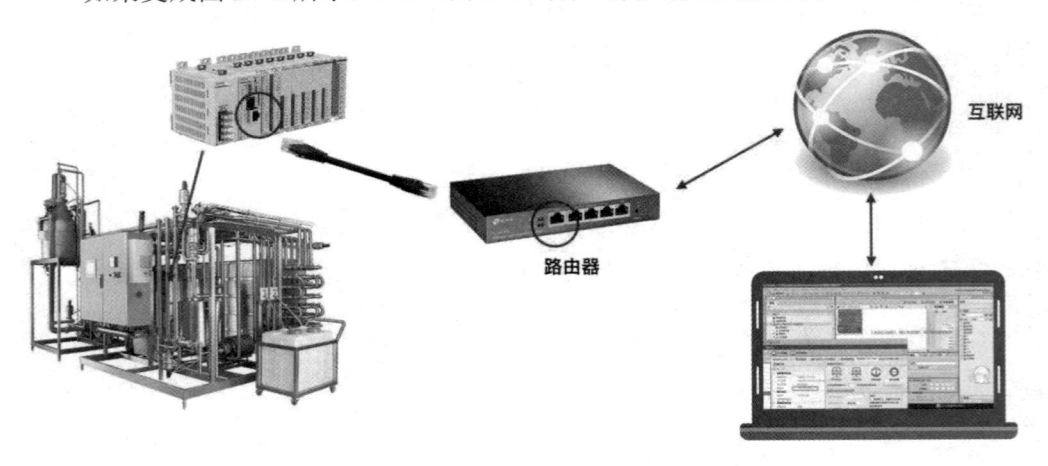

图 21-2　PLC 客户端软件连接不到 PLC 的情况

GAST 的架构如图 21-3 所示。

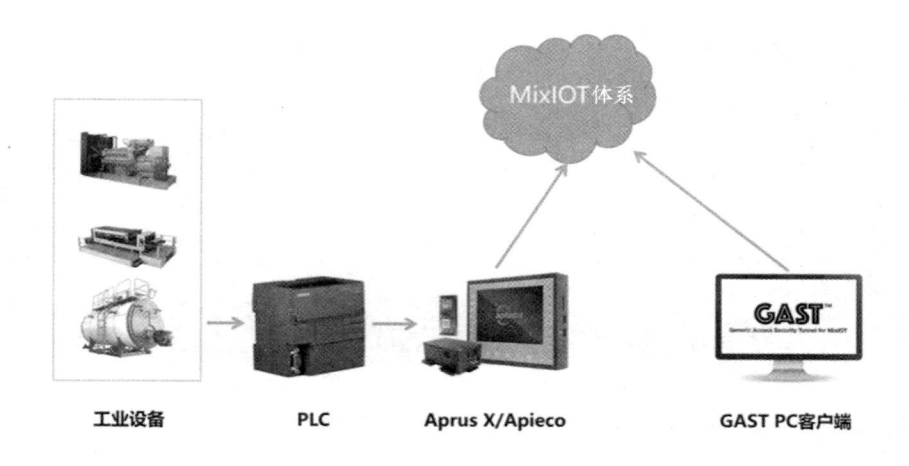

图 21-3　GAST 的架构

也就是说，凡是使用了 MixIOT 体系的，都可以用 GAST 来远程访问设备的控制器，就跟在设备旁边一样。

GAST 客户端程序

GAST 客户端程序目前仅支持 Windows 操作系统版本，可以在 Fidis 门户中下载并安装。使用之前需要仔细阅读使用许可条款条件（见图 21-4），同意后便可以使用。

每一套部署的 MixIOT 体系里面，都有与之对应的 GAST 客户端程序（见图 21-5），并且仅适用于当前的 MixIOT 体系部署。运行后，便可以看到能够并允许连接的设备控制器，选择后连接即可。

Instruction for GAST

GAST (Generic Access Security Tunnel for MixIOT) is an Access Tunnel under the security transmission protection by SSL and IPSec. GAST™ provides virtual private connections MixIOT Objects.

The role of Administrator will be authenticated by security PIN, and it is the only role that has been legally authorized to use GAST. Administrator will be fully responsible for any its operations in GAST. Any improper operation and use of GAST may cause unexpected results to the executed controllers that GAST may access.

GAST 是一种SSL和IPSec安全防护下，提供本机通过数据终端至设备控制器的虚拟传输访问连接通道。只有MixIOT主管理员角色被授予了使用权限，管理员需要对GAST的任何使用负全责。任何不恰当的使用，都将可能导致GAST所连接设备控制器的无法预测的结果。

Quit (退出)   I Agree (同意)

图 21-4　GAST 许可条款条件

GAST

You are about to connect the controller.
Please select ONE terminal ID you want to access, click "Go" to Connect.

⦿ AP2018121200038

GAST Processing Information
OpenPort
PortOpened
ConnectDevice

Minimize   Connecting...

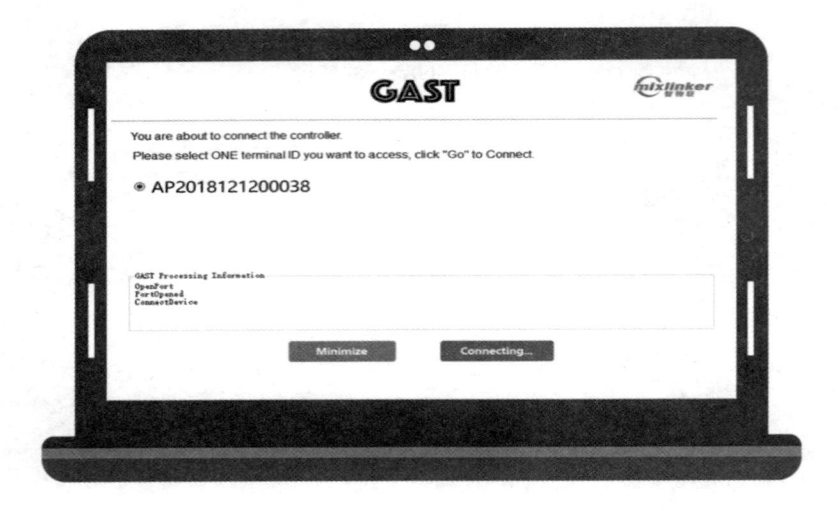

图 21-5　GAST 客户端程序

第 22 章 统计计算（Statos）

统计计算容易吗

"统计计算"这个词我们都不陌生，也许我们想象中的统计计算，就是把已有的数据弄到一起进行加减、乘除。但是在工业物联网中，统计计算非常重要，处理起来也非常复杂。

MixIOT 中有一个专门用于复杂统计计算的组件，叫 Statos 服务组件。Statos 的英文是 Statistics Oriented Service，意思是面向统计的服务，它是 MixIOT 中权重非常大的一个服务组件。还是先通过一个例子来进一步了解统计计算，看看这个例子会不会颠覆我们之前对统计计算的认知。

这是一个数控机床的加工车间，三台数控机床公用了一个电表。假设我们用一个适配器每分钟采集一次电表的读数。我们希望知道，上午 9～10 点这 1 个小时里面三台机床的耗电量，如图 22-1 所示。

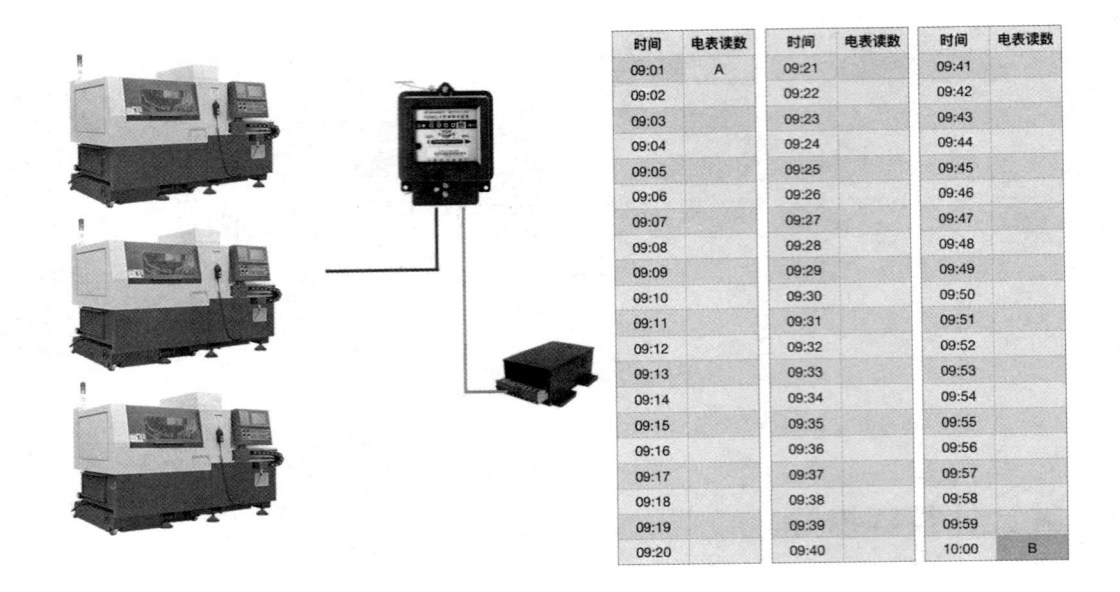

时间	电表读数	时间	电表读数	时间	电表读数
09:01	A	09:21		09:41	
09:02		09:22		09:42	
09:03		09:23		09:43	
09:04		09:24		09:44	
09:05		09:25		09:45	
09:06		09:26		09:46	
09:07		09:27		09:47	
09:08		09:28		09:48	
09:09		09:29		09:49	
09:10		09:30		09:50	
09:11		09:31		09:51	
09:12		09:32		09:52	
09:13		09:33		09:53	
09:14		09:34		09:54	
09:15		09:35		09:55	
09:16		09:36		09:56	
09:17		09:37		09:57	
09:18		09:38		09:58	
09:19		09:39		09:59	
09:20		09:40		10:00	B

图 22-1　9 点与 10 点三台机床的耗电量

你是不是感觉这是一件非常容易的事情，跟供电局到咱家收电费差不多。9 点开始的时候，先看一下电表读数 A，10 点再看一下电表读数 B，两个数字相减 B-A=？这就是 9～10 点钟这 1 个小时里三台数控机床的用电量。这个答案对不对呢？准确地说："准确度非常有限"。因为要说这个答案是"对"的，是有非常严苛的条件的：电表必须是好的；电表读数的采集必须是准确的；电表指针必须不能转到头（爆表）；如果转到头，这个数字必须是 99999；爆表后数字必须归零，即从 00000 开始；这 1 个小时内必须不换电表；等等。不是"必须"之一，而是全部"必须"。事实上，上述这些"必须"条件，在工业场景中实际上是不可能的，如果全部都要"必须"，就更不可能了。

假如我们拿到的这 1 个小时的实测数据是这样的（见图 22-2），你又该怎么办？

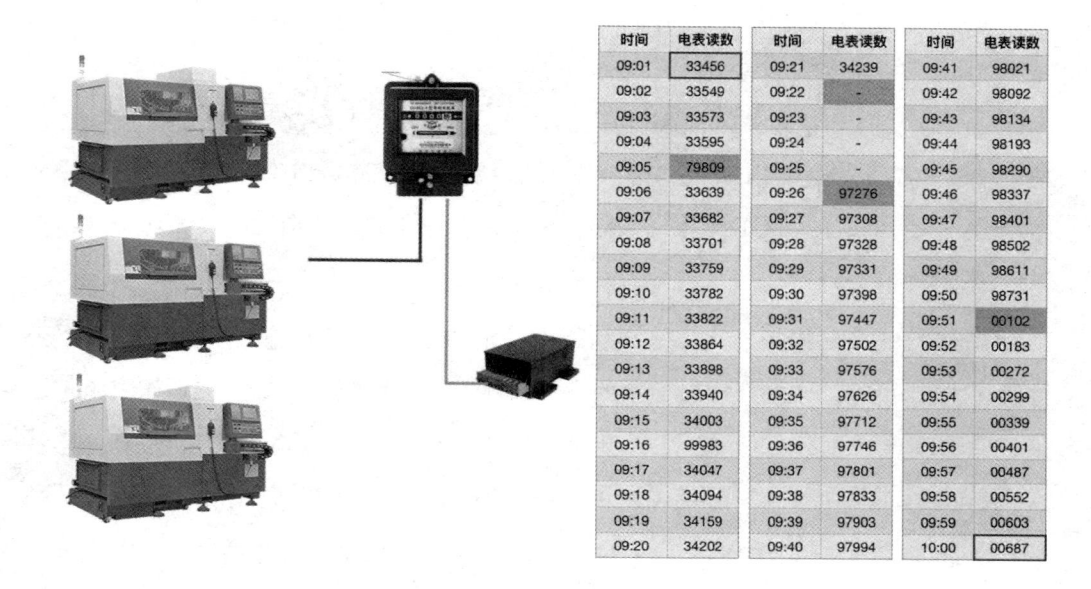

时间	电表读数	时间	电表读数	时间	电表读数
09:01	33456	09:21	34239	09:41	98021
09:02	33549	09:22	-	09:42	98092
09:03	33573	09:23	-	09:43	98134
09:04	33595	09:24	-	09:44	98193
09:05	79809	09:25	-	09:45	98290
09:06	33639	09:26	97276	09:46	98337
09:07	33682	09:27	97308	09:47	98401
09:08	33701	09:28	97328	09:48	98502
09:09	33759	09:29	97331	09:49	98611
09:10	33782	09:30	97398	09:50	98731
09:11	33822	09:31	97447	09:51	00102
09:12	33864	09:32	97502	09:52	00183
09:13	33898	09:33	97576	09:53	00272
09:14	33940	09:34	97626	09:54	00299
09:15	34003	09:35	97712	09:55	00339
09:16	99983	09:36	97746	09:56	00401
09:17	34047	09:37	97801	09:57	00487
09:18	34094	09:38	97833	09:58	00552
09:19	34159	09:39	97903	09:59	00603
09:20	34202	09:40	97994	10:00	00687

图 22-2　9～10 点三台机床实测的耗电量

如果你有兴趣仔细去看里面的数据，你会发现，电表读数采集出错、换表、不在 99999 处爆表，爆表后不在 00000 处复位，这几件事情好像都发生了。那么，在这 1 个小时里这些设备究竟用了多少电？现实中遇到这样的情况就会给计算带来难度。

统计计算命题

看了前面的例子，也许你能感觉到，统计计算并不是你想象的那么回事。那么，Statos 是如何进行统计计算的呢？

Statos 是按统计计算命题方式工作的，统计计算命题也叫作统计计算项目，一个项目代表一个统计计算题目，统计什么，计算什么，这些都是由命题里面规定的统计计算方法决定的。

　　Statos 提供了很多种不同的统计计算方法，刚才的那个例子，就需要用一个叫作"读数转用量"的统计方法，这个统计方法把一组"读数值"转换成"用量值"。而且为了使计算结果尽可能符合实际，根据各个行业的自身情况，可能还要采取不同方案的差值等。

　　除了"读数转用量"，Statos 主要的统计计算方法有最大值、最小值、平均值、求和值、计数等。这些是相对简单的方法。还有一些比较复杂的算法，如求条件区间、求数值积分、条件时长等。简单地说，一个统计计算命题（项目）包含：把什么数据拿过来，用什么统计计算方法，按什么统计计算周期。

　　Statos 的统计计算周期是一个很重要的概念，因为统计计算是按时钟整点开始执行的，如果我们选择 3 600 秒（1 个小时）为 1 个统计计算周期，那么有两个含义：一是统计计算的时间，每小时执行一次；二是统计计算的数据是前面时钟整点的 1 个小时之内的全部数据。

　　比如，如果计算发生在 11:03:27，那么这次计算的数据范围是 10:00:00～10:59:59 这个时间段里产生的数据；如果计算发生在 04:01:52，那么，这次统计的是 03:00:00～03:59:59 产生的数据。

　　Statos 把数据统计计算完成后，会把结果保存在 Statos 数据库中。这样，这个结果就可以被其他方式使用了。

管理统计计算命题

　　Statos（统计计算服务）是 MixIOT 体系的一个标准服务组件。Statos 的命题或项目是在 MixIOT Admin 里面进行管理的，如图 22-3 所示。

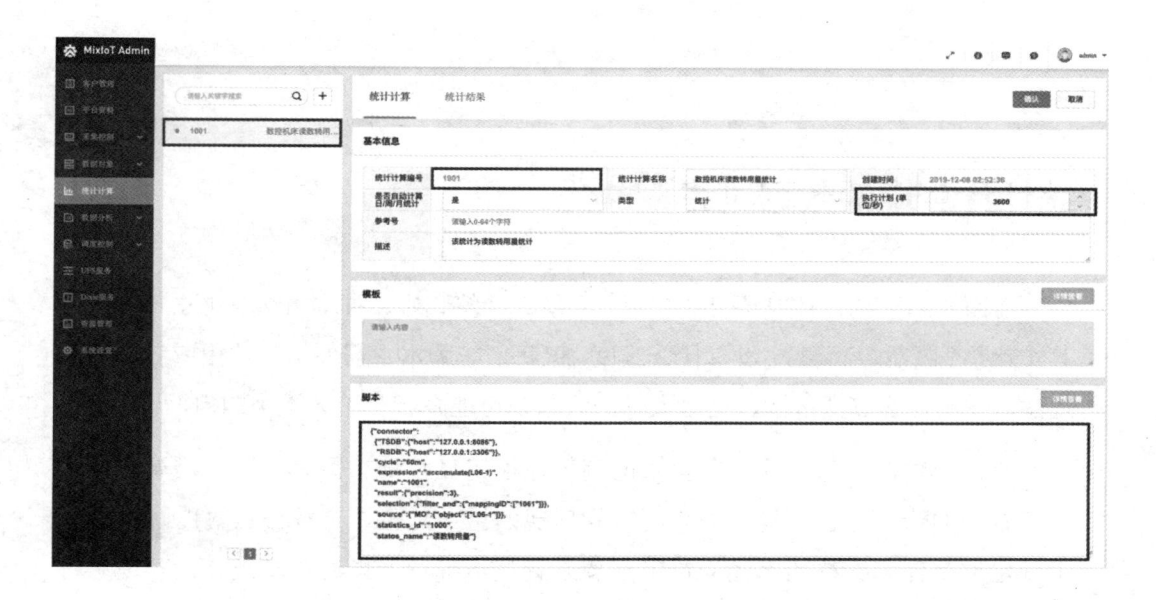

图 22-3　统计计算服务的创建

如果我们需要进行一个统计计算，就需要创建一个统计计算项目，每一个项目都有一个唯一的标识（编号），叫作 Statos-ID。

在创建统计项目的时候，除了需要指定计算周期等，还需要写一个 StatosScript（统计计算脚本），这个脚本是统计计算的核心部分。我们需要统计的数据范围、数据来源、使用的统计方法、统计周期、统计时是否启用数据过滤、按什么算法进行数据过滤，以及这个统计计算适用于哪些对象等，这些信息全部都是在统计计算脚本中指定的。

这里不对具体怎么使用 Statos 进行展开，你在具体使用的时候，需要参考统计计算服务的使用手册和接口文档，里面有很详细的介绍。

统计计算中的数据过滤

前面介绍了统计计算项目（命题）和统计计算脚本。脚本虽然看上去很难，但其实就是"照葫芦画瓢"，没有什么难度。但我们在脚本中需要指定使用或者不使用过滤，使用什么算法过滤，这对大部分人来说可能是一个不大不小的问题。

我们回顾前面那个计算用电量的例子，很明显数据有错误。这个错误可能是电表本身的错误，也可能是采集的时候出现的错误，也许是数据传输的时候弄错了，也许是保存数据的时候弄错了，总之就是错了。如果这个时候我们不使用过滤，让这个错误的数据存在下去，那统计计算的结果就很可能是错的，而且有可能错得离谱。

统计计算服务中有一个内置的数据过滤服务系统（参见图 22-4），提供了几种不同的数据过滤方法。这些过滤方法，就是把那些"感觉上"异常的数据拣出来，不参与统计计算。

为什么会有不同的过滤算法呢？这是因为需要根据不同的数据特征来决定用什么方法进行过滤。

前面的那个例子里，我们用肉眼就能看出来，标记的三个电表读数中（参见图 22-5），一个数据有问题，另外两个没有问题。这就是因为电表读数有特征。这个特征是什么呢？

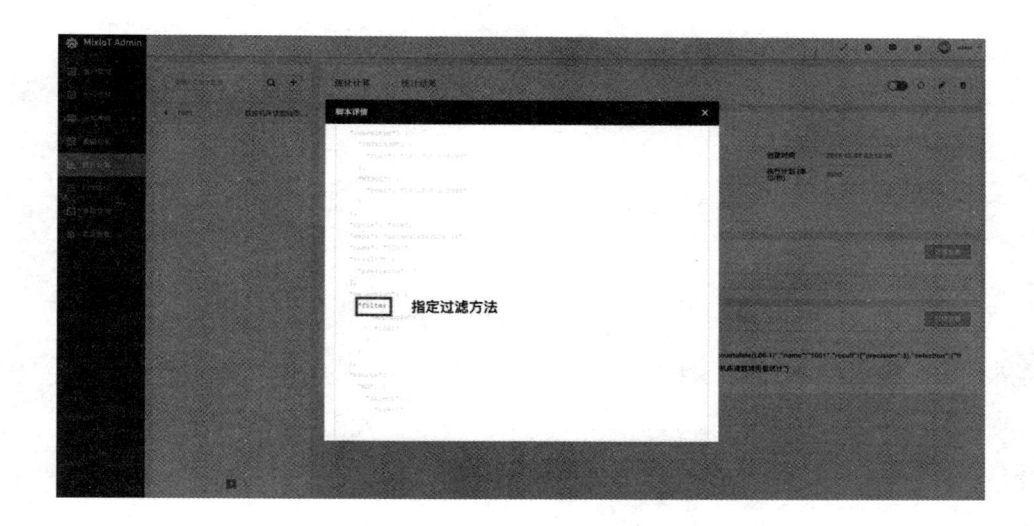

图 22-4　统计计算服务内置的数据过滤服务系统

时间	电表读数	时间	电表读数	时间	电表读数
09:01	33456	09:21	34239	09:41	98021
09:02	33549	09:22	-	09:42	98092
09:03	33573	09:23	-	09:43	98134
09:04	33595	09:24	-	09:44	98193
09:05	79809	09:25	-	09:45	98290
09:06	3639	09:26	97276	09:46	98337
09:07	33682	09:27	97308	09:47	98401
09:08	有问题	09:28	97328	09:48	98502
09:09	33759	09:29	97331	09:49	98611
09:10	33782	09:30	97398	09:50	98731
09:11	33822	09:31	9744? 没问题	09:51	00102
09:12	33864	09:32	97502	09:52	00183
09:13	33898	09:33	97576	09:53	00272
09:14	33940	09:34	97626	09:54	00299
09:15	34003	09:35	97712	09:55	00339
09:16	99983	09:36	97746	09:56	00401
09:17	34047	09:37	97801	09:57	00487
09:18	34094	09:38	97833	09:58	00552
09:19	34159	09:39	97903	09:59	00603
09:20	34202	09:40	97994	10:00	00687

图 22-5　三个电表读数

（1）数据应该是一个比一个大；

（2）如果数据有跳跃，不会只有一个。

具体使用什么方法进行过滤，会在使用手册里面详细说明。

统计计算结果的应用

在 MixIOT 中，我们可以根据需要创建我们需要的多个统计项目，每个统计项目都会定期计算出结果，这个结果会保存在 Statos 数据库中。

统计计算结果除了可以用来显示和做统计报表等，也可以在映射表中作为一个映射项，把这个统计结果当作这个对象的一个变量。

比如前面这个例子，我们通过这个映射项，可以把每小时耗电量作为这个对象的一个变量参数。写起来也很简单：

[X_{801}，"Last Hour Electricity Consumption"，"上一小时耗电量"，&Statos("1001")]

这样，这个对象就多了一个 X_{801} 的变量，这个变量的值就是所统计出来的耗电量。

统计和计算

前面我们一直说"统计计算"，实际上，Statos 既可以统计，也可以计算，在"类型"里面选择就行了。我们用一个经常遇到的例子来进行说明。

在空压机项目里面，我们经常需要去计算空压机的"气电比"。气电比的定义是：单位时间里空压机的产气量跟耗电量的比。

数据如下。

产气量，我们能采集到的数据是瞬间的气体流量；

耗电量，我们能拿到的数据就是刚才说过的电表读数。

要计算每小时的气电比，需要分三步进行。

（1）创建项目，标识为1001，类型为"统计"，统计周期为3 600（s），统计方法为"读数转用量"，统计结果就是每小时的耗电量；

（2）创建项目，标识为1002，类型为"统计"，统计周期为3 600（s），统计方法为"数值积分"，统计结果就是每小时的产气量；

（3）创建项目，标识为1003，类型为"计算"，计算周期为3 600（s），计算方法为"除法"，这个计算出来的结果就是气电比。

也可以只创建3个项目，把计算通过映射表完成：

[X_{801}，"Last Hour Electricity Consumption"，"上一小时耗电量"，STA，&Statos("1001")]

[X_{802}，"Last Hour Compressed Air Production"，"上一小时产气量"，STA，&Statos("1002")]

[X_{803}，"Last Hour Efficiency Rate"，"上一小时气电比"，STA，@Func(div, X801, X802)]

这个映射表的含义，相信你应该知道。

如图22-6所示是MixIOT体系支持的统计方法。

这些统计方法的具体使用，可以参考关于统计的使用说明。

统计方法标识	统计方法名称	基本统计量	说明
max	最大值	单值	
min	最小值	单值	
count	数量	单值	
average	算数均值	单值	
sum	总和	单值	
accumulate	读数转用量	单值	
integral	积分	单值	
hour	分段时长	单值	
interval	延续时长	单值	
variance	方差	单值	
covariance	协方差	矩阵	
euclid	平均欧几里得距离	单值	
pearson	皮尔逊相关系数	单值	

图 22-6 MixIOT 体系支持的统计方法

如果希望进一步了解统计计算，可以参考智物联的统计规范和计算规范，其中有很详细的介绍。

第 23 章 变换计算服务（Transformer）

什么是变换

"变换"在数学中是一个很重要的方法，而且跟我们每天的生活密切相关。例如，我们用美颜相机拍照，就是经过图形处理，图形处理用到的方法就是拉普拉斯变换；再如，我们开车的时候听到林志玲声音的导航，这并非林志玲本人所说，而是通过语音合成的，语音合成用的方法就是傅里叶变换；还有在网购的时候，会看到一堆使用特征向量和特征值的方法，算准了你缺什么、想买什么，直接把商品推荐给你，我们在第 9 章中，也简单介绍了所谓的推荐算法。

关于"变换"，可以这样理解："变换"就是一个黑盒子，把黑盒子的盖子打开，把一个魔方（变换前的东西）放进去，再把盖子盖上，过一会儿，打开盖子，从里面出来的是一个皮球（变换后的东西）。这个黑盒子称为变换的"算子"，魔方变成皮球的过程（见图 23-1），就叫作"变换计算"。

MixIOT 体系中提供的变换计算服务（Transformer）目前有三个（相当于三个不同的黑盒子）：

（1）针对矩阵的特征向量和特征值变换计算；

（2）针对离散数据的拉普拉斯变换计算；

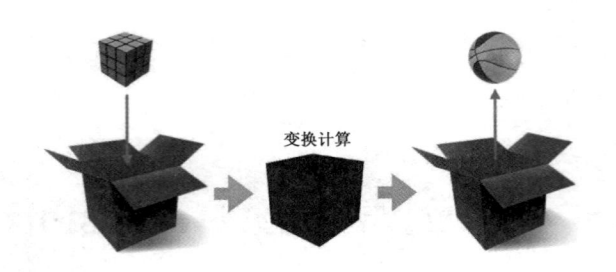

图 23-1　魔方变成皮球的过程

（3）针对离散数据的傅里叶变换计算。

未来根据新的需求，还会不断丰富变换服务的内容。

使用变换计算服务（具体参考使用手册），其实还是我们熟悉的 MixIOT 体系那些老套路：

（1）创建变换计算项目；

（2）选择变换类型；

（3）选择源数据；

（4）选择变换计算的时间周期；

（5）选择适用对象。

变换计算的结果就会直接保存在 MixIOT 体系的 Transformer 数据库里。然后，我们就坐等计算结果，再把结果应用起来。

傅里叶变换

未必所有的工业物联网项目都要用到变换计算。因为真正要用起来，用得好，也不是一件容易的事情，但我们都应该知道，在 MixIOT 体系里面有这么一个可以让"魔方进去、皮球出来"的服务组件。

我们先说一个与振动相关的例子，让大家有一些感觉。

无论是静态设备还是动态设备，工业设备运行起来都免不了要发生振动。我们很难一概而论地说振动都是坏事儿，但不可预期的振动或者超出限度的振动，就可能带来难以预料的后果。这个后果很单纯，也很严重，就是崩溃加散架。

而对振动的研究又是非常复杂的事情，专业的振动研究需要找专业的科研机构，我们说的只是如何用变换计算服务把采集到的数据还原成一个振动的结果。

先看图 23-2：这是一个电动机，电动机上驮着一个数据采集终端 Sensor Tag（ST-A）。这个终端里面有一个三轴重力加速度传感器（GSensor），采集的是电动机运行时 X、Y、Z 三个轴向的加速度。除了重力加速度，还采集电动机的温度和磁场强度。

如果我们换一个更高级的数据采集终端 ST-B（如图 23-3 所示），这一款比上面的那一款多了一个宽频噪声拾音器，还可以采集电动机的噪声，ST-B 把采集到的数据通过 WiFi 模块发送到 MixIOT 体系平台上。

图 23-2　ST-A

图 23-3　ST-B

179

所以,ST-B 采集的主要是三种数据:

(1) X-Y-Z 三个轴向的加速度;

(2) 温度;

(3) 磁场强度。

我们对振动不陌生,但这里需要简单脑补一下:采集加速度的目的就是为了研究电动机的振动情况。你可能要问,为什么不直接采集振动呢?因为振动并不是一个"直接"的东西,而是一个"间接"的东西,所以它是没法直接采集的。

我们再往深里说一下。中学物理就告诉我们,振动有频率、振幅、波长等,可是很少有人知道,这些都是"理论振动模型",而我们日常遇到的振动,比如这个电动机的振动,是各种不同振动频率的叠加。

也就是说,我们考察电动机的振动,需要把这些叠加起来的振动拆分成多个不同频率的振动形式,分别计算出在这些振动频率上的波长、振幅等。

所以,我们采集到的是三个轴向的加速度,要把加速度进行积分,变成三个轴向的速度;对三个轴向的速度再进行积分,变成三个轴向的位移;再用傅里叶变换,把三个轴向的位移变成三个轴向上不同频率的振动,如图 23-4 所示。

所以,我们连续不断地采集加速度,通过一系列的计算和变换,把结果放到数据库中,再通过应用把结果展现出来。

在前面我们介绍过矩阵特征向量和特征值是怎么回事,下面对拉普拉斯变换和傅里叶变换的定义简单做一个介绍。

(1) **拉普拉斯变换**的定义

对于 $t \geq 0$,函数值不为零的连续时间函数 $x(t)$ 关系式为

$$X(s) = \int_0^\infty x(t) e^{-st} dt$$

该式是时间函数 $x(t)$ 的"复频域"表示方式。

式中，$-st$ 为自然对数底 e 的指数。

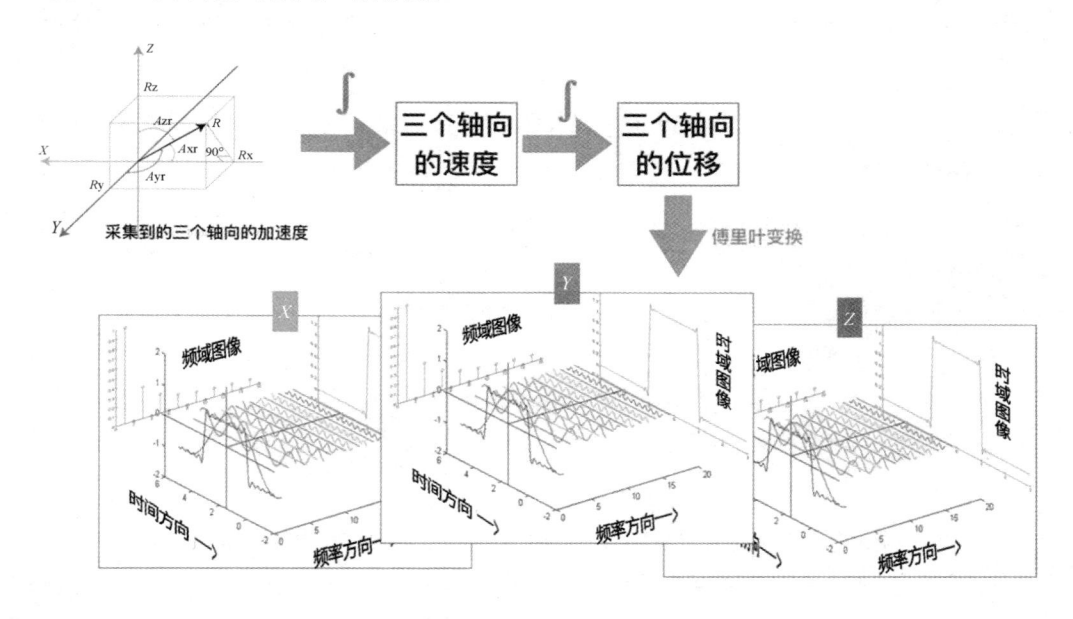

图 23-4　采集到的加速度变换为振动的过程

（2）傅里叶变换的定义

如果 $f(t)$ 是时间 t 的周期函数，且 t 满足狄利赫利条件：在一个以 $2T$ 为周期内 $f(t)$ 连续或只有有限个第一类间断点，且 $f(t)$ 单调，或可划分成有限个单调区间，则 $F(\omega)$ 是以 $2T$ 为周期的傅里叶级数。

$$F(\omega) = \mathcal{F}[f(t)] = \int_{-\infty}^{\infty} f(t) e^{-iwt} dt$$

其中，$F(\omega)$ 叫作 $f(t)$ 的像函数；$f(t)$ 叫作 $F(\omega)$ 的像原函数。

这个用傅里叶变换来做振动还原的例子，也许比你想象得复杂许多，但实际情况确实就是如此。要把数据用好，很难！

MixIOT 体系做的事很多，前面讲的也只是冰山一角，面对如此复杂的工业数据，还有非常多的事情要做。等你看完了本书，也许就会对 MixIOT 体系有更深的理解。它绝不是简单地采集数据、显示动画组态、凑一个酷炫的大屏、弄一个欢蹦乱跳的 App。MixIOT 没法与其他物联网平台比较，因为它们完全不是同一类东西。不过有一点是肯定的，选择 MixIOT 是正确的，因为它提供了对数据进行深层次应用的可能。

第五部分
分析与算法篇

智物联在数据的高级分析方面进行了探索，形成了一批数据分析的服务组件、计算模型和方法工具，它们是MixIOT体系的重要组成部分，也是MixIOT体系向着"解决问题"这一方向迈出的坚实一步。

本部分将介绍与数据分析有关的内容。当然，将数学应用到工业中，并真正发挥作用并不容易，也不是一蹴而就的，MixIOT体系对数据的高级分析也仍在不断地发展和完善中。

在即将出版的《工业互联网数据分析与算法基础》一书中，对智物联的数据分析将做更详细的讲解。

第 24 章 基础分析

什么是 Indass

Indass（Industrial Data Analysis Service System，工业数据分析服务系统），是 MixIOT 体系提供的基础数据分析服务组件，是所有与数据分析有关的服务组件/应用的基础。也就是说，其他的数据分析服务组件，都可以直接引用 Indass 里面的分析计算结果。

到目前为止，Indass 是 MixIOT 体系中唯一的一个有自己的配置管理（Admin）、命题管理、计算结果，同时还有 UI 来呈现这些结果的服务组件。所以，Indass 既是一个服务组件，也是一个可以独立使用的应用工具。

下面解释什么是 Indass 所说的基础数据分析。

所谓基础数据分析，是指在不考虑物联网对象机理的前提条件下，对物联网对象客观运行数据进行的六种类型的计算和分析，分别是运行映像、运行指数、运行稳定性、运行相关性、运行趋势和运行风险。

这里说的不考虑物联网对象机理，就是我们在 Indass 中忽略了物联网对象的具体属性，不管它是一台压缩机、一台锅炉、一个发电机组、一台数控机床，还是一个水泵，它们的计算分析方法都是一样的。从这个意义上来说，Indass 也叫作"非机理数据分析"。

这些词我们现在听起来可能还有点陌生，不过没关系，看完下面的讲解，你就能理解，这六种类型的计算和分析其实都与我们日常生活密切相关。

什么是运行映像

某日，老王在路上遇到老熟人老张，老张对老王说："老王啊，你看上去满面红光，神采奕奕，神清气爽，最近混得春风得意吧！"老王对老张说："托您的福，最近还可以，身心健康！"

又过了大半年，老王又遇到了老张，老张说："老王啊，你脸色不太好，看上去很憔悴啊，是不是身体出啥问题了？"老王说："是啊，最近做了检查，胆固醇高、血压高、血糖高，这不能喝那不能吃的，这日子没法过了。"

请问，老张并没有跟老王生活在一起，也没有看到老王检查报告的结果，那他凭什么跟老王这样说呢？其实，老张看到的就是老王脸上显示出来的"映像"。这个"映像"，并不是体检报告的检查数据，也不是医院的三高诊断报告，而是脸色、气色。

一台工业设备（物联网对象）其实也是一样的，动辄上百个 FV 变量，这些 FV 的数据时时刻刻都在变化。这么多参数，我们应该看哪一个？又能看出来什么名堂？答案是看不出什么的。因为工业设备的机理非常复杂，FV 之间的相互关系也非常复杂，即便能看到每一个参数，也很难弄明白这个设备整体到底是什么状况。

图 24-1 所示数据不多，都是这个装置的主要参数，数据一秒变一次。即便你时时刻刻盯着看，也很难看出什么门道。

工业互联网核心引擎原理与实现

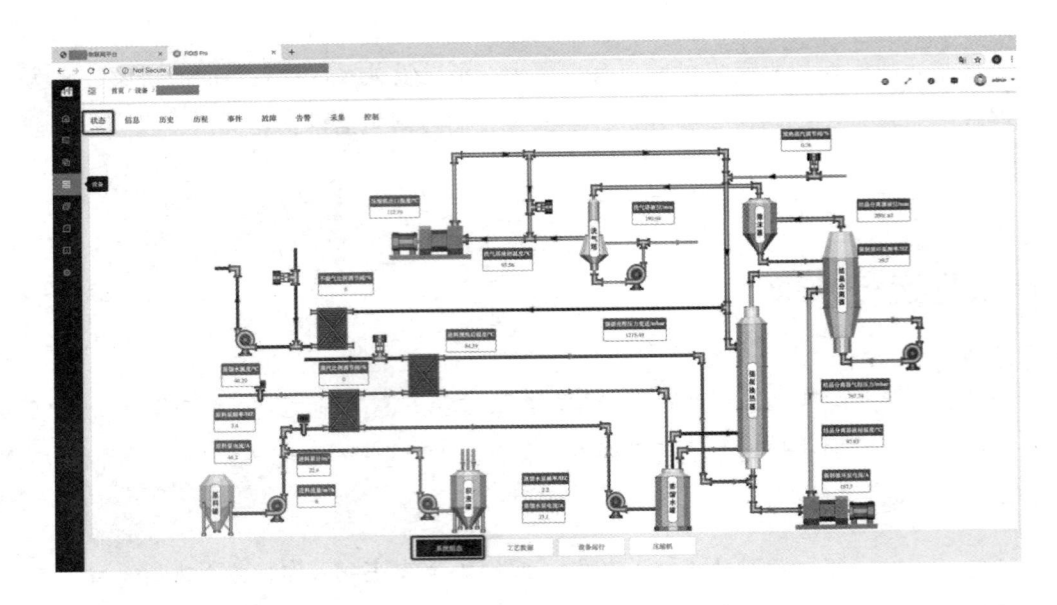

图 24-1　某工业设备运行状态实时监控图

Indass 的映像（也叫映像图），就是把这些参数都综合起来，变成一个直观的画面，让这个画面能呈现出"满脸红光""气色不错"或者"脸色不好"的特征，让我们一看就知道大概是怎么回事。除此之外，我们不仅要看到静态的，还要看到这个画面发生的动态变化。

我们先看图 24-2 的四张图，假设现在并不知道这四张图代表什么意思。如果我问你，哪张图最好看？让你从好看到难看排个顺序，我相信，我们的答案应该是一样的：1—3—4—2。

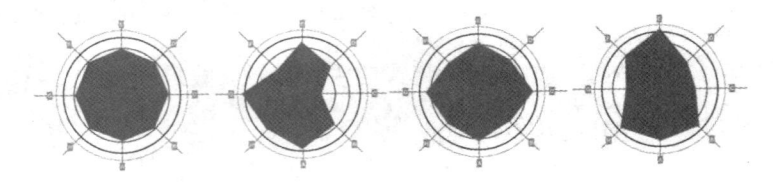

图 24-2　四张不同的雷达图

所以，映像图就是把对象运行的数据进行一个综合的计算，并把这个计算结果形成若干个方向的指标，构成一个雷达图（也叫蜘蛛图）。这个图越趋于对称，就表示这个状态越好，反之就越不好。当然，这个"好""不好""不那么好"，都是一个相对而言的"印象"而已。

如果一个对象的状态变化是下面这样的，说明状态在变坏，如图24-3所示。

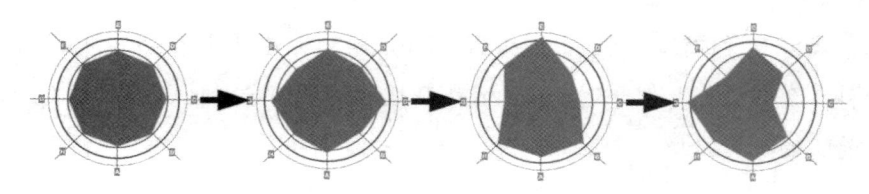

图24-3 运行映像

指数水平及其变化和变化的速度

运行映像图是一个可视化的宏观印象，是对对象的一种宏观表述方法。但我们必须承认，这是一种粗线条的表述方法，因为好看不好看这样表述具有主观性。

对运行状态的描述，还有一种更加精确的方法——"运行指数"，以及围绕运行指数展开的一系列分析结果。

"指数"这个词我们都不陌生，不管你炒不炒股，你都应该知道有上证指数、恒生指数、道琼斯工业指数、纳斯达克指数等。指数就是一个数，比如上证指数3348，就是根据权重股的股价、各版块的成交量等因素算出来的一个数，是从股市开盘到收市期间不断变化的一个数。

如果单把指数的数字拿出来，比如今天的上证指数是 3456，你会有什么感觉呢？你能说股市是好，还是不好？你能说经济是好，还是坏？其实都不能，这只是算出来的一个数字而已，每个人的解读可能都不一样。

如果我告诉你说，今天的上证指数 3456，是由 2345 涨上来的，你又会有什么感觉呢？你一定会觉得，股市应该变活跃了，股市在回暖。

如果我再告诉你，今天的上证指数 3456，是由上礼拜的 2345 涨上来的，你现在又会有什么感觉呢？你一定觉得，股市在迅速回暖，是不是该买点儿了，或者赶紧把早前买的解套。

前面实际上解释了，什么是指数水平，什么是指数水平的变化，什么是指数水平变化的速度。所以，只有我们完整准确地掌握了指数水平及其变化和变化速度，才是一件有意义的事情。

Indass 不仅提供了实时计算物联网对象运行指数（水平）、指数变化、指数变化速度的计算，还提供了指数变化加速度的计算结果。这些计算结果，跟我们看到的股市指数一样，能帮助我们了解物联网对象（设备）当前是什么状态。

图 24-4 所示是 Indass 中某设备的映像图，是指数、指数变化速度和指数加速度的一个呈现。

指数变化的速度在前面我们已经解释过，通常把其称为"指数梯度"，它反映的是指数变化的快慢。那么，指数变化的加速度又是什么含义呢？

加速度在物理上的定义，就是速度变化的快慢，是反映由于指数发生变化本身的快慢程度而导致的在某些因素上可能产生的一个累积效应，又叫"增量因素"。在后面的第 25 章，我们还会介绍"增量"的估计计算。

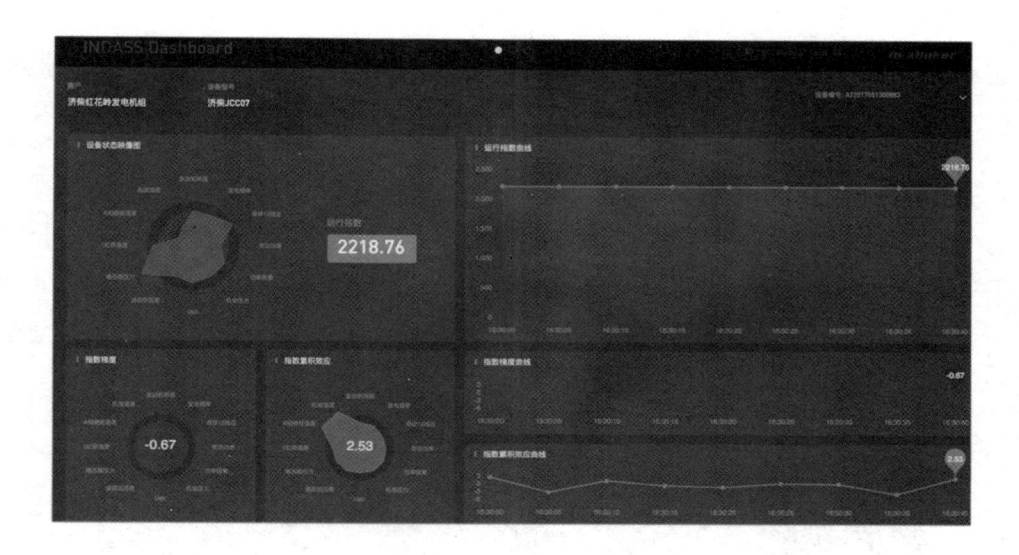

图 24-4　某设备的映像图

指数的变化速度（梯度）和变化加速度（累积效应）除用数值表达外，也用雷达图来呈现。梯度的雷达图是为了看清楚指数的变化主要发生在哪一个因素上，是温度还是压力，是电流还是电压。而累积效应的雷达图则反映了这个变化可能导致的累积效应会发生在什么因素上。

运行稳定性和相关性

我们先看 Indass 关于稳定性和相关性的呈现方式，如图 24-5 所示。

稳定性这个概念就不用多解释了，稳定就是变化小。对工业设备来说，稳定是一件好事儿，不稳定总会带来麻烦。

Indass 计算一个对象的稳定性，算出来的是 0～100 中的一个数字，这就像给稳定性打分一样，最高分为 100 分，稳定性很好；如果稳定性低于 60 分，可以认为是晃晃悠悠，有可能随时都会倒；如果低于 40 分，那基本上就是上下颠簸，离散架不远了。

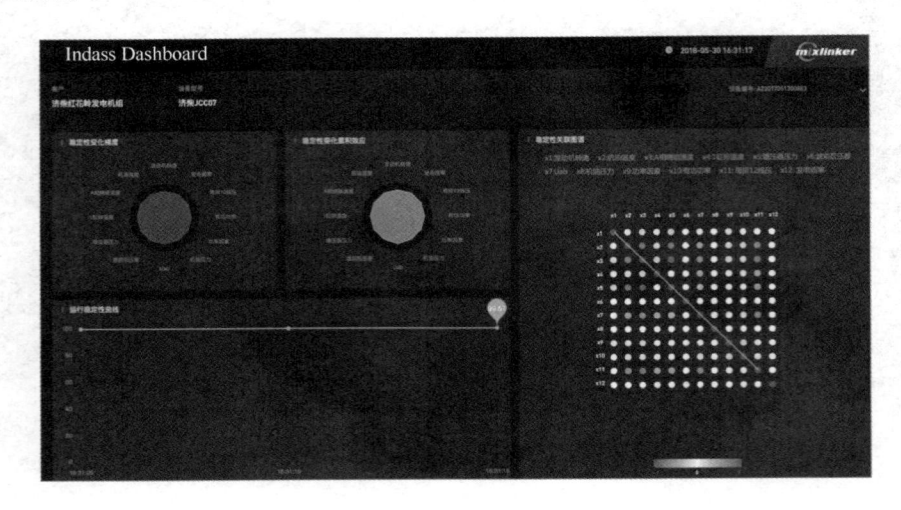

图 24-5　Indass 中稳定性与相关性的呈现方式

稳定性除了数值，同样也把它化解成不同的因素方向，这样就很容易从图 24-5 上看出来，导致不稳定的主要因素到底是温度，还是压力，到底是电压，还是电流。

图 24-5 右边的那个彩色点点的图，叫作对象的"相关性图谱"。相关性反映对象状态变化时各因素之间的相互关联关系。

相关性里有三个概念，分别是正相关性、负相关性和无关性。所谓正相关性，是指一个因素增加的时候，另一个因素一定也是增加的。负相关性是指一个因素增加的时候，另一个因素一定是减少的。而无关性是指，无论一个因素增加或者减少，对另一个因素都不构成影响。如果一个因素增加得多，另一个因素也增加得多，或者减少得多，那我们就说这个相关性强；否则，相关性就没那么强。

我们可以举出平时日常生活中的很多例子，比如买房子价格越高的时候，房子的租金就越贵；猪肉涨价的时候，青菜价格也跟着上涨，这就是正相关性。

产品的产量越大，成本就越低，这就是负相关性。而隔壁家老王家儿子考试的分数高低，跟今天羊肉卖多少钱一斤没啥关系，这就是无关性。

在 Indass 相关性图谱中，纵向横向代表各种因素，而颜色就是相关性和相关程度。暖色代表正相关性，暖色颜色越深，相关性越强；冷色则代表负相关性，冷色颜色越深，负相关性就越强。

那么，我们研究相关性和相关性的强弱，在工业物联网中有什么特别的意义呢？

有！不仅有，而且这个意义还非常重大！就说两点。

首先，相关性并不是我们想象得那么容易察觉，或者被正确地认知。有些我们觉得相关的，其实未必相关；而有些我们并不认为有什么关联的，可能相关程度却很高。

据说以前有一个经济学家研究发现，股市指数跟街上女生裙子的长短是负相关的：股市越好，女生裙摆就越短；股市越差，女生的裙摆就越长。他的理由听起来也很有道理：经济好的时候，男人都有钱了，女生也买得起好看的丝袜了，所以……而且，他还做了一些数据的统计来支持他的论点，但最后事实证明这是错的。

据说还有经济学家发现，沃尔玛的业绩预期和股价，与沃尔玛门口停车场的停车数量是正相关的。他的理由也有道理，停车场车辆多，说明顾客多，也就说明沃尔玛生意好，同时他也花了不少时间每天蹲在沃尔玛停车场数车辆，并跟沃尔玛业绩进行比对，也有数据支持，这个事实证明是对的。后来结果怎么样，那些基金经理就购买谷歌的卫星图片，专门看全世界沃尔玛的停车场，用这个方法来决定是否买沃尔玛的股票。

对一个工业对象来说也是一样的，FV 太多，它们之前是什么关联关系，其实我们并不清楚，只有了解了相关性，才能明白为什么有时候会牵一发而动全身。

其次，相关性并不是一成不变的。相关性在某一种情况下是这样的，到了另一种情况下可能就变了，原来正相关的可能变成弱相关，甚至无关了；而有些原来无关的因素，又变得相关了。

这种情况在工业对象中是一个非常普遍的现象，随着温度、压力的变化，到一定程度，很多 FV 之间的相关性都发生了改变，这种改变如果没有强大的计算，是很难准确知道的。

运行趋势

运行趋势大家都容易理解。Indass 可以对多个 FV 做单参数预测计算。计算的结果如图 24-6 所示。

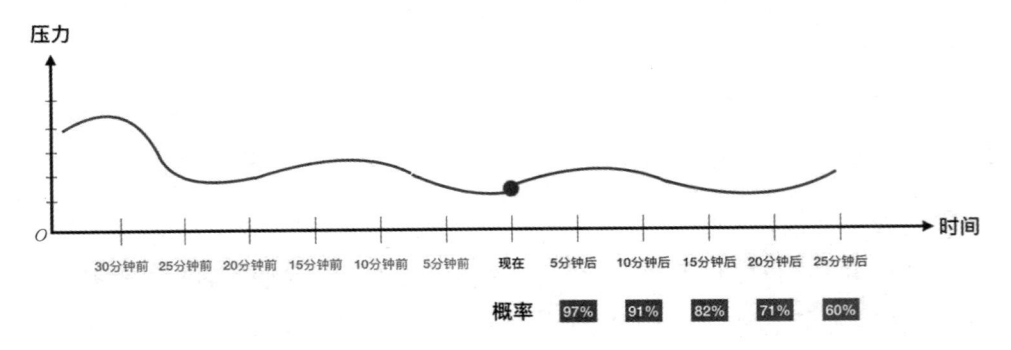

图 24-6　Indass 单参数预测计算的结果

这张图的意思是，压力现在是多少，5 分钟后是多少，10～25 分钟后是多少。除此以外，还有一个指标，就是 5 分钟后压力所对应值的概率会是多少。这有点像我们现在手机上看到的天气预报一样（如图 24-7 所示），说 7 点、8 点下雪的概率是多

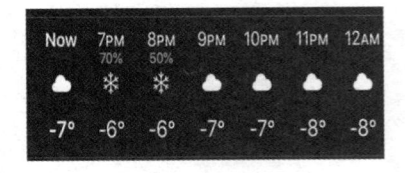

图 24-7　天气预报

少。趋势预测的概率，实际上就是预测的可信度，概率越高，未来这个值的可能性就越大。Indass 显示的压力运行趋势如图 24-8 所示。

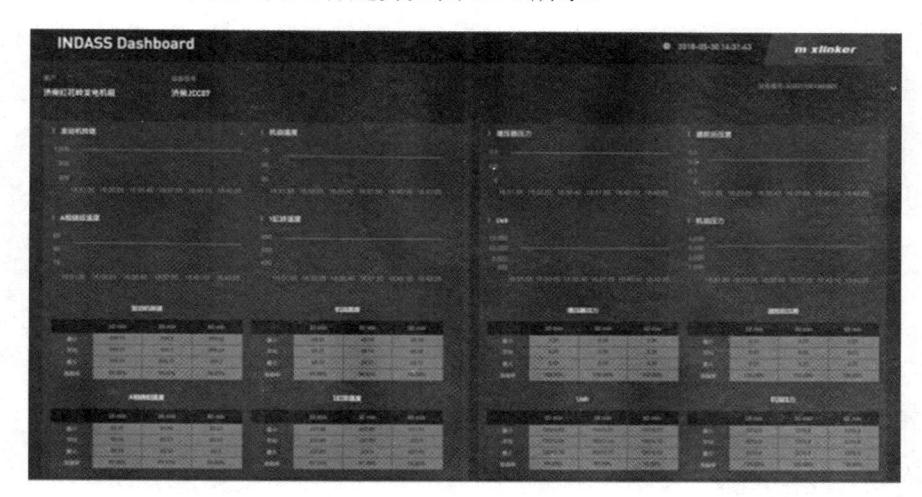

图 24-8　Indass 显示的压力运行趋势

运行风险

运行风险也是一种趋势预测，只不过是一种极端的趋势预测。

我们前面说了，Indass 是非机理数据分析，忽略了分析对象是锅炉、发动机、还是压缩机，因此这里说的"风险"自然也不是指什么爆炸、崩塌、断裂之类的具体事情。

那么，Indass 说的"风险"指的是什么？是指状态的"突变"。所以 Indass 的风险分析，准确地说，应该是"非机理状态突变趋势预测"。什么是突变呢？突变是指对象的某些属性在变化过程中，在某一个瞬间出现的非连续变化的特征。

"突变"这个名词听上去很学术,我们换个方式来解释。我们手里拿着一根竹签,把竹签两端接近,这个时候,我们看到竹签慢慢发生弯曲;继续接近,竹签的弯曲程度会越来越大;但是当弯曲到某个程度的时候,咔嚓一声,竹签就被折断了。这就是竹签这个对象,从连续弯曲到折断的突变。

再举个例子,我们在海边沙滩上堆起一个沙堆,不断往沙堆顶部加沙子,一开始,沙堆变大变高,但总有一个时刻,沙堆会突然坍塌,这也是突变。

突变现象是我们常见的,然而,对突变的研究又是非常复杂的。前面说的两个例子,是两个不同的突变模型:折叠模型和沙堆模型。当然还有很多其他模型。拿沙堆模型来说,据说每往沙堆上增加一粒沙子,整个沙堆里每一粒沙子的受力都会发生变化。

你可能在想,工业设备上的风险是很清楚的,比如锅炉,说压力不能超过多少,温度不能超过多少,那我们不超过就应该没风险。从风险分析的角度来看,这种说法是错的。

我们举个例子,比如你买了一个气球,这个气球说明书上写得明明白白,气球能吹的最大直径是 30cm。请问,你吹到 30cm,或者超过 30cm,气球一定会爆炸吗?再请问,你吹到 28cm,气球就一定不会爆炸吗?答案都是"不一定"。同理,压力容器上写着最大压力 $10^5 kg/cm^3$,并不代表超过这个压力就会爆炸,更不代表低于这个压力就一定不爆炸。这里面相互影响的因素太多,各种因素变化积累下来的原因,都会导致各种意外风险的发生。

Indass 风险分析是按另一种模型来计算的,叫作风险针模型。这个模型最符合非机理突变分析的情况,所以,应该有比较准确的风险预测结果。

下面简单解释一下,风险是怎么算出来的(参见图 24-9)。

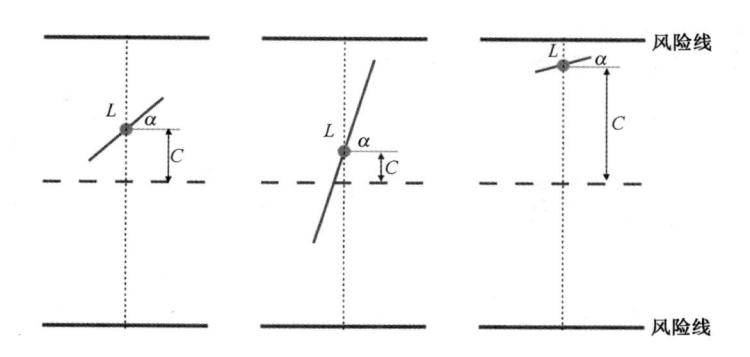

图 24-9　风险针模型

我们假设，上下两端的两条线是风险线，两条线之间的距离是确定的。两条风险线中间，有一根针在游走。这根针的长度 L 是会变的，这根针与风险线中线的距离 C 也会变，这根针与风险线之间的夹角 α 也会变。

这根游走的针的三个参数 L、C 和 α，是根据设备的运行数据计算出来的，时刻在变化。这根针离两端的风险线越远，风险就越小；一旦这根针碰到了风险线，就会出现风险，而且这根针超出风险线外面的部分越多，风险就越大。

具体参数 L、C、α 是怎么计算的，如果你有兴趣了解，可以参考智物联的相关技术资料，这里就不详细说了。

第 25 章
偏态与增量估计值（Evacs）

什么是估计值

Evacs 全称叫作估计值分析与计算服务（Evaluation Analysis and Calculation Service），用来对两种"估计值"进行分析和计算，包括"偏态估计值"和"增量估计值"。

偏态估计值和增量估计值都是估计值。那么什么是估计值呢？所谓估计值，就是对一个受多元因素影响和干扰的复杂对象基于某个特定模型的量化评估值。这个解释很拗口，举个我们熟悉的例子来解释，也许就容易明白了。

例如，学生们高中毕业参加了高考。自从有大学以来，招生的原则从未变过，就是"品学兼优"。但是，如何去评估一个学生的"品德跟学业"呢？什么又是"兼优"呢？这其实是一个非常复杂的问题。大学怎么招生，我们都很清楚，就是按高考成绩，把各门考试成绩加起来，按总分去录取。这个总分，就是这个孩子能不能上大学的估计值。之所以说这是一个"估计值"，是因为完全忽略了各种复杂的因素，只进行了一个基于"大学统一录取有据可循"这一前提算出来的一个"数字"。当然，考试成绩是这孩子自己考出来的。

那么，什么是"偏态估计值"呢？它指的是我们的物联网对象（设备）在一段时间里面的实际状态，基于"与标准状态偏差程度"这个模型算出来的一个估计值。

而"增量估计值"的意思，就是指物联网对象（设备）在一段时间里面，基于"在某个方面可能出现的累积效果"这个模型的一个估计值。

"偏态"相对好理解，这就好像我们在高速公路上开车，汽车偏离了自己本应走的车道，我们可以把偏态理解为汽车的实际所在位置与偏离车道的距离，如图 25-1 所示。

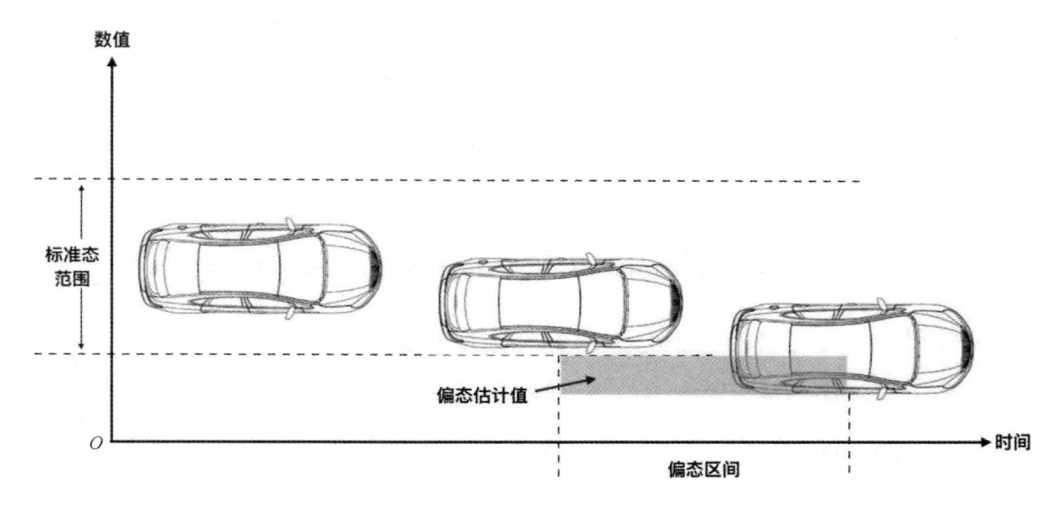

图 25-1　汽车实际所在位置与偏离车道的距离

"增量"的概念稍微复杂一些，我们还是用汽车这个例子来进行说明。汽车发动机可能会产生积碳，而产生积碳的原因是燃料（汽油）不完全燃烧，也就是进入发动机气缸燃烧室的燃料比实际能燃烧的燃料多。

汽车发动机在匀速运转且燃料恒定的时候，"积碳"的增量不大；但是当我们突然踩油门的时候，发动机转速陡增，而且这个陡增的速度滞后于燃油注入的速度，此时如果我们同步考察燃料注入量和发动机转速这两个参数，就会发现它们的"增量"比较显著，这个"增量"恰恰对应了汽车发动机"积碳"这个现象，如图 25-2 所示。

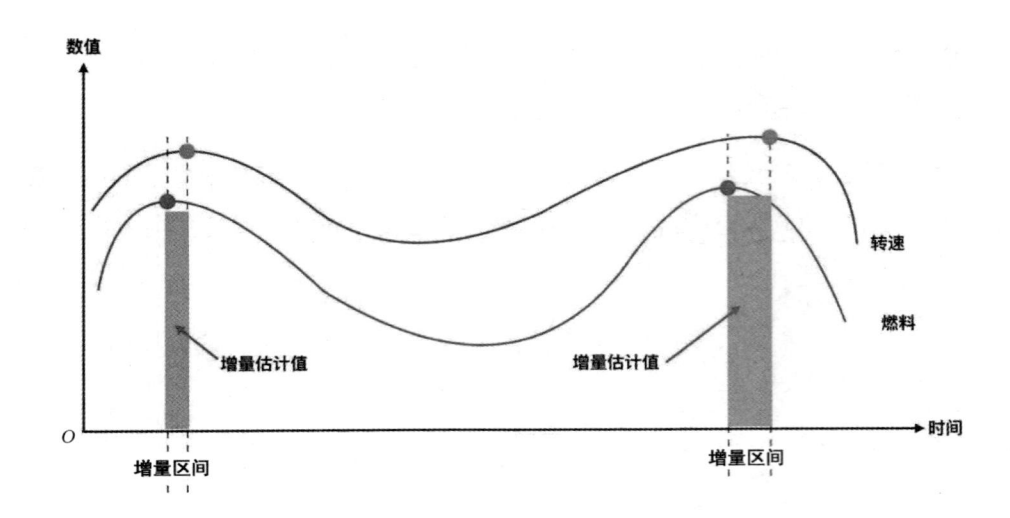

图 25-2 积碳增量与发动机转速和燃料注入量的关系

"偏态"和"增量"虽然是两个不同的概念，但是它们又是孪生的关系。增量在某种程度上可以认为是一段时间内"偏态"所导致的"累积"效果；反过来，如果增量很小，或者没有增量，那就说明对象偏态一定很小。

你也可以理解为是"量变"到"质变"，但是这个"量"和"质"是完全不同层面的东西，有时候很容易混淆。偏态是指实际状态与标准状态的偏移，指的是状态；而这个偏移累积的"增量"，并不是"增"的状态，而是体现在别的地方。

我们回到之前汽车在车道行驶的例子，如果一辆汽车连续半个小时在大马路上不停地左摇右晃，压线出格，偏离自己的车道，那么这个司机要么是酒驾，要么是疲劳驾驶。所以，我们把这半个小时里面车子偏离车道的位移都加起来，算是这半个小时的偏态估计值，这个"增量"可能增到了"危险驾驶程度"上，或者增到了"交通事故发生概率"上。这种例子很多，数不胜数，比如，从小品德的"偏"，会"增"到长大后犯罪的可能性；经常"出轨"这个"偏"，会"增"到婚姻破裂的可能性。

我们在使用估计值计算的时候，自己需要知道，这个"偏"是相对什么的"偏"，还要知道，这个"增"是增到了什么地方。Evacs 只管计算分析，当然不会知道具体的应用场景和含义，所以，如果使用者自己都不明白，那么即使计算出 Evacs，也没有参考价值。

估计区间、偏态区间、增量区间

　　估计区间是我们选择的一个分析计算的时间区间，这个区间可以是一分钟、一小时、一天，甚至是一个月。估计区间的长短选择，需要按实际情况来确定。一般来说，对于变化快而且变化大的情况，可以把估计区间选择得短一些，而对于变化速度和变化幅度不大的情况，可以把估计区间选择得长一些。估计值的计算，无论是偏态估计值，还是增量估计值，都是针对这个估计区间而言的，换句话说，估计区间就是一个时间周期。

　　例如，我们把估计区间确定为 1 个小时，也就是说，每 1 个小时进行一次计算，并且计算的时候，把这 1 个小时的所有数据都拿过来用。而在这 1 个小时里，并不是时时刻刻都有偏态的发生，也不是时时刻刻都有增量的发生。那么，我们就把这 1 个小时里发生偏态的这段时间，叫偏态区间，把发生增量的区间叫增量区间。

　　这就是估计区间、偏态区间、增量区间三者之间的关系。所以，我们也可以这样来描述汽车在 1 个小时内行驶的情况：在这 1 个小时（估计区间）内，汽车行驶的时候，左偏右晃加起来有 13 分钟（偏态区间），综合晃荡程度（偏态估计值）为 22.38；在这段时间里，踩油门或踩刹车的时间（增量区间）加起来有 7 分钟，导致不完全燃烧的综合程度（增量估计值）为 46.59。

　　通过这个描述，我们可以大致知道这个司机到底是怎么开车的。

估计值的标量意义

在前面开汽车的例子里，我们提到了两个数字，一个是偏态估计值为 22.28，一个是增量估计值为 46.59。我们忍不住要追问，这个 22.38 到底是一共偏了 10m，还是 20m 呢？这个 46.59 是产生了 5g 积碳，还是 8g 积碳呢？

其实这个是没有答案的，至少是不能马上有答案的。这就有点像一个孩子高考总分为 567 分，我们问他是学习好呢，还是学习不好呢？这没法直接给出答案。但如果我们拿两个司机来看，张三的偏态估计值和增量估计值是 22.38 和 46.59，而李四是 15.19 和 18.67，你又会怎么看呢？那不用我说，你肯定知道李四是一个守规矩、有经验的老司机。

如果我们把刚才的举例再深入一步：司机张三和李四在这 1 个小时里都开了 100km，司机李四的耗油是 7.4L，而张三的耗油是 11.5L，那么我们就大概知道，增量估计值跟每百千米耗油是有关系的，增量估计值越大，耗油肯定越厉害。如果我们再多找十几个司机，同样把他们的估计值跟油耗拿出来对比一下，我们就基本上可以确定增量估计值跟油耗之间大致准确的关系了。

不管是偏态估计值，还是增量估计值，它们都有一个"不可逆"的属性，了解这个属性的意义，也有助于我们更深入地理解估计值的含义。举个例子，还是大马路上飞奔的汽车，如果汽车往左边车道偏 1m，然后回到了自己车道，再往右边车道偏 1m，又回到了自己的车道，一左一右，偏态估计值不是 0，而是 2。当然，偏态估计值不是把数字加起来这么简单。同理，增量估计值也是一样的，只会增加，不会减少，只是增加多少的问题。

一般来说，估计值的计算结果具有一定的直观性，所以，可以通过把这个结果描绘成曲线，或者其他可视化的方法来直接看到。但是如果对这些计算结果进行更深入的研究和比对，就会得到更加有用的结果。

估计值模型

你可能觉得奇怪，在刚才的例子里，向左车道偏 1m，再往右车道偏 1m，为什么偏态估计值不是 0？我们可以简单说一下偏态估计值是怎么算出来的，偏态的模型如图 25-3 所示。

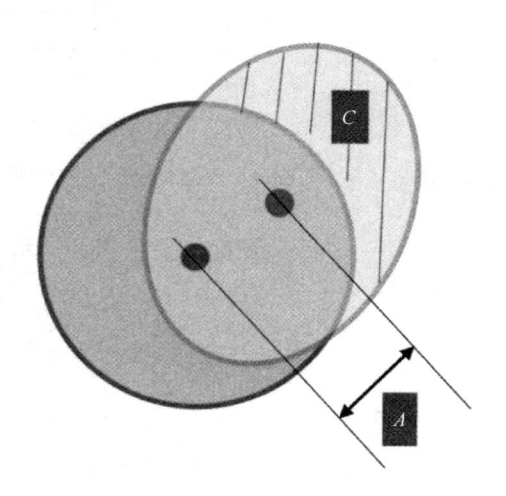

图 25-3　偏态的模型

图 25-3 中，深色圆形是对象标准态集合，浅色椭圆是对象实际状态集合。那么，这个对象偏态的估计值要考虑两个因素，一是这两个集合"中心"的偏离（图中 A 所示）；二是超出标准态集合的部分（图中 C 所示）。

我们看一个实际计算的例子（计算公式略）。

一台 32kW 变频压缩机一天里的运行偏态估计情况，如图 25-4 所示。从这个偏态估计情况看，我们可以一目了然地看到结果：80%负载的时候是相对接近标准态的；而 60%负载的时候，与标准态的偏差是最大的；满载的时候偏态居中。

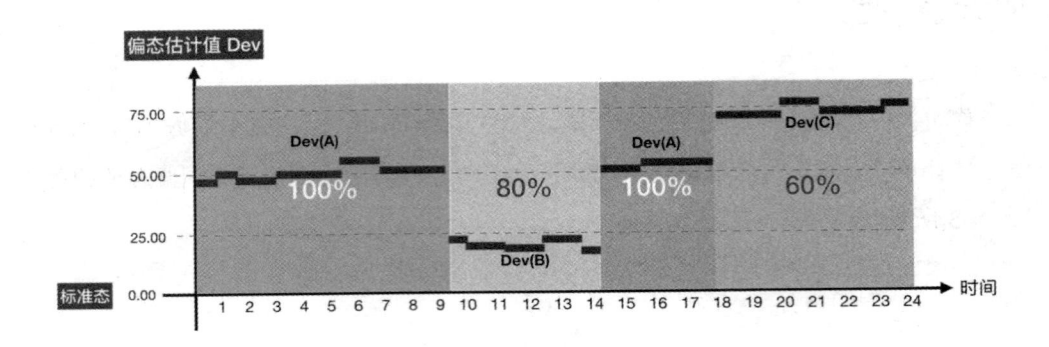

图 25-4　32kW 变频压缩机一天里的运行偏态估计情况

Evacs 只负责计算结果，偏态估计值算出来之后，可以在应用中把它呈现出来。这个应用可以根据你的需要来设计，这样你就可以在应用中加上你自己的机理。

例如，上面这个变频压缩机，计算出它在一天 24 小时的负载与偏态估计值。当你把这个图描绘出来的时候，你就知道，这台设备的实际运行情况与理想状态相差多少。

偏态模型相对是简单的，增量模型比较复杂。如果你有兴趣更深入地了解计算的方法和原理，可以参考智物联的相关技术文档，这里就不多论述了。

Evacs 脚本

打开 Evacs（见图 25-5），我们可以直接在上面创建我们需要的估算项目，选择算法（偏态估计计算，还是增量估计计算），选择估计区间（估算区间），选择估算对象等。

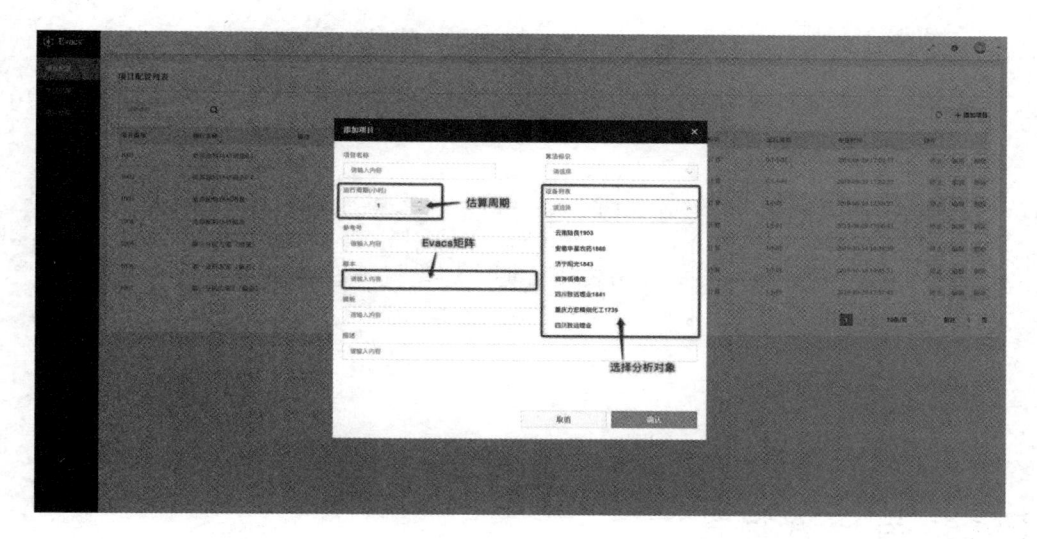

图 25-5　Evacs 的创建

其他的都很容易，只是还需要在脚本的位置写一个 Evacs 脚本。这是跟映射表（Mapping）和代码库（Codebase）差不多的一个脚本，写出来是这样的：

[X_{012},　　　180, 250, NOR,　　(215, 3.2),　　(X_{212}),　　(X_{019}),　　(X_{303})　　]
[X_{019},　　　44.5, 80.3, POI,　　(66.1, 5.2),　　(X_{212}),　　(X_{019}),　　( )　　]
[X_{131},　　　110, 150, NOR,　　(133, 1.2),　　(X_{212}),　　(X_{019}),　　( )　　]
[X_{212},　　　180, 250, NOR,　　(215, 3.2),　　(X_{131}),　　( ),　　( )　　]
[X_{303},　　　9,　12, NOR,　　(11, 0.2),　　( ),　　(X_{012}),　　( )　　]

这里各列的含义是：

- 第 1 列，对象的 FV（变量名）；
- 第 2、3 列，该变量的正常值范围（最小值和最大值），这两列都不是必需的；
- 第 4 列，是这个 FV 的已知数据分布，NOR 为正态分布，POI 为泊松分布等；
- 第 5 列，是对应这个分布的参数项，例如对正态分布来说，这个值就是(μ, σ^2)，这列也是非必需的；
- 第 6，7，8 列，分别是正相关、负相关、无关 FV 列表，这些也不是必需的。

具体怎么使用，还需要去参考使用说明，这里就不做详细介绍了。总之，这个一学就会，不是什么难事。

Evacs 与 EFA 标签

我们在之前介绍过代码库（Codebase）和 EFA 标签的概念，如果把这些标签插在估计值上面，会出现什么情况呢？

图 25-6 所示为加入 EFA 标签和偏态估计值的温度压力曲线。

事实上，EFA 标签出现的地方，就是出现故障、报警、事件的时候。这些信息的出现是复杂的，光从设备运行的状态参数是很难观察出来的。一旦我们把标签插在估计值上，配合对象参数变化一起来看，好像就离真相又近了一步。

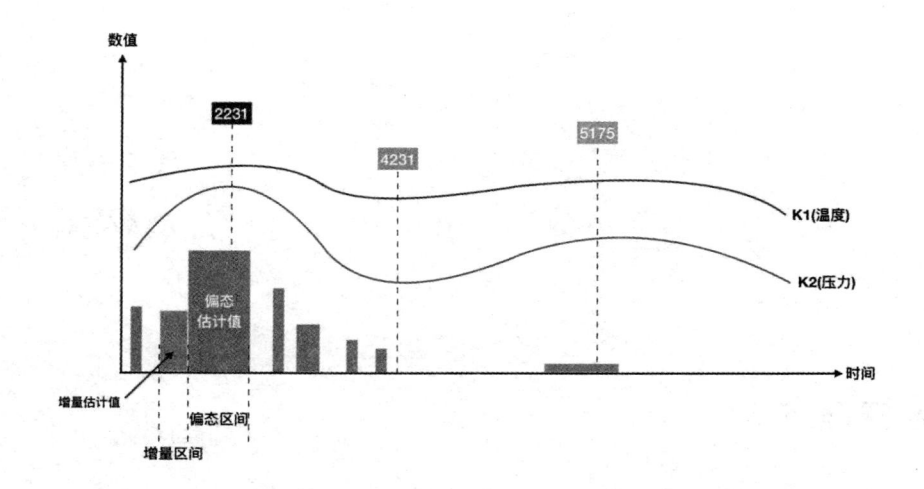

图 25-6　加入 EFA 标签和偏态估计值的温度压力曲线

Evacs 估计值分析计算是一个非常基础性的内容，如果我们能用好 Evacs，就有可能更加接近"预测性维护"这个目标了。

第 26 章 线索构造

线索构造方法

MixIOT 体系中有服务组件、应用程序、计算模型（算法模型）。例如，统计计算就是服务组件，Fidis Pro 就是应用程序，动态配载就是计算模型。

事实上，MixIOT 体系中除了上述三种形态，还有一种形态叫"方法"，它是可以"制造"服务组件、应用程序和计算模型的一种方法。"方法"的目的主要是供 MixIOT 体系的使用者参考的，未来可以根据这些方法，去构建自己的服务组件或者应用程序。

Aplec（Aprus Lead Construction）就是用"线索构造方法"建立的一种应用，用于判断适配器 Aprus 是否存在问题。

我们设想一个场景，某物联网项目中，300 台设备使用了 500 个适配器采集数据。工业现场的环境是非常复杂的，电磁干扰、无线信号不稳定等，各种情况都可能导致适配器的异常。适配器是采集数据的，适配器的异常会导致采集数据的异常，会给后续的一系列工作带来麻烦，所以，适配器正常运行非常重要。

那么，我们需要解决的问题就是：从这 500 个适配器中，把那些有问题的挑出来。然而，怎么去发现这 500 个适配器是不是有问题？时时刻刻去盯着它们看吗？那如果有 5 000 个、50 000 个，你看得过来吗？

线索构造，就是用来解决这类问题的一种有效方法。简单地说，就是通过选择各种"线索"，构造出一种能让有问题的对象浮出水面的方法。这就有点像侦察破案一样，从各种有关和无关的迹象、事实、现象中，抽丝剥茧，找出真相。

什么是线索？线索就是可以量化的特征。如果用数学方法来表述的话，线索可以这样定义：A_i（$i=1,2,\cdots,n$）是特征集合，且 $A_i \neq \phi$（空集），元素 $a_i \in A_i$ 在时间段 T 中对某一事件 X 的概率为 $P_T(a_i)=p_i$，且 $p_i \neq 0$，则 A_i 为对应事件 X 的线索集合，元素 a_i 就是事件 X 的线索。

这个定义大概的意思是，如果某个特征的集合不是空的，而且它对发生某个事件的概率不为零，可以认为这个集合中的元素就是线索。如果再用个例子来说得更直白一些：我们给两个数字 N 和 M，而且 $M \geq N \geq 1$，我们把"N 个月做 M 件好事"这个特征（这个特征的意思是可以量化的，平均每个月不低于做一件好事）都组织起来成为一个集合（A），如果这个集合里面的任意一个特征（如 2 个月做 3 件好事，3 个月做 8 件好事，……，8 个月做 11 件好事，……，这个就是 a）对"某人是一个好学生"这个事件（X）的概率 $P_T(a)=p \neq 0$，那"N 个月做 M 件好事"就是"某人是一个好学生"的线索。

适配器的线索

我们应该还记得，适配器的报文类型里面，有三种特殊的报文：I 报文、N 报文和 D 报文。我们逐个来回顾一下。

I 报文，也叫初始化报文，适配器重新启动，设备重新启动，都会触发这个报文。也就是说，平台收到一次 I 报文，就是适配器重启了一次。

N 报文，从初始化完成后开始，每 4 个小时就会发出一次的报文，告知一下平台"我是谁，我是什么版本，我现在正常"。也就是说，我们每收到一个 N 报文，就说明这个适配器之前 4 个小时的工作是正常的。

D 报文，诊断报文。平台要求诊断，或者自检诊断，把诊断结果报给平台。

再加上其他的 R 报文（数据报文），这些就是适配器的全部线索。Aplec 用这些线索构造出一个分析方法，看看能不能找出不正常的适配器。

把 Aplec 用在适配器上

我们先看一个项目里面真实的 Aplec 的例子，这是一个用线索方法分析适配器异常的方法。

我们看到共 533 个适配器在工作，有 32 个离线了，在线的有 501 个，Aplec 界面如图 26-1 所示。

首先，分析适配器正常、异常有什么作用呢？注意：我们看 Aplec 里的两个地方，一个是"运行状态"这一列，另一个是"故障概率"这一列。我们首先应该想到，这个异常的分析是基于概率来的。

其次，我们看到，前面两个有异常，而后面都是正常的。那么，适配器明明判断工作状态是正常的，为什么后面的异常概率却有百分之九十几这么高？适配器异常示例参见图 26-2。

其实，这正是我们需要的一个结果。

如果我们从适配器上报数据这个角度来看，适配器的异常可能是两种原因造成的。一是适配器自己出了问题，如电路的问题、程序的问题、芯片的问题、与设备对接连接线的问题、接口的问题等。

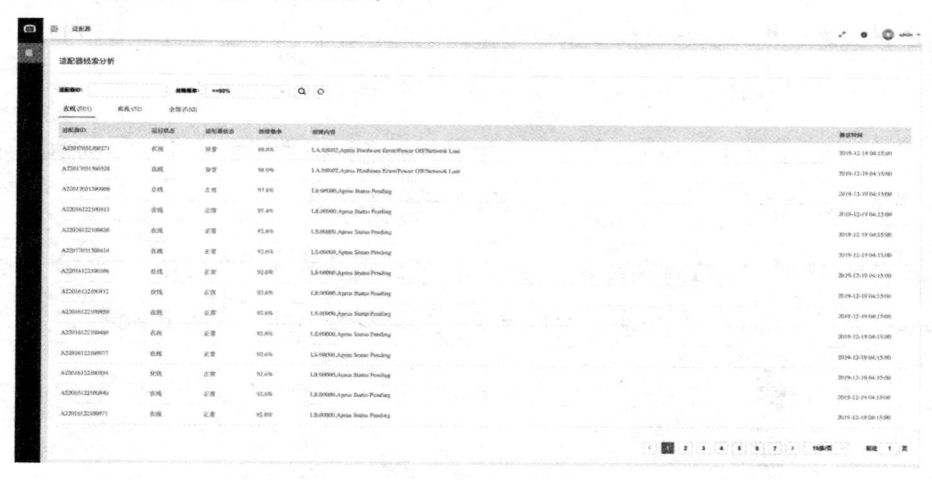

图 26-1　Aplec 界面

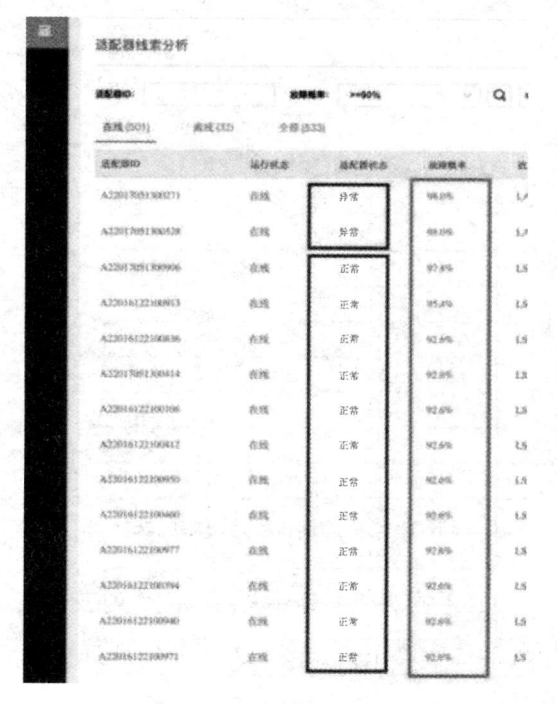

图 26-2　适配器异常示例

但还有一种异常，明明对接到设备上了，却发现采集不到数据，或者采集数据不完整，或者采集数据是错的。这也正是问题所在，我们需要检查看看，到底是线没接好，还是设备有什么问题，还是由于环境干扰而导致的问题。

所以，Aplec 实际上就是"以适配器报文数据特征为线索，构造出的对适配器异常概率的计算方法"。这个概率是一个综合概率。

如图 26-3 所示，故障内容这一列，是评估出来的故障，这也是一个估计。这里面的写法是什么意思，在这里就不细说了，可以参考 Aplec 的使用说明。

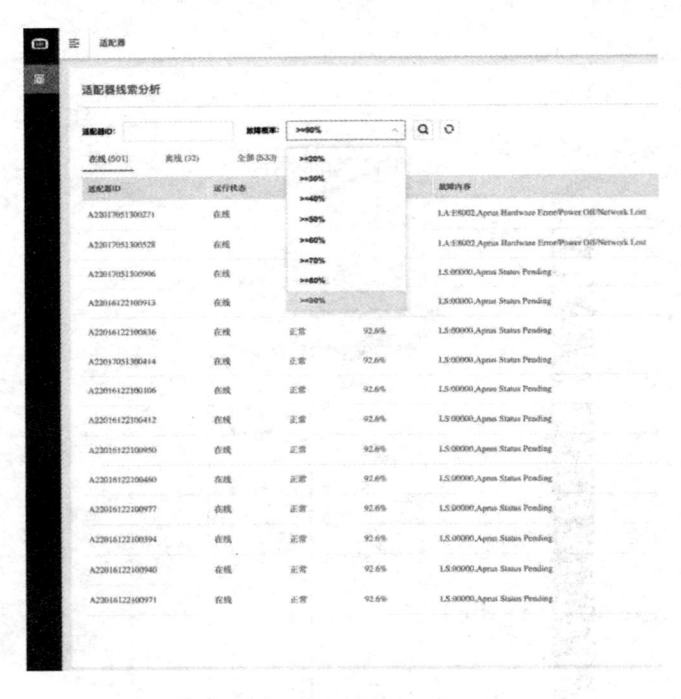

图 26-3　Aplec 故障概率的选择

在 Aplec 中，可以设计不同的概率等级来构造这个列表视图。现在选择的是大于 90% 的概率，列表出现的适配器不会很多；如果我们选择更低一些的概率等级，列表中出现的适配器就会多一些。

线索构造怎么用

上面是一个线索构造在"判断适配器是否有问题"这个具体案例上的实际运用。我们前面给出了线索的数学定义:"线索"是相对于"对象发生某个事件可能性(概率)"而言的,所以,线索实际上就是代表对象具备某种明确特征,比如出现了有明确含义的数据,某种数据大于多少,小于多少等;所谓"构造",就是要编制这些线索使得对象发生某个特定事件的概率计算方法。

总之,这些定义都特别拗口,你大概知道线索是怎么一回事就行了。

这里涉及三个概念:分析对象、线索、概率构造方法。所以,要把线索构造用于解决某个问题,就需要看看这个问题是否能界定出一个明确的对象、有没有能作为线索的数据、能不能构造计算概率的方法。

之所以它只是 MixIOT 体系中的一种方法,而不是服务组件,也不是计算模型,是因为到目前为止,它只能在方法层面加以使用,暂时无法进行深入的抽象,把它变成一个模型或者服务组件。

MixIOT 体系存在多样性,并不是所有的东西都可以变成一个通用的软件或一个现成的产品,只需要配置一下就什么都搞定了。但是,如果有具体的需要,就可以用线索构造来解决不同的问题。

在后面的文章中,会专门介绍 MixIOT 体系的 ODS(在线诊断)。Aplec 看上去是诊断一个对象有什么问题,那能不能把适配器判断这个事儿用在线诊断而不用线索构造呢?或者,在线诊断能不能用线索构造的方法呢?

这个问题比较难回答,因为这是方法区别的问题。对有"线索"的情况来说,用 Aplec 会比较直接和容易，而 ODS 可以处理更加复杂的情况，但是它们要达到的目的是一样的。这就好像用锯子和斧头都可以砍树，不太大的树，几板斧下去就砍倒了，用锯子反而麻烦；深山老林粗大的树，用锯子可能更好，但是用锯子是一个技术活。

我们首先需要了解有"线索构造"这个方法的存在，尽管这个方法还不是一段计算机代码，但是它同样是一个有效解决问题的工具，需要的话，智物联和合作伙伴、用户一起努力，把它用起来，解决实际的问题。

说到这儿，大家应该理解了，为什么我们说 MixIOT 是一个体系，是一个规范，还是一个方法论。这是因为 MixIOT 体系里面有解决问题的各种方法，只不过有些变成了程序，有些变成了软件产品，有些变成了计算模型，而"线索构造"还是一个"方法"，还需要在后续的工业物联网实践中去发掘需求，形成产品。

第 27 章
在线诊断

什么是在线诊断

ODS（Online Diagnosis Service，在线诊断服务）是 MixIOT 体系中的一个在线诊断服务组件。

"在线诊断"的定义比较复杂：

- 选择一个长度合适的时间段，作为诊断的计算分析周期；
- 有明确的诊断对象；
- 有该对象需要诊断的明确的"问题"；
- 有该对象所发生的一种或多种明确的表象特征；
- 在计算分析周期内可以跟踪记录该对象的表象特征；
- 有预知的或者可以预设的一个或多个表象特征与问题之间的概率关系；
- 有预知的或者可以预设的一个或多个表象特征之间的概率关系；
- 有预知的或者可以预设的一个或多个问题之间的概率关系；
- 以概率关系为条件，以计算周期内该对象的表象特征为依据，连续计算该对象会发生问题中的某一种（或某几种）概率。

这个定义实在是不太好懂，我们以人得病为例，逐个来解释。

（1）要选择一个合适的时间段作为计算周期。比如，是一天、一周，还是一个小时、一个月。

假设我们选择了一个月（30天），我们计算的数据是计算这个时间之前30天之内的数据（半年前的数据是不用的）。一般来说，这个周期越长，诊断的可靠性就越高，但是，所需要消耗的算力也就越大，出结果的时间就越长。具体要怎么选择，还是需要根据实际情况决定。对那些时效性很强的问题，选择太长时间周期的数据并没有太大意义；但是如果周期选择太短，很可能就诊断不出什么病症。

（2）要明确诊断的对象是谁，这个好理解，比如，一个人。

（3）我们需要有明确的可以诊断的"问题"，一个或者多个问题。这里说的问题，可以是一个人的病症。这不是采集出来的，而是需要判断出来的，比如"窦性心律不齐"，这就是一个问题。在ODS系统中，"问题"就是一个目录。这个我们后面会讲到。

（4）表象特征。这是我们能测量的、能采集的。比如体温、血压、血糖、胆固醇、心电图、脑电波、X光片，或者咳嗽、吐血、便秘等，就像临床症状。我们看到一个人的心电图上波澜起伏，这些都是客观的表象特征，医学上就叫临床特征。而医生根据这个心电图和其他的体温、血压等，做出这个患者是"窦性心律不齐"的判断，这是一个诊断结果。

（5）刚才说的这些表象特征，在计算周期之内，我们可以不断采集，也可以不断统计计算出来。

（6）预知的、预设的表象特征与问题之间的关系，就是临床症状跟诊断结果之间的关系，比如，"血糖高"是"窦性心律不齐"这个病症的概率为13%。这个13%是怎么得来的，可能是之前的统计结果、研究结果，也可能是经验。如果之前我们并没有这个值，就可以设定一个值，未来等数据多了再去修改。

（7）表象之间的关系，这就像临床症状之间的关系，比如血糖和血压，血糖高同时血压也高的概率是 21%。

（8）问题之间的关系，比如窦性心律不齐（问题 A）和冠心病（问题 B）是两个问题，有问题 A 的患者患问题 B 的概率是 67%。

（9）最终的诊断结果就是基于这些表象特征数据（临床症状）和相互关系而计算出来的。

我们在本书中，多次讲过一个道理，工业设备（尤其是复杂的工业设备和装置）的机理是非常复杂的，我们看到的绝大多数故障的成因非常复杂，很难用简单的因果关系来解释。ODS 实际上是提供了复杂的多元因素跟结果之间综合关系的一个计算服务，理性科学地揭示多元因素对一个结果的共同作用的可能性，在没有规律的地方发现规律。

表象特征和问题

在 ODS 里，这两个概念是比较难弄清楚的。

先说"问题"。"问题"就是我们已知的一些"疾病"的名称，仅仅是名称而已。要记住，这些名称是医学人士给的，而不是"病症"。这一点我们经常容易搞混。比如，小李今天请病假，你问他得了什么病，他可能会告诉你"发烧"。其实，发烧是可以用体温计测量出来的，假设我们定义，体温超过 38 摄氏度就是发烧，那么"发烧"并不是"疾病"，而是"临床症状"。小李去看医生，医生的诊断是"上呼吸道感染"，这才是"疾病"。如果小李去找另一个医院看病，另一个医生可能诊断不是"上呼吸道感染"，而是"急性肺炎"，这也是"疾病"。

那么，会不会有某个医生给小李的诊断结果是"旺火"这个疾病呢？不会！因为在医生的字典里，并没有"旺火"这个疾病名称。小李是"上呼吸道感染"也好，"急性肺炎"也罢，不管是什么，诊断的结果都应该在医生的疾病字典里有才行。换句话说，医生是不会诊断出不在这个字典里的疾病的。

临床症状与疾病的关系，可以用图 27-1～图 27-3 来表示。

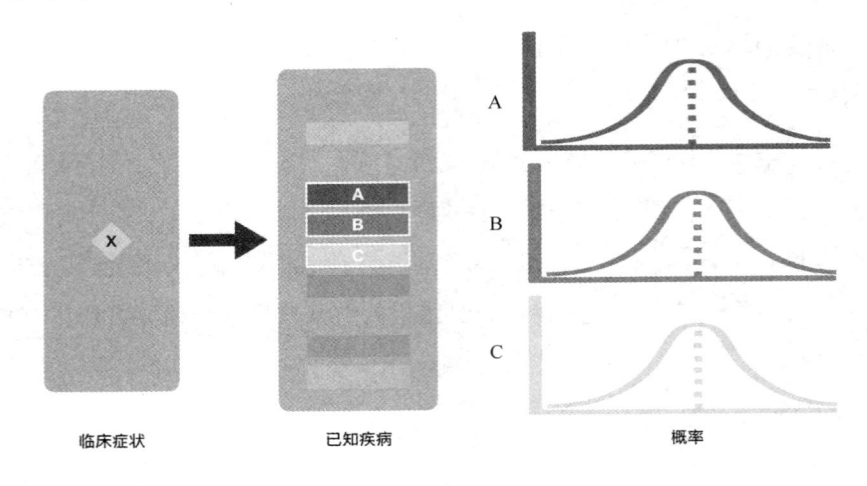

图 27-1　临床症状 X 与已知疾病的概率关系

图 27-1 的意思是，首先我们有一本"已知疾病"的字典，这就是我们的"问题表"；其次，我们还要有某个临床症状 X 与这些疾病之间概率关系的一个数值。我们也可以倒过来说：疾病 A、B、C 会出现临床症状 X 的概率分别是多少。

如果医生只凭一个临床症状就来诊断我们的病，那也未免太草率了。我们平时去医院看病，都会抱怨医生为什么要让我们做那么多检查，其实就是因为医生希望得到多个表象特征。

如果除了 X，我们还能拿到另一个表象特征 Y，Y 也与问题库中的某些问题有对应的概率关系，如图 27-2 所示。

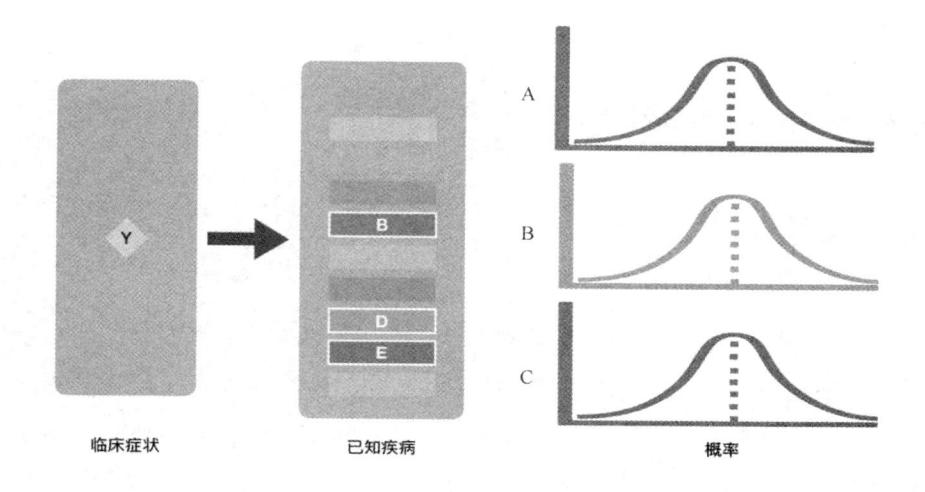

图 27-2　临床症状 Y 与已知疾病的概率关系

那么，这个对象的两个表象特征与问题表中问题项的概率关系，就变成如图 27-3 所示的样子。有两个表象特征的时候，对应问题 B 的概率就大了。

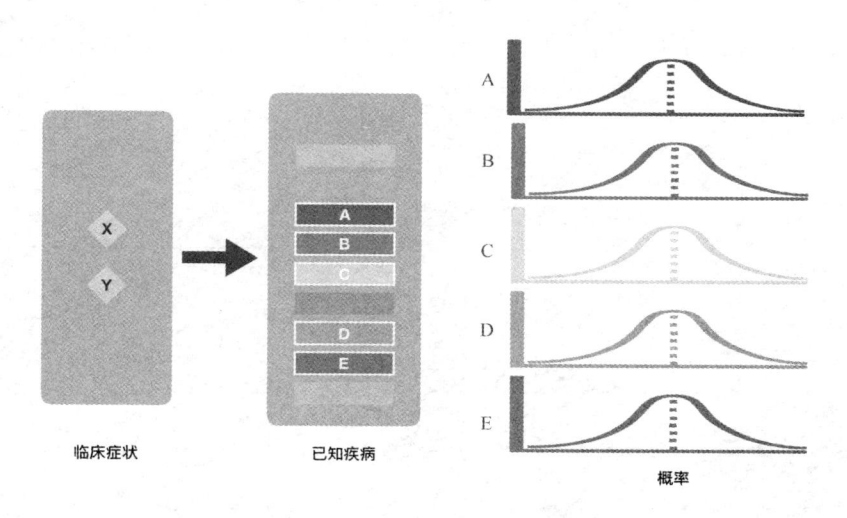

图 27-3　同时发生临床症状 X、Y 与已知疾病的概率关系

是不是表象特征越多，定位问题就越准确呢？我们在下面一节再讲。

表象特征和表象特征之间

问题和问题之间

上面一节我们说了表象特征和问题之间的关系，感觉表象特征（临床症状）信息越丰富、数据越多，问题（疾病）定位就应该越准确。这种说法不能说是错误的，却并不准确。因为这种说法没有考虑两个很重要的因素：一个是表象特征与表象特征之间的关系，一个是问题与问题之间的关系。

有时候，当一个表象特征（临床症状）出现的时候，十有八九会伴随着另一个表象特征的出现，这个在医学上叫"并发症"；而有时候诊断出来一种疾病，很有可能还同时患有另一种疾病。

这就是所谓的表象之间的关系、问题之间的关系。表象之间的概率关系参见图 27-4。

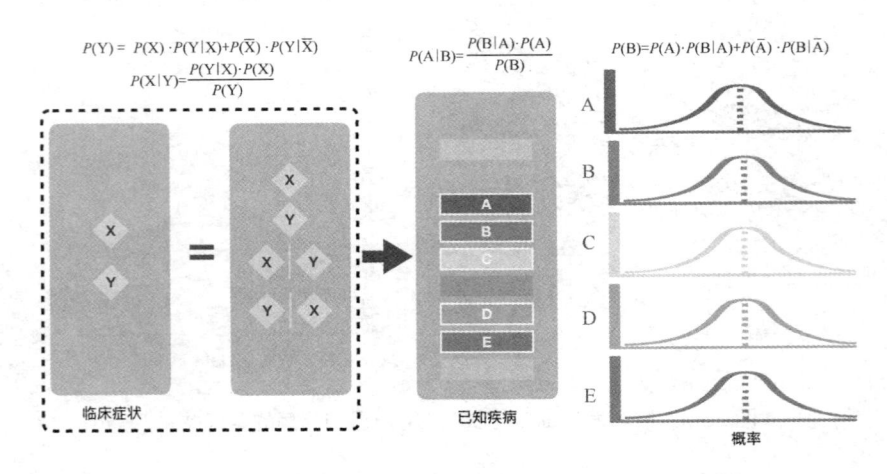

图 27-4 表象之间的概率关系

这也是我们一个非常重要的计算依据。这些概率关系是需要预先设置的。

我们关注问题之间的关系，可以判断是否还会有一种新的可能，这可以理解为隐藏更深的疾病，如图 27-5 所示。

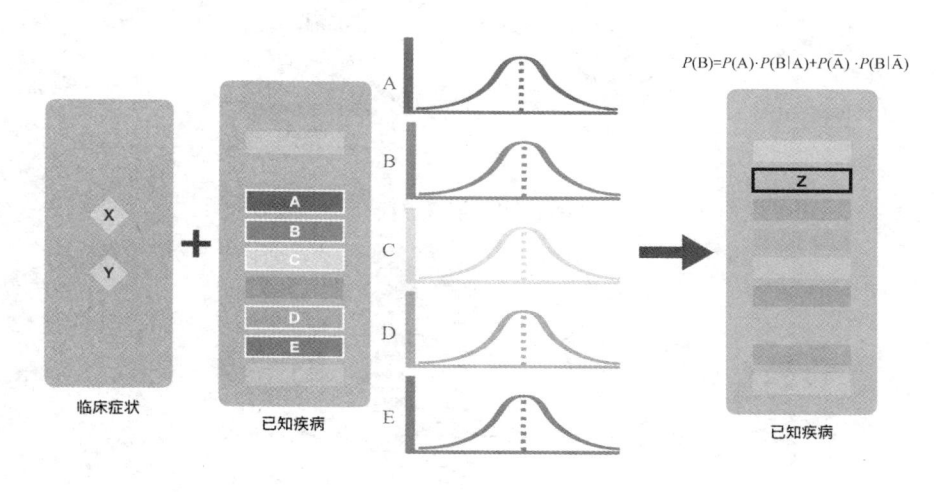

$P(B)=P(A)\cdot P(B|A)+P(\overline{A})\cdot P(B|\overline{A})$

图 27-5　问题之间的概率关系

初级诊断和高级诊断

目前 ODS 还是一个初级诊断模型，这是因为只用了一组诊断方法，即概率的方法，如图 27-6 所示。从这个意义上讲，现在的 ODS 只是一个连续计算复杂概率关系的计算器。那么，高级诊断又是什么呢？那就是同时使用多组诊断方法，这样就可以对诊断结果进行交叉验证。

所谓诊断方法，就是诊断依据，概率的方法只是其中一种。当我们能引入第二种方法的时候，ODS 就成为一个高级诊断，如图 27-7 所示。

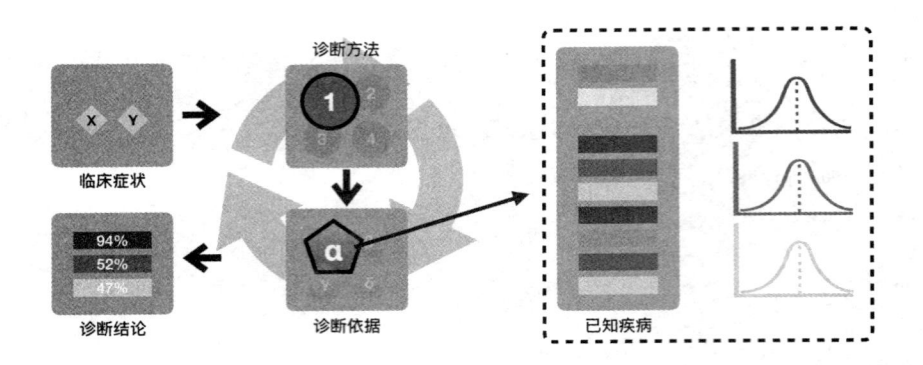

图 27-6　初级诊断

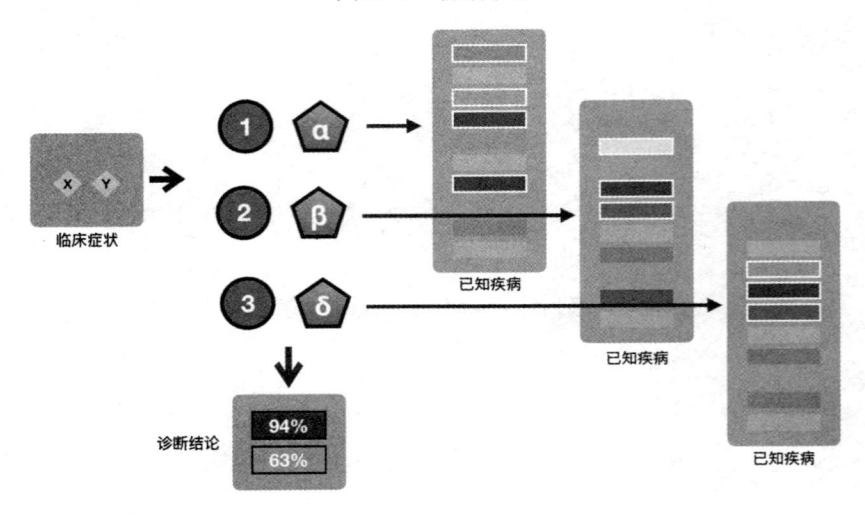

图 27-7　高级诊断

诊断报告

ODS 是 MixIOT 体系中的一个服务组件，以项目形态来管理。首先需要创建 ODS 项目、设置项目属性、写脚本等，这个套路我们应该很熟悉了。具体怎么用还是需要去看 ODS 的使用指南，最重要的是掌握表象特征表达式的写法，这个在使用指南里面有详细的说明。

ODS 的结果，是以诊断报告的形式输出的。所谓诊断报告，其实也就是一个诊断结果的简要文字描述。诊断报告生成的时间，是按诊断项目规定的诊断周期来确定的。

关于周期，这里有两个概念，一个是诊断的时候用多久的数据，比如最近一个月、一周，还是多少天；另一个就是诊断的间隔，多长时间计算一次，一般来说可以一天一次，这样，诊断报告就一天出一个，界面如图 27-8 所示。

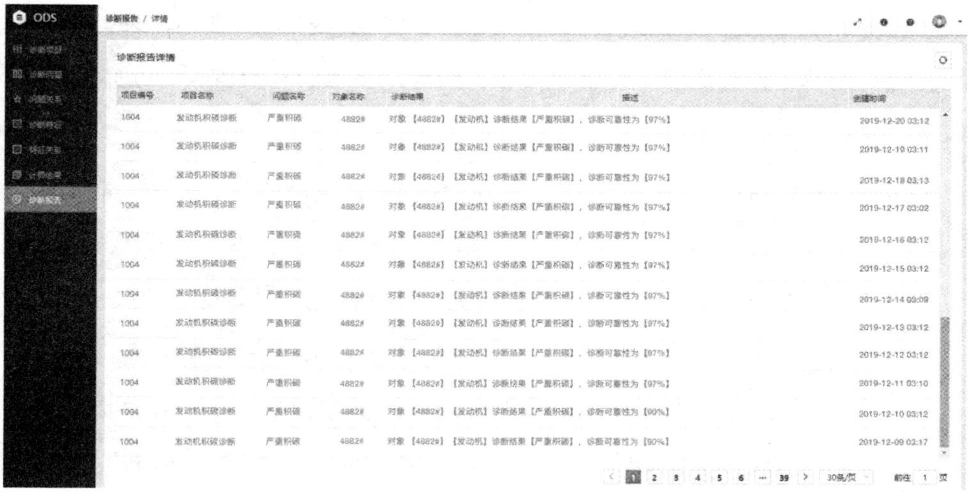

图 27-8　诊断报告界面

与其他几个服务组件不同的是，ODS 需要做很多基础信息准备工作，这就是前面说的，表象特征与问题之间的概率关系、问题与问题之间的概率关系、表象与表象之间的概率关系。也就是所谓的"先验概率表"，这是一个挺大的难题，是需要长期积累的，而我们之前未必已经有这方面的数据和信息，要想让 ODS 发挥作用，还需要对这些基础信息进行准备。

所以，ODS 并不是一个立竿见影的东西，从我们启用开始，到能真正产生作用，还需要一些时间和积累。这就像我们要学完医科，毕业后，还要实习几年，才能去开诊所治病救人一样。

再论"问题"

ODS 最核心的地方，就是"问题"。

尽管前面做了很详细的介绍，但是要真正理解"问题"并不是一件容易的事情。所以，我们不得不回过头来，再加以理论，因为这个概念稍有混淆，ODS 就可能得出没有意义的诊断结果。

首先要理解，"问题"跟医学上定义的"疾病"是一样的，这只是一个主观的定义，就是一个名称，而不是一个现象。我们举个例子，如果看到"美尼尔氏综合症"，你可能根本不知道这是什么，但是，这就是一个确定的疾病名称。

一个患者被诊断为"美尼尔氏综合症"，是医生根据患者的各种临床症状（"表象特征"）给出的诊断结果，表象特征是客观的，诊断却是基于客观依据的主观行为。换句话说，"美尼尔氏综合症"是一个客观存在的名称，临床特征也是客观存在的事实，诊断是医生把这些客观存在的"临床特征"与"美尼尔氏综合症"这个客观存在的疾病名称关联起来的一个主观行为。所以，另一个医生有可能把相同的"临床特征"与"地中海贫血"关联起来。

这可能是 ODS 在实际使用中存在的最大问题，很多人尝试用 ODS 去诊断故障的发生，这是没问题的。但是如果这个故障我们本身就能采集到，是无须诊断的。我们要诊断的是问题，这个问题可能是故障，也可能是故障背后的原因，如图 27-9 所示。

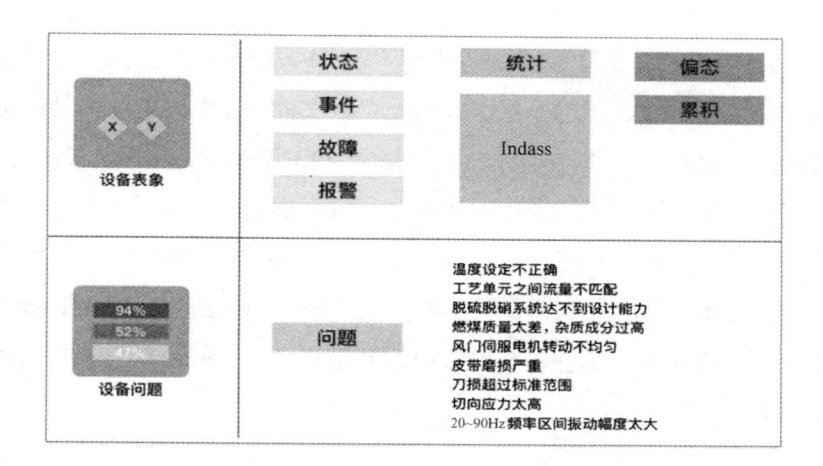

图 27-9　设备表象与诊断问题

ODS 与线索构造

我们在前面介绍过"线索构造方法",并介绍了把线索构造方法用于判断 Aprus 适配器问题的应用(Aplec)。你现在一定在想,线索构造也是用来发现问题的,ODS 也是诊断问题的,它们不是一个东西吗?它们的区别又是什么?在实际项目中,我们是用线索构造方法好,还是用 ODS 诊断好?

"线索构造方法"跟 ODS 其实是两回事,"线索构造方法"是去构造"与某个概率事件有一定关系"的"线索"集合的方法。我们上面的例子,只是用线索构造方法来判断适配器是不是有问题而已。

在 ODS 里面,我们需要有一个先验概率表,就是我们需要已经掌握很多"某个特征表象跟某个问题之间概率关系"的信息,这有点像"老师傅的经验",如果我们之前完全没有这方面的积累,那这个 ODS 也没法用得很好。

"线索构造"不是"经验",而是"推理"。比如,如果平台收到一个适配器的 N 报文,我们就可以肯定,这个适配器在收到这个报文的前 4 个小时肯定是在工作的。如果我们把该适配器最近 4 个小时的全部报文拿出来看,没有发现其中有 I 报文,那我们还可以肯定,这个适配器在前面 4 个小时里面肯定没有重启过;如果最近 4 个小时的报文里面,R 报文超过 480 个,平均每 30 秒有一个 R 报文,那我们至少可以认定之前的 4 个小时的工作是"基本正常"的;如果最近 4 个小时报文中,我们还能看到一个 D 报文,而且这个报文中诊断是正常的,那么我们就可以根据刚才说的几条线索:

- 有一个 N 报文;
- 没有 I 报文;
- R 报文有 480 个;
- D 报文自诊断没问题。

断定这个适配器是"OK"的。

说到这里,我们顺便说一下另一个话题。本章介绍的 ODS 也好,之前介绍过的"线索构造"也好,它们的目的都是为了"判断"或者"识别",如果我们往大说,这就有点"人工智能"的味道。实际上,"人工智能"有三个分支:以推理为主的分支;以知识和经验为主的分支;以学习为主的分支。以学习为主的分支,就是所谓的"机器学习"分支。我们都知道,机器学习需要大量的"学习资料",如果没有学习资料,那机器学习也只能是无米之炊。

虽说工业互联网是当下的热点,但毕竟还处于起步阶段,工业企业在"学习资料"方面的积累基本为零。所以,我们事实上并没有办法一步到位,只能老老实实地从"推理"开始,逐步积累"知识和经验",把这些"推理"的结果、"知识和经验"形成"学习资料",才可能最终进化到真正的"机器学习+人工智能"。

第 28 章
平衡与匹配（Balances）

什么是平衡与匹配

平衡与匹配（Balances）是 MixIOT 体系中的一个应用，也是一个服务组件，用来计算对象的"平衡"和"匹配"，主要用在工业装置流程中有物料进出的应用场景。

"平衡"和"匹配"既有区别，又有联系。其区别在于，平衡是针对"一个对象"而言的，而匹配是针对"两个对象"而言的；其联系在于，如果我们把这两个对象定义成一个对象，匹配的问题就转化为平衡的问题。

比如，有 A 和 B 两个装置，分别都有物料进来多少、出去多少的问题，这就是平衡的问题。如图 28-1 所示，把 A 和 B 定义为两个对象，那么研究的就是 A 和 B 各自的平衡问题，也就是考察每一个对象在"进来这么多物料、出来这么多物料的时候"是不是正常的，所以，"平衡"实际上是指"自己进出的平衡"。

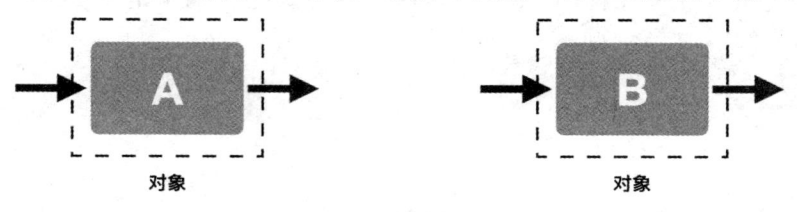

图 28-1　平衡问题-1

如果情况是这样的：A 出来的物料，直接给了 B，如图 28-2 所示。

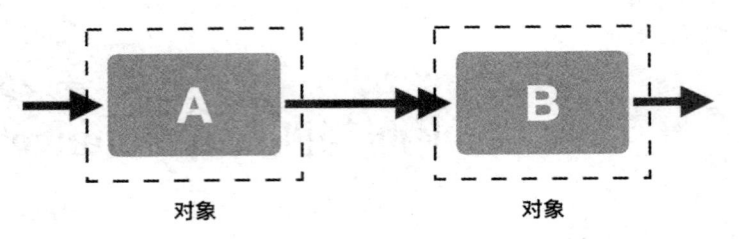

图 28-2　匹配问题

也就是说，对象 A 的出就是对象 B 的进。这个时候，"A 出"和"B 进"的关系，就是我们研究的 A 和 B 的"匹配"问题。

如果我们把 A 和 B 定义成一个对象（见图 28-3），那么，匹配的问题，就变成了平衡的问题。这是为什么呢？其实很简单，平衡研究对象内部，也就是说，如果不平衡，对象的内部就会有反应。

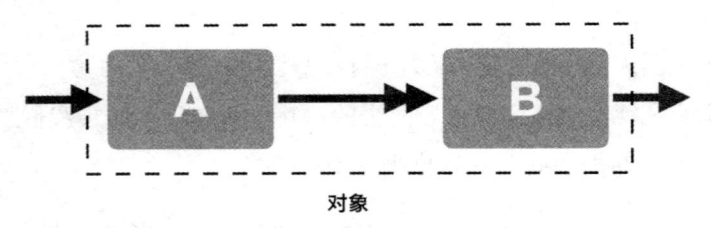

图 28-3　平衡问题-2

所以，平衡和匹配的问题，归根到底是平衡的问题；而平衡虽然说的是"进出的平衡"，可是平衡不平衡的表现方式却体现在对象上，而不是体现在进出上。

研究平衡与匹配的方法

首先，研究平衡与匹配的目的，就是要弄明白进、出和对象三者之间的关系。人们可能要问，平衡不是指进、出的平衡吗？跟对象又能扯上什么关系呢？这是因为进、出什么，并不是进、出自己决定的，而是对象决定的。举个例子，同样是吃一斤包子，对一个男人来说可能不是什么问题，但对一个三岁小孩来说可能就是一个大问题，这是因为消化能力、代谢能力差异导致的。

我们先看一个简单的模型（见图28-4）。这个模型的意思是，A是进水，B是出水，C是一个过水环节（对象）。

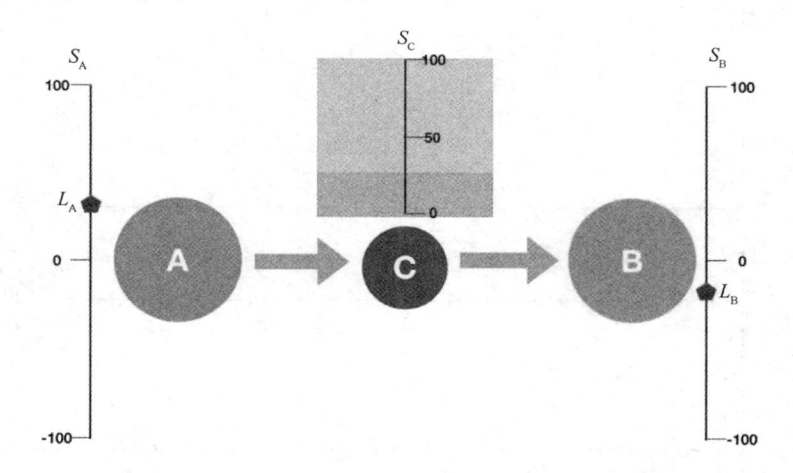

图28-4 进出水模型-1

S_C 是反应 C 的一个结果，你可以理解为蓄水池；而 S_A 和 S_B 可以理解为进、出水的平衡差。

如果进水 A 跟出水 B 一样，蓄水池（S_C）的水位是不会变化的；如果进来的水比出去的水多，那么，多余的水就会累积到蓄水池，蓄水池的水位就会升高；如果进来的水比出去的水少，那么，蓄水池的水位就会降低。

我们再说一下 A 和 B 的平衡差（S_A 和 S_B）是怎么回事。假设蓄水池的额定限制就是 0～100，如果蓄水池的水已经满了，进来的水比出去的水多，我们就把这个水记在 A 的头上，让 A 的平衡差 S_A 等于多出去的 A 的进水量，这个就是 A 的平衡差游标（L_A）；如果蓄水池的水已经见底了，出去的水 B 比进来的水 A 还要多，也就是说没有那么多水出去了，那么，这个差就记在 B 的头上，这个就是 B 的平衡游标（L_B）。要注意的是，平衡游标跟蓄水池不一样，并不做积累。

如果我们一秒钟测量一次数据，这样我们就能看到，只要蓄水池不是全满或者见底，A 和 B 的两个游标都是在 0 的位置；一旦蓄水池的水变满或者见底，两个游标就会上下翻腾，如图 28-5 所示。

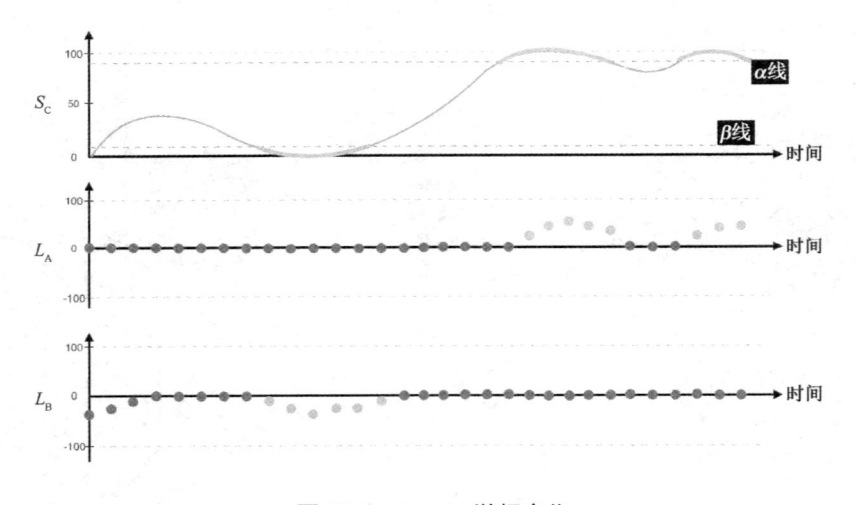

图 28-5　L_A、L_B 游标变化

这是一个模拟测量的数据，我们可以看到，在蓄水池这个曲线中，我们可以找到两条"基准线"：α 线和 β 线。只要蓄水池的水位超过 α 线的时候，进水游标（L_A）

就会产生波动，而且波动的特征跟水位的变化相似；而当蓄水池的水位低于β线的时候，出水游标（L_B）就会产生波动，而且波动的特征也与蓄水池水位变化类似。

建立上面的这个概念很重要。其实这也符合我们的常识，如果把 C 当作一个人的消化能力，我们是很难知道它究竟是强的，还是弱的，那怎么观察判断呢？就是看看他吃到多少时就吃不下去了，以及观察他离不够吃差了多少。通过这两个信息，我们反推回去，把这个人消化能力的α线和β线勾勒出来，就大体上知道了这个人最多能吃多少，能扛多饿。当然，这是一个不太恰当的比喻，关键是明白意思就行了。

失衡特征

我们前面说了平衡的概念，现在把之前的图 28-4 改一下，变成图 28-6。

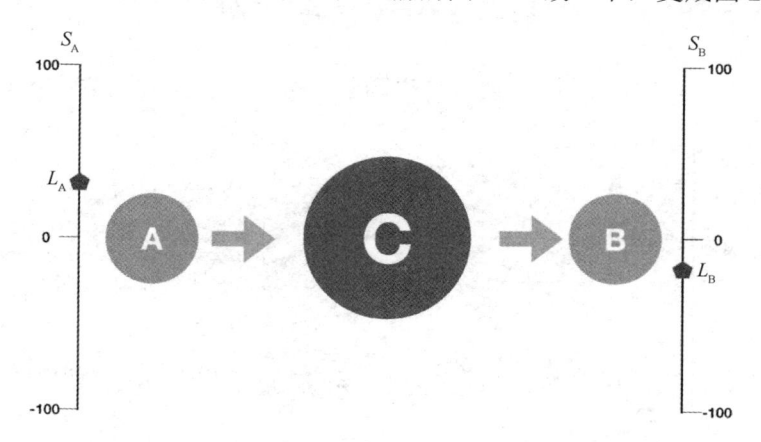

图 28-6　进出水模型-2

A、B 就是对象 C 的进出，我们分别给 A 和 B 建立了一个游标。如果对象是平衡的，这个游标基本上就是在 0 位附近，波动不会很大。如果不平衡（也就是"失衡"），那么，我们就会看到游标会上下波动。游标的波动特征，我们称之为对象 C

的"失衡特征"。

所以，我们完善一下前面的说法，平衡、匹配的研究，就是研究对象的"失衡特征"，因此，首先需要做的就是建立进出的游标模型。

我们回到数学上，可以定义，在[t_1,t_2]时间点，进出的游标模型如图 28-7 所示。

进　　　　　　　　　　　　　　　　　　　出

$$\alpha\frac{\partial X(t_1,t_2)}{\partial t_1}+\beta\frac{\partial X(t_1,t_2)}{\partial t_2}=\sum_{i=1}^{n}[\frac{\partial}{\partial t_1}\int_{t_1}^{t_2}\alpha x_i(t)\mathrm{d}t+\frac{\partial}{\partial t_2}\int_{t_1}^{t_2}\beta x_i(t)\mathrm{d}t]$$

$$\alpha\frac{\partial X(t_1,t_2)}{\partial t_1}+\beta\frac{\partial Y(t_1,t_2)}{\partial t_2}=\sum_{i=1}^{m}[\frac{\partial}{\partial t_1}\int_{t_1}^{t_2}\alpha y_i(t)\mathrm{d}t+\frac{\partial}{\partial t_2}\int_{t_1}^{t_2}\beta y_i(t)\mathrm{d}t]$$

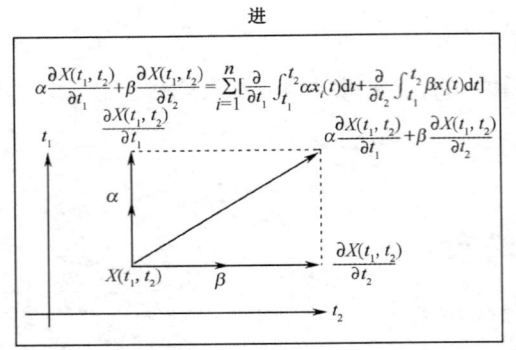

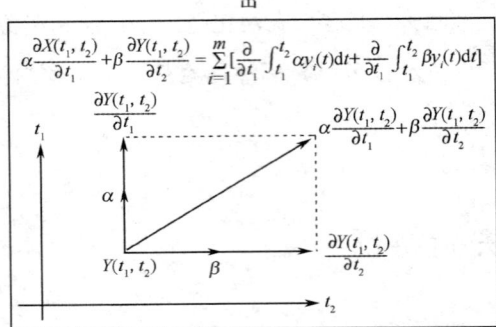

图 28-7　数学方式体现的游标模型

对它们进行一个 Overset 变换后，得到了一个二元变量的函数：

进出对象
$$\begin{cases}\ddot{X}(t_1,t_2)=\alpha\frac{\partial X(t_1,t_2)}{\partial t_1}+\beta\frac{\partial X(t_1,t_2)}{\partial t_2}=\sum_{i=1}^{n}[\frac{\partial}{\partial t_1}\int_{t_1}^{t_2}\alpha x_i(t)\mathrm{d}t+\frac{\partial}{\partial t_2}\int_{t_1}^{t_2}\beta x_i(t)\mathrm{d}t]\\ \ddot{Y}(t_1,t_2)=\alpha\frac{\partial Y(t_1,t_2)}{\partial t_1}+\beta\frac{\partial Y(t_1,t_2)}{\partial t_2}=\sum_{i=1}^{m}[\frac{\partial}{\partial t_1}\int_{t_1}^{t_2}\alpha y_i(t)\mathrm{d}t+\frac{\partial}{\partial t_2}\int_{t_1}^{t_2}\beta y_i(t)\mathrm{d}t]\\ \ddot{V}(t_1,t_2)=\alpha\frac{\partial V(t_1,t_2)}{\partial t_1}+\beta\frac{\partial V(t_1,t_2)}{\partial t_2}=\sum_{i=1}^{s}[\frac{\partial}{\partial t_1}\int_{t_1}^{t_2}\alpha v_i(t)\mathrm{d}t+\frac{\partial}{\partial t_2}\int_{t_1}^{t_2}\beta v_i(t)\mathrm{d}t]\end{cases}$$

↑ Overset in(t_1,t_2)

这个变换的意思，就是把两个时间变成变量，这三组函数是一个空间里的函数（见图 28-8）。剩下的就是去计算它们的问题了。

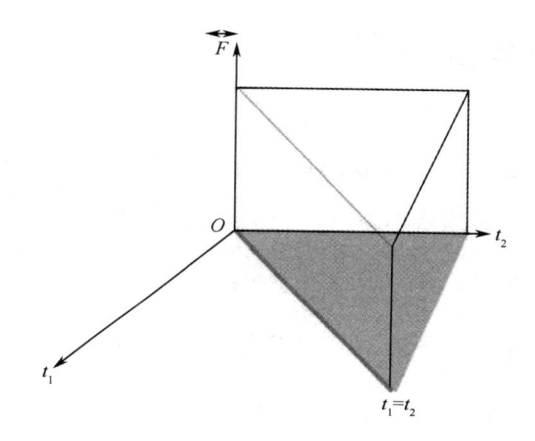

图 28-8　变换后三组函数的关系

我们也不用去纠结这些不知所云的数学公式的来历，重要的是知道平衡计算到底是怎么回事，大概是什么原理。

Balances 项目

Balances 项目，就是在 Balances 这个应用中，创建计算项目，确定计算周期，定期进行计算，把结果放到 Balances 数据库里。至于想把这些计算结果拿出来显示，还是另作他用，在 Fidis 里面做相应的应用就可以了。

具体怎么用，还是老规矩，参考平衡匹配计算的使用指南，这里就不多介绍了。

MixIOT 体系的关联

我们在这里重点介绍一下 MixIOT 体系里面的关联。我们介绍过 4 个内容：（1）偏态、增量；（2）指数累积效应；（3）平衡、匹配；（4）在线诊断。

把这几个内容串起来，会发现如下情况：

（1）如果一个对象出现了偏态，说明这个对象跟标准态有差距；

（2）偏态出现，运行指数一定会发生变化；

（3）如果运行指数变化有明显的加速度，那就会在某个因素（变量）方向导致增量的发生；

（4）在某个因素上如果长时间出现增量，增量就会累积；

（5）增量累积到一定程度，就会导致失衡；

（6）失衡说明对象自身的运行与它实际承担的工作负荷出现不一致，这个不一致就是这个对象相关的进出不平衡；

（7）如果我们对不平衡进行一个诊断的话，就会发现它背后可能隐藏什么问题；

……

工业的问题是非常复杂的，搞工业物联网也是非常困难的，并不像很多人想象得那样，弄个什么东西显示个结果，就什么都了解透彻了，什么都能预测和判断了。MixIOT 体系能做的，就是提供一些确定的、有根据的方法，从数据的角度找出它们之间的关联关系，发现特征。就跟盲人摸象一样，MixIOT 体系中的组件应用，就是摸索大象不同的部位和侧面，但是现在还很不全，等摸索完整了，才知道大象到底是什么样子。

这就是"活的 MixIOT"体系所能带给我们的东西，这就是为什么还需要我们认真学习和领会，只有做到举一反三，融会贯通，才有可能用我们已经掌握的东西去解决实际问题。

这才是工业物联网的第四个包子，如果这个包子我们都吃不进去，吃不好，何谈去吃第五个包子？这条路没有捷径，还是那句话，我们需要跟客户和合作伙伴一起成长，一起积累，最后才有可能一起解决实际问题。工业物联网的五个包子如图 28-9 所示。

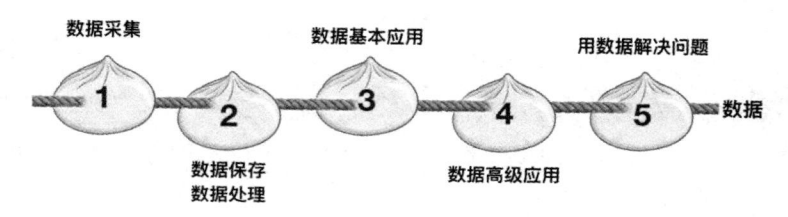

图 28-9 工业物联网的五个包子

第 29 章
动态配载（Dynaload）

MixIOT 体系计算模型程序（组）

在第 26 章中，我们提到了 MixIOT 体系中的"计算模型"，或者叫"计算模型程序（组）"。这是一种以算法模型为主要内容的、可以多种方式部署和使用的、相对独立的、以程序或程序组方式为形态的应用或服务。

"计算模型"也叫"算法模型"。所谓"算法"，简单地说，就是针对解决某个特定的问题所涉及的计算方法，比如，加减乘除、乘方开方、微分积分、函数极值等一堆数学公式；所谓"模型"，就是把这个算法固定下来，抽象出来，变成一个解决这一类问题的可以重复使用的通用的方法。

由上述可以看出，如果这个算法仅仅能解决某个特定的问题，但不具备通用性，它就还不能算一个"模型"。一个算法要成为模型，那一定有更高的要求，而且能解决至少一个类型的问题。

我们还是举个例子，说明什么是算法（抽象的进出耗排模型参见图 29-1）。

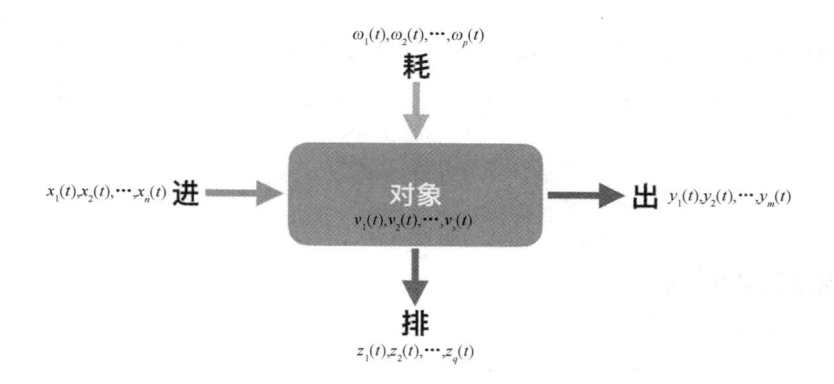

图 29-1 抽象的进出耗排模型

上面是一个抽象出来的对象的进出、耗排和对象自身参数模型。在时间点$[t_1,t_2]$的进出与对象（设备）运行之间的函数关系，如图 29-2 所示。

$$\ddot{X}(t_1,t_2) = \alpha \frac{\partial X(t_1,t_2)}{\partial t_1} + \beta \frac{\partial X(t_1,t_2)}{\partial t_2} = \sum_{i=1}^{n} [\frac{\partial}{\partial t_1} \int_{t_1}^{t_2} \alpha x_i(t)\,dt + \frac{\partial}{\partial t_2} \int_{t_1}^{t_2} \beta x_i(t)\,dt]$$

$$\ddot{Y}(t_1,t_2) = \alpha \frac{\partial Y(t_1,t_2)}{\partial t_1} + \beta \frac{\partial Y(t_1,t_2)}{\partial t_2} = \sum_{i=1}^{m} [\frac{\partial}{\partial t_1} \int_{t_1}^{t_2} \alpha y_i(t)\,dt + \frac{\partial}{\partial t_2} \int_{t_1}^{t_2} \beta y_i(t)\,dt]$$

$$\ddot{V}(t_1,t_2) = \alpha \frac{\partial V(t_1,t_2)}{\partial t_1} + \beta \frac{\partial V(t_1,t_2)}{\partial t_2} = \sum_{i=1}^{s} [\frac{\partial}{\partial t_1} \int_{t_1}^{t_2} \alpha v_i(t)\,dt + \frac{\partial}{\partial t_2} \int_{t_1}^{t_2} \beta v_i(t)\,dt]$$

Overset in (t_1,t_2)

图 29-2 进出与设备运行之间的函数关系

我们可以用以上三个函数的同向程度来判断这个对象是否进出平衡。这个看上去云里雾里的公式，就是算法。这个公式是根据一系列的数学方法进行推导、变换、合并、化简得出的。总之，我们需要理解这里需要用数学的方法去解决问题就行了。

虽然函数公式列出来了，但这是没法直接使用的，需要把它变成计算机程序，甚至是程序组，求出它的解。这个程序（组），就叫"计算模型程序（组）"。

动态配载是什么

动态配载（Dynaload）就是 MixIOT 体系中一个计算模型。

"配载"可以简单理解为某项工作的动力配置。比如，一个纺织厂有 200 台喷气织机，它们需要用空压机提供空气动力，所以配备了 10 台空压机（它们的功率可能有大有小），这 10 台空压机全开就能为 200 台喷气织机提供足够的压缩空气。

但是，实际的情况是，200 台喷气织机有些在生产，有些没在生产，有些虽然在生产，可是临时停机换线或者检修，有些用气多，有些用气少。简单地说，它们未必会同时都使用，而且使用情况随时都在变化。那么，如果我们不管不顾，10 台空压机全开，供气肯定是足够了，但是，供气比用气要多，这就白白浪费了电力。

"动态配载"就是根据实际的使用需求，动态地用最少的空压机来满足喷气织机的生产需要。喷气织机开得多、用气量大的时候，空压机就多开一些，用气量小的时候，空压机就少开几台。

再来看个例子：一个酒店有 200 间客房，酒店有一个燃气锅炉提供热水。酒店客人来来往往，用水有时多，有时少。如果我们不管有多少住店客人，也不管客人用不用热水，都把锅炉的火烧得旺旺的，那肯定能保证客人的用水需求，却浪费大量燃气。动态配载的意思就是，用热水多的时候，把火开大；用热水少的时候，把火关小；没人用水的时候，能保温就行。

可见，如果我们有了动态配载这个概念，就能时时刻刻把能耗降到最低，虽然每个时刻降低的能耗看上去微不足道，但是经年累月下来，也是一个可观的数字。

为了便于后面的表述，我们把空压机、锅炉等提供能量的一端，叫"供应端"；把使用压缩空气的喷气织机、酒店客人用的热水等消耗能量的一端，叫"消费端"。

动态配载的五要素

动态配载绝对是一个好事儿，但也并不是什么情况都能用上动态配载的。从刚才的两个例子（空压机和锅炉）来看，基本能归纳出来，做到动态配载需要有五个要素。

（1）供应端是受控的，可以开，可以关，或者可以调节大小。这比较容易理解，如果都不能开关，也不能调大、调小，也就失去了动态配载的前提。

（2）供应端提供的能量，是可以测量的，可以计算的。也就是供应端提供的能量多少，是可以量化的，比如每分钟多少，一瞬间多少。

（3）消费端的能量消耗，是可以测量的，可以计算的。这也应该容易理解，每分钟内用多少水，用多少气，都是可以计量的。

（4）供应端和消费端，中间有一个储能装置，储能的量也是可以测量的，或者可以计算的。这需要解释一下，像空压机里面出来的压缩空气，都是配有一个储气罐的；而热水锅炉本身，就有储存热水的功能。

（5）还有一个默认的前提假设，就是供应端所生产或供应的能量，与消费端所消耗的能量是一样的，或者有确定的某种换算关系。这其实也很好理解。热水锅炉供应的就是热水，酒店客人使用的也是热水，但是有可能，锅炉出来的水是65℃，客人用的时候只有60℃；压缩机出来的是压缩空气，压力是 8kg/cm²，而喷气织机用的也是压缩空气，但它实际的用气压力可能只有 6.5kg/cm^2。如果供应端到消费端是一个化学反应，是聚合或裂解的过程，使得能量形式发生了变化，那就不是动态配载能解决的范围了。

动态配载模型

如图 29-3 所示就是一个动态配载模型。

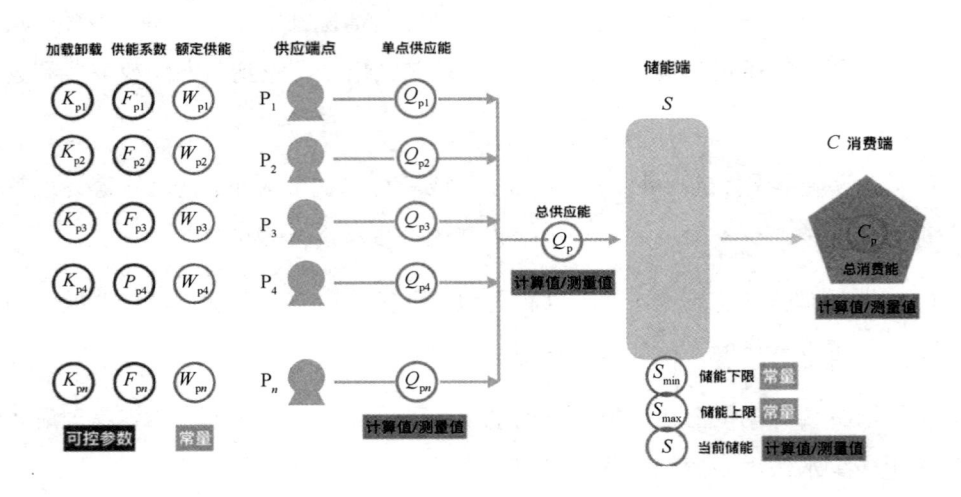

图 29-3 动态配载模型

我们来解释一下这些参数条件：

- 有 n 个供能端点（$P_1 \sim P_n$）；可以理解为有 n 台空压机。
- 每个供能端点的加载/卸载对应的参数是 $K_{p1} \sim K_{pn}$，它们的系数=0/1（卸载/加载）；这也相当于是空压机的加载、卸载。

- 每个供能端点都有一个供能的额定值是 $W_{p1} \sim W_{pn}$，这相当于空压机的工频功率。

- 每个供能端点的供能系数是 $F_{p1} \sim F_{pn}$，对工频空压机来说，供能系数为 1.0；对变频空压机来说，这个值为变频频率/工频频率。

- 每个供能端点的供能能力是 $Q_{p1} \sim Q_{pn}$，这跟供能系数×额定供能值成正比。

- 总的供能是 $Q_p = Q_{p1} + Q_{p2} + \cdots + Q_{pn}$，这是一个原理等式，一般用测量值；就是所有空压机的产气量的总和。

- 储能端是有物理限制的，所以储能多少是有上限和下限的，分别是 S_{max} 和 S_{min}。这就相当于空压机储气罐规定的最大压力值和最小压力值。

- 实际储能值为 S，这是一个实时变化的实际储能值。当这个值达到（或超过）储能上限值时，不会再增加；而低于储能下限值时，视为消费端无法工作。

- 总消耗为 C_p。这是实时在变化的总消耗。

这个模型的大体意思如下：

- 供应端的总供应能力，是每个供应端设备的供应能力之和；

- 每个供应端设备的供应能力在卸载状态时为零，加载状态下为功率系数×额定功率；

- 储能量=原有储能量+总供应能-总消费能。

这个模型的输出结果是什么呢？假设这个计算模型是 5 分钟计算一次，那么结果大致是这样的：

10:10   { $K_{p1}=1, K_{p2}=1, K_{p3}=0, \cdots, K_{pn}=1$ } , { $F_{p1}=1.0, F_{p2}=0.78, F_{p3}=1.0, \cdots, F_{pn}=1.0$ }

10:15   { $K_{p1}=1, K_{p2}=1, K_{p3}=0, \cdots, K_{pn}=1$ } , { $F_{p1}=1.0, F_{p2}=0.64, F_{p3}=0.0, \cdots, F_{pn}=1.0$ }

10:20   { $K_{p1}=1, K_{p2}=1, K_{p3}=1, \cdots, K_{pn}=1$ } , { $F_{p1}=1.0, F_{p2}=0.64, F_{p3}=1.0, \cdots, F_{pn}=1.0$ }

10:25　　{ $K_{p1}=1, K_{p2}=1, K_{p3}=1, \cdots, K_{pn}=1$ }，{ $F_{p1}=1.0, F_{p2}=0.64, F_{p3}=1.0, \cdots, F_{pn}=1.0$ }

10:30　　{ $K_{p1}=1, K_{p2}=1, K_{p3}=1, \cdots, K_{pn}=1$ }，{ $F_{p1}=1.0, F_{p2}=0.57, F_{p3}=1.0, \cdots, F_{pn}=1.0$ }

……

看上去是不是很眼熟？如果你还记得前面D&C（调度与控制）的内容的话，就会发现这跟D&C的输出结果形式上是类似的。这是因为动态配载实际上就是依据消耗的变化，对供能的一种实时调度方法。

完备模型与简化模型

前面这个模型，我们称作一个完备模型。所谓完备模型，就是这个模型中提到的参数，都是要具备的。而实际工业场景中，未必能满足这个条件，很多参数可能会没有，也许是没有办法采集的，没办法测量的，或者是没办法计算出来的。为了增加计算模型的适用范围，通常会给出完备模型的一个简化版，叫作简化模型（见图29-4）。

在这个简化模型中，供能端点的供能系数都没有了，也就是说，只有这个端点的加载或者卸载可以控制。就像工频机一样，只能加载或者卸载，没办法把供能量调大或者调小。除此以外，每个供能端点的供能量也没有了，它们的总和自然也没有了。

我们可以把它想象成一个压缩空气站，里面有很多压缩机，大小各异。压缩机的产气出口都进入一个或者多个储气罐，最终汇集到一个供气管路。我们只知道有储气罐，但是这些储气罐的数据无从得知。

简化模型少了这么多的参数，那还能计算吗？计算出来的还准吗？简化模型数

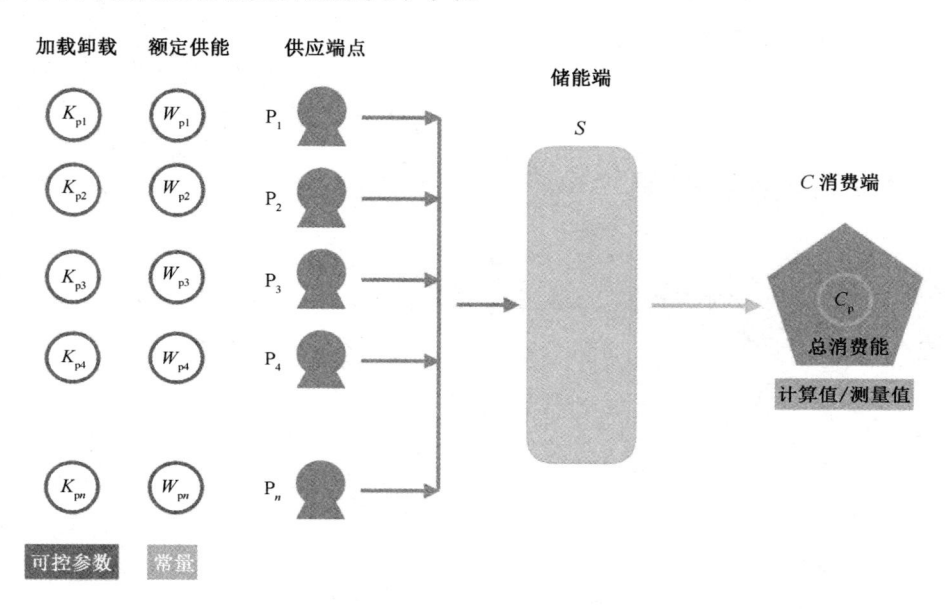

据少是不是就比完备模型算起来简单了呢？

图 29-4　动态配载简化模型

这里可以顺便解释一下，简化模型跟完备模型应该算作同一个计算模型，在实际的计算过程中，需要的参数都必须有。简化模型参数少了，就需要在计算的时候，先把这些少了的参数数据估算出来，然后再去用完备模型的算法去计算。所以，简化模型的计算，实际上要比完备模型更加复杂。

举个例子来解释一下。比如，怎么来估算供能端点的供能能力呢？就要用

$$\frac{W_{pi}}{W_{p1}+W_{p2}+\cdots+W_{pn}}$$

来作为第 i 个供能端点的供能能力的比例，然后通过按顺序卸载 P_i，看看对供能有什么影响，这样来估算这个影响的量与这个比例的对应关系。

这里面就有一个很重要的问题，为什么我们能去卸载呢？不怕卸载了影响消费

端吗?这就要回到我们一开始说的五个要素中的"储能"要素了。因为有储能,所以,在一段时间内卸载一个端点,还能扛得住。

动态配载模型的使用

要使用动态配载计算模型,首先要做的事情就是把这些参数对号入座。先举一个简单的例子(见图 29-5):有 2 个水泵,往一个储水罐里面注水,储水罐有最高水位容量和最低水位容量。储水罐有一个管子接到外面去给外面供水,供水量是变动的。

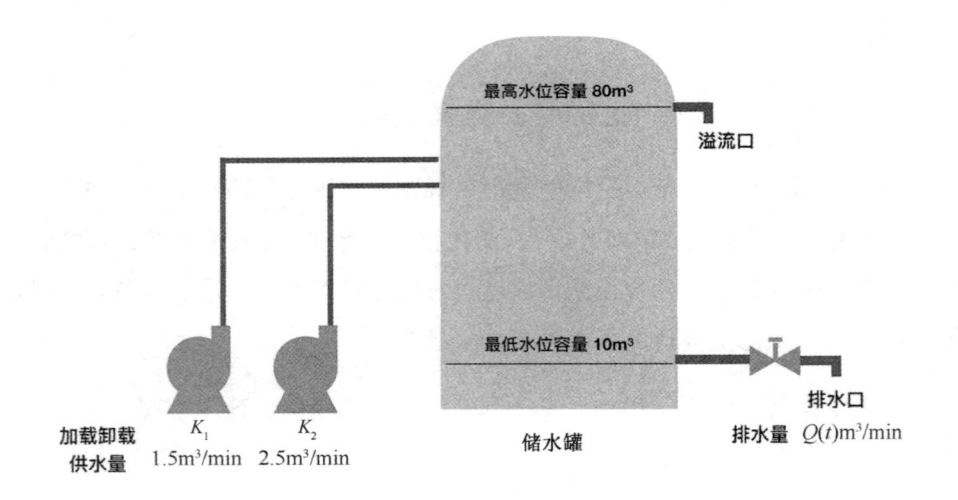

图 29-5 储水罐

储水罐有一个溢流口，意思是如果实际储水量超过最高水位容量，再进来的水就会从溢流口排出去。如果实际储水量低于最低水位容量，那么排水管就无水可出。

排水量是动态的，每分钟的流量 $Q(t)$ 是变化很大的一条曲线（见图29-6）。

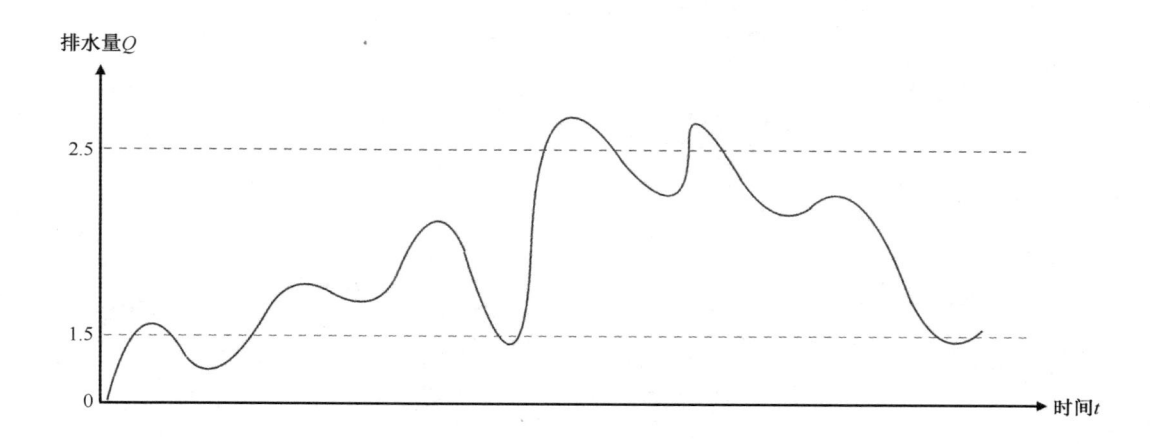

图 29-6　排水量曲线

从图 29-6 我们可以看出，一旦调控不及时，要么就没水，要么就溢出。另外，两个水泵的能力是不能调节的，开的时候就是这么多供水量，关掉就没有了。这时，我们可以把供能系数当作常数 1。额定供能系数就是 1.5 和 2.5。

刚才这个用水量的曲线，是我们事后总结的，事前并不知道。这些变化都是实时的，有些甚至是随机的。所以，动态配载模型里面的计算，实际上是包含了对需求的预测，这些分析计算也是相当复杂的。储水罐与动态配载模型参见图 29-7。

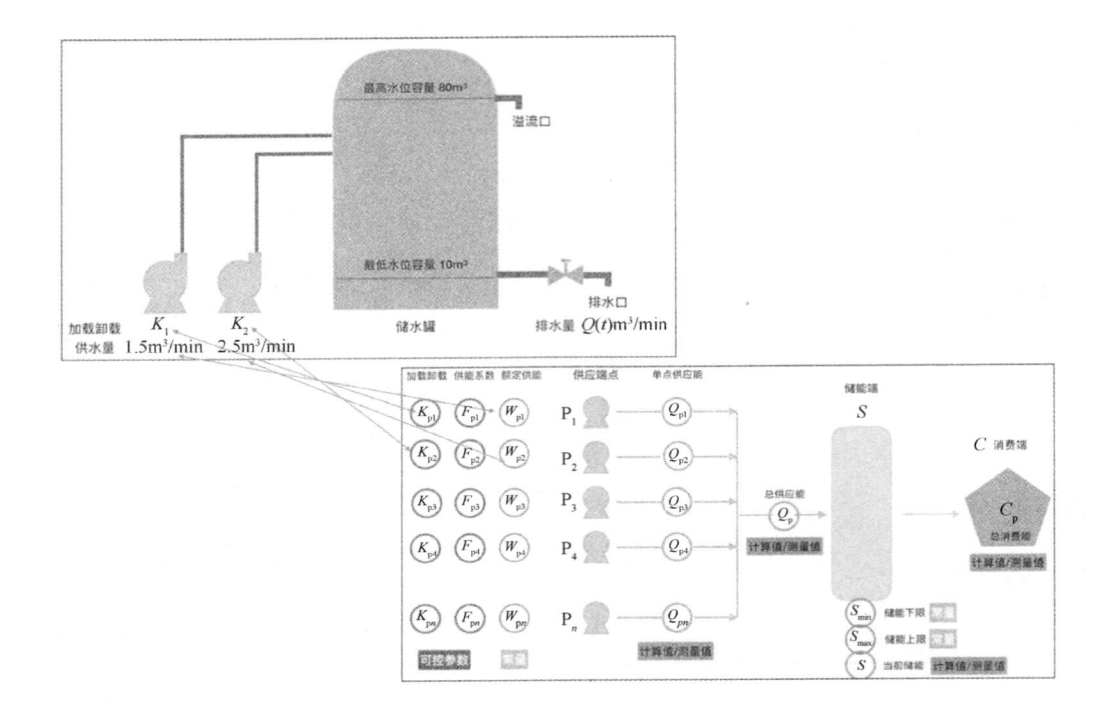

图 29-7 储水罐与动态配载模型

请问：对于其他情况，你能正确对号入座吗？

动态配载的应用形态

动态配载实际上就是一个 D&C 的特例，专门用于解决供应端和消费端之间的供给-需求矛盾，尤其对那些需求变动大、变动迅速甚至是随机的情况。功能端点数量越多，需求量变化越大，动态配载就越能凸显其优势。

在图 29-8 中，动态配载可以理解为一个黑盒子，暴露在外面的只有一个模型的参数，只需要把实际应用中的参数与模型参数进行对号入座就行。剩下的就是等待动态配载这个黑盒子输出配载结果。

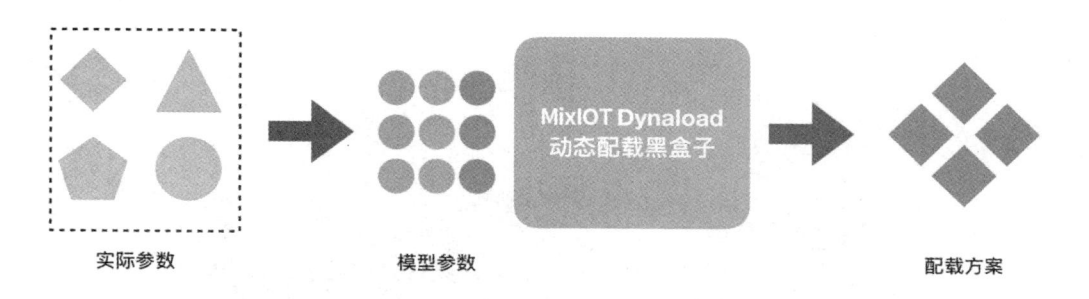

图 29-8　动态配载黑盒子

因为它是一个黑盒子，所以这个盒子可以部署在任何一个地方，比如部署在 MixIOT 体系里面，成为 MixIOT 体系的一个服务组件，或者部署在边缘计算终端（见图 29-9）。

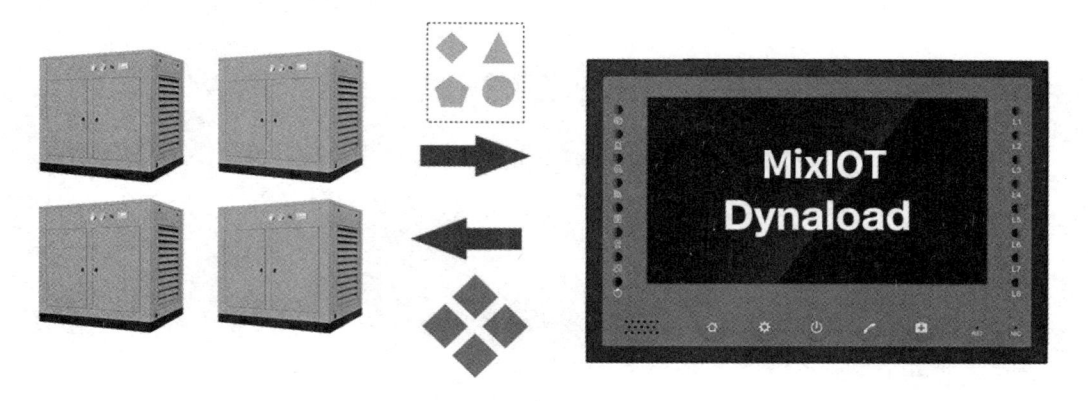

图 29-9　动态配载部署在边缘计算终端

应用实例

图 29-10 所示是一个隧道施工现场。

图 29-10　隧道施工现场

隧道口外的工棚里面有 10 台空压机和储气罐，给隧道内开山凿石提供动力。隧道内工作面已经推进了几千米，里面怎么用气外面是不知道的，也没有任何通信信号。

在没有动态配载的日子，10 台空压机空转了不少时间，浪费了很多电。有了动态配载就好了，一个隧道一年半干下来，算算账，省了不少电费。

隧道施工现场的动态配载，用一个边缘计算终端小机柜（如来方略柜 E800 型）就可以解决。

第六部分
Fidis 应用平台篇

　　Fidis 是智物联工业物联网体系中的应用层，承担着与 MixIOT 体系进行数据交互的职能，并提供前端界面供终端用户进行交互操作。Fidis 也是一个开放的系统，已经实现了开源，使用者可以在 Fidis OpenFrame 开发框架下，根据自己的需要进行二次开发，形成适用于不同工业物联网的解决方案和不同设备、不同工业现场的具体应用。

　　本部分对 Fidis 及其应用主程序、开发框架进行了简单介绍，让读者对其有一个直观的了解。

第 30 章 应用框架

数据的时序纵横

前面的章节主要介绍了 MixIOT 体系，它是一个以数据处理为主要工作的运行机器。原始数据通过适配器采集后，被 MixIOT 体系保存和处理，原始数据和计算处理的结果数据也都存在 MixIOT 体系的数据库中。

虽然有了这些数据，但因为 MixIOT 体系的数据库中的这些数据，无论是原始采集的数据，还是处理过的数据、计算的数据、统计的数据等，都是以"时序纵横"方式来组织的，这种方式并不适合我们浏览的习惯，看上去比较费劲。

我们来解释一下什么是"时序纵横"。比如，一个设备（对象）有 8 个 FV 变量（参数），2 个统计结果 ST，4 个计算结果 A、B、C、D，它们是根据采集的时间、统计周期和计算时间，各自按顺序来进行排列的，俯瞰这些数据，如图 30-1 所示。

时间	FV₁	FV₂	FV₃	FV₄	FV₅	FV₆	FV₇	FV₈	ST₁	ST₂	A	B	C	D
10:11:31	90.40	155.84		15.69	2445.46		49.45	3.96		95.50	1.89		3.61	
10:11:30	89.90	154.98		15.65				3.96		874.90		1.33	3.98	
10:11:29	91.80	158.25	22.02	15.81	2502.49			3.98					4.43	
10:11:28	92.10	158.77	22.05	15.84		4.70	8.62		1233.10				4.85	
10:11:27	92.30	159.12		15.86	2522.96	50.23		3.98		882.40			5.12	
10:11:26	90.80	156.53	21.90	15.73	2461.71			3.97						
10:11:25	91.40	157.56		15.78	2486.15		49.86	3.97		881.60		1.51		
10:11:24	91.50	157.74	21.98	15.79	2490.23		49.90	3.97						
10:11:23	92.10	157.22	21.95	15.76	2477.99	54.46	57.76							
10:11:22	92.10	158.77		15.84	2514.76	50.15			1229.70	90.20				
10:11:21	89.90	154.98	21.79	15.65	2425.20	53.91	57.17	3.96						
10:11:20	90.40	155.84		15.69				3.96		91.90			6.28	
10:11:19	89.90		21.79	9.48						91.60	1.55			
10:11:18	91.80	158.25		15.81				3.98				1.61	6.14	
10:11:17	92.10	158.77		15.84	2514.76	50.15	57.52	3.98		855.10			6.06	
10:11:16	92.30			9.61								1.33		
10:11:15	90.80		21.90	9.53		4.68	6.68	3.09					5.89	
10:11:14	91.40	157.56	21.97	15.78	2486.15			3.97	1203.50				5.33	
10:11:13	91.50		21.98	9.57	0.00		0.00			859.20	98.30		5.51	131.50
10:11:12	91.20	157.22	21.95	15.76	2477.99		49.78	3.97				1.29		130.40

图 30-1　时序纵横数据

里面有很多空的数据格，这是因为在这个时间并没有相应的数据产生。那么，应用的本质是什么？应用的本质就是按展现和交互的需要，按某一个特定的规则，从这些"时序纵横"的数据中检索和组织所需要的数据。

让我们来看一些具体的例子。

（1）现在的时间是 10:11:31，描述当前对象（设备）的最新状态，也就是最新的 8 个 FV 的值，这些值如图 30-2 所示。

工业互联网核心引擎原理与实现

	FV₁	FV₂	FV₃	FV₄	FV₅	FV₆	FV₇	FV₈	ST₁	ST₂	A	B	C	D
10:11:31	90.40	155.84		15.69	2445.46		49.45	3.96			95.50	1.89		3.61
10:11:30	89.90	154.98		15.65				3.96	874.90			1.33		3.98
10:11:29	91.80	158.25	22.02	15.81	2502.49			3.98						4.43
10:11:28	92.10	158.77	22.05	15.84		4.70	8.62		1233.10					4.85
10:11:27	92.30	159.12		15.86	2522.96		50.23	3.98		882.40				5.12
10:11:26	90.80	156.53	21.90	15.73	2461.71			3.97						
10:11:25	91.40	157.56		15.78	2486.15		49.86	3.97		881.60		1.51		
10:11:24	91.50	157.74	21.98	15.79	2490.23		49.90	3.97						
10:11:23	91.20	157.22	21.95	15.76	2477.99	54.46	57.76							
10:11:22	92.10	158.77		15.84	2514.76	50.15			1229.70		90.20			
10:11:21	89.90	154.98	21.79	15.65	2425.20	53.91	57.17	3.96						
10:11:20	90.40	155.84		15.69				3.96			91.90		6.28	
10:11:19	89.90		21.79		9.48						91.60	1.55		
10:11:18	91.80	158.25			15.81			3.98				1.61	6.14	
10:11:17	92.10	158.77		15.84	2514.76	50.15	57.52	3.98	855.10				6.06	
10:11:16	92.30				9.61							1.33		
10:11:15	90.80		21.90		9.53	4.68	6.68	3.09					5.89	
10:11:14	91.40	157.56	21.97	15.78	2486.15			3.97	1203.50				5.33	
10:11:13	91.50		21.98	9.57	0.00		0.00	3.97		859.20	98.30		5.51	131.50
10:11:12	91.20	157.22	21.95	15.76	2477.99		49.78	3.97				1.29		130.40

图 30-2　实时监控数据

（2）我们想知道，在 10:11:20 时的对象的状态，数值如图 30-3 所示。

时间	FV_1	FV_2	FV_3	FV_4	FV_5	FV_6	FV_7	FV_8	ST_1	ST_2	A	B	C	D
10:11:31	90.40	155.84		15.69	2445.46		49.45	3.96			95.50	1.89	3.61	
10:11:30	89.90	154.98		15.65				3.96		874.90		1.33	3.98	
10:11:29	91.80	158.25	22.02	15.81	2502.49			3.98					4.43	
10:11:28	92.10	158.77	22.05	15.84		4.70	8.62		1233.10				4.85	
10:11:27	92.30	159.12		15.86	2522.96	50.23		3.98		882.40			5.12	
10:11:26	90.80	156.53	21.90	15.73	2461.71			3.97						
10:11:25	91.40	157.56		15.78	2486.15		49.86	3.97		881.60		1.51		
10:11:24	91.50	157.74	21.98	15.79	2490.23		49.90	3.97						
10:11:23	91.20	157.22	21.95	15.76	2477.99	54.46	57.76							
10:11:22	92.10	158.77		15.84	2514.55	50.15			1229.70		90.20			
10:11:21	89.90	154.98	21.79	15.65	2425.20	53.91	57.17	3.96						
10:11:20	90.40	155.84		15.69				3.96			91.90		6.28	
10:11:19	89.90		21.79	9.48							91.60	1.55		
10:11:18	91.80	158.25		15.81				3.98				1.61	6.14	
10:11:17	92.10	158.77		15.84	2514.76	50.15	57.52	3.98		855.10			6.05	
10:11:16	92.30			9.61								1.33		
10:11:15	90.80		21.90	9.53		4.68	6.68	3.09					5.89	
10:11:14	91.40	157.56	21.97	15.78	2486.15			3.97	1203.50				5.33	
10:11:13	91.50		21.98	9.57	0.00		0.00			859.20	98.30		5.51	131.50
10:11:12	91.20	157.22	21.95	15.76	2477.99		49.78	3.97				1.29		130.40

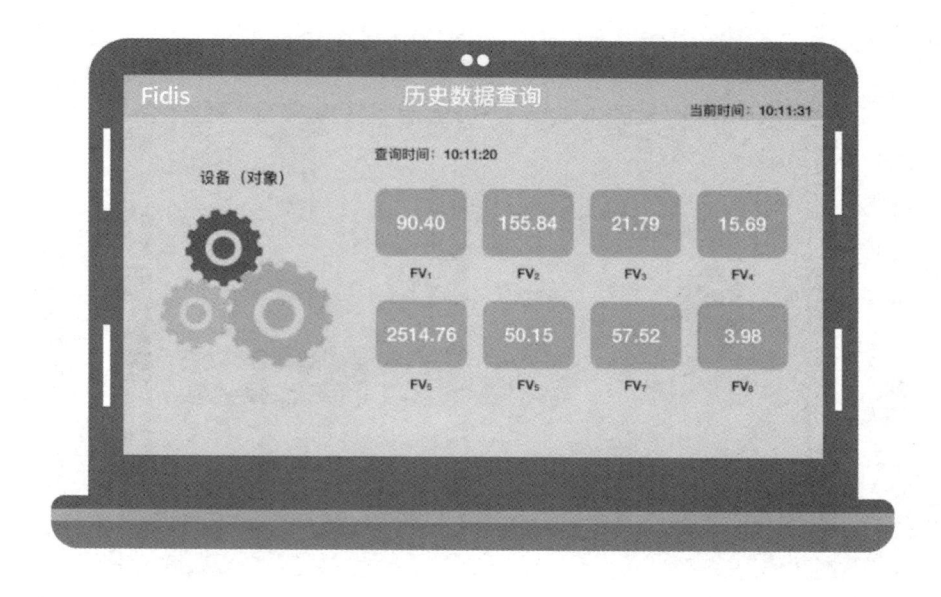

图 30-3　历史数据查询

（3）我们想要知道在 10:11:30 时的对象的统计值和计算值，如图 30-4 所示。

时间	FV₁	FV₂	FV₃	FV₄	FV₅	FV₆	FV₇	FV₈	ST₁	ST₂	A	B	C	D
10:11:31	90.40	155.84		15.69	2445.46		49.45	3.96		95.50	1.89			3.61
10:11:30	89.90	154.98		15.65				3.96		874.90		1.33		3.98
10:11:29	91.80	158.25	22.02	15.81	2502.49			3.98						4.43
10:11:28	92.10	158.77	22.05	15.84		4.70	8.62		1233.10					4.85
10:11:27	92.30	159.12		15.86	2522.96	50.23		3.98		882.40				5.12
10:11:26	90.80	156.53	21.90	15.73	2461.71			3.97						
10:11:25	91.40	157.56		15.78	2486.15		49.86	3.97		881.60		1.51		
10:11:24	91.50	157.74	21.98	15.79	2490.23		49.90	3.97						
10:11:23	91.20	157.22	21.95	15.76	2477.99	54.46	57.76							
10:11:22	92.10	158.77		15.84	2514.76	50.15			1229.70		90.20			
10:11:21	89.90	154.98	21.79	15.65	2425.20	53.91	57.17	3.96						
10:11:20	90.40	155.84		15.69				3.96			91.90		6.28	
10:11:19	89.90		21.79	9.48							91.60	1.55		
10:11:18	91.80	158.25		15.81				3.98				1.61	6.14	
10:11:17	92.10	158.77		15.84	2514.76	50.15	57.52	3.98		855.10			6.06	
10:11:16	92.30			9.61								1.33		
10:11:15	90.80		21.90	9.53		4.68	6.68	3.09						5.89
10:11:14	91.40	157.56	21.97	15.78	2486.15			3.97	1203.50					5.33
10:11:13	91.50		21.98	9.57	0.00		0.00			859.20	98.30		5.51	131.50
10:11:12	91.20	157.22	21.95	15.76	2477.99		49.78	3.97				1.29		130.40

图 30-4　统计计算结果查询

（4）如果我们想知道在 10:11:15～10:11:30 这段时间里参数 FV_1 和 FV_4 的变化，则应该如图 30-5 所示。

时间	FV_1	FV_2	FV_3	FV_4	FV_5	FV_6	FV_7	FV_8	ST_1	ST_2	A	B	C	D
10:11:31	90.40	155.84		15.69	2445.46		49.45	3.96			95.50	1.89	3.61	
10:11:30	89.90	154.98		15.65				3.96		874.90		1.33	3.98	
10:11:29	91.80	158.25	22.02	15.81	2502.49			3.98					4.43	
10:11:28	92.10	158.77	22.05	15.84		4.70	8.62		1233.10				4.85	
10:11:27	92.30	159.12		15.86	2522.96	50.23		3.98		882.40			5.12	
10:11:26	90.80	156.53	21.90	15.73	2461.71			3.97						
10:11:25	91.40	157.56		15.78	2486.15		49.86	3.97		881.60		1.51		
10:11:24	91.50	157.74	21.98	15.79	2490.23			3.97						
10:11:23	91.20	157.22	21.95	15.76	2477.99	54.46	57.76							
10:11:22	92.10	158.77		15.84	2514.76	50.15			1229.70		90.20			
10:11:21	89.90	154.98	21.79	15.65	2425.20	53.91	57.17	3.96						
10:11:20	90.40	155.84		15.69				3.96			91.90		6.28	
10:11:19	89.90		21.79	9.48							91.60	1.55		
10:11:18	91.80	158.25		15.81				3.98				1.61	6.14	
10:11:17	92.10	158.77		15.84	2514.75	50.15	57.52	3.98		855.10			6.06	
10:11:16	92.30			9.61								1.33		
10:11:15	90.80		21.90	9.53		4.68	6.68	3.09					5.89	
10:11:14	91.40	157.56	21.97	15.78	2486.15			3.97	1203.50				5.33	
10:11:13	91.50		21.98	9.57	0.00		0.00			859.20	98.30		5.51	131.50
10:11:12	91.20	157.22	21.95	15.76	2477.99		49.78	3.97				1.29		130.40

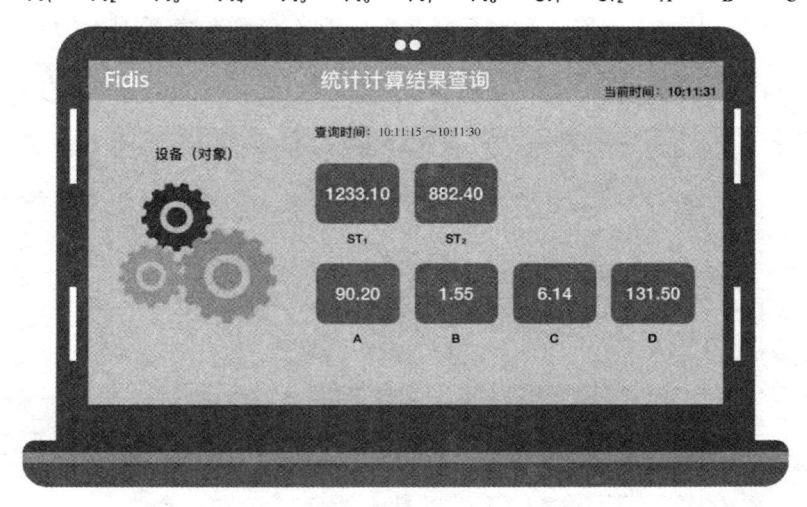

图 30-5　参数变化情况

Fidis 应用框架

Fidis 应用框架的作用就是完成从数据到"应用"的工作。Fidis 是 MixIOT 体系中一个非常重要的组成部分,打通了从"时序纵横"的数据到达客户实际使用的最后一千米。

什么是应用框架?我们来慢慢解释。

如果把 MixIOT 体系看作一个操作系统,那么 Fidis 就是操作系统的桌面。我们把这个"桌面"叫作 Fidis Portal(Fidis 门户),意思是只要进了 Fidis 这个门,里面的琳琅满目的东西都在这儿,所以,Fidis 又是 MixIOT 体系唯一的一个与用户交互的地方。

很巧,Fidis 的 Logo 有三种颜色,实际上它们分别代表了 Fidis 里面包含的三种类型的应用(见图 30-6),我们分别解释一下。

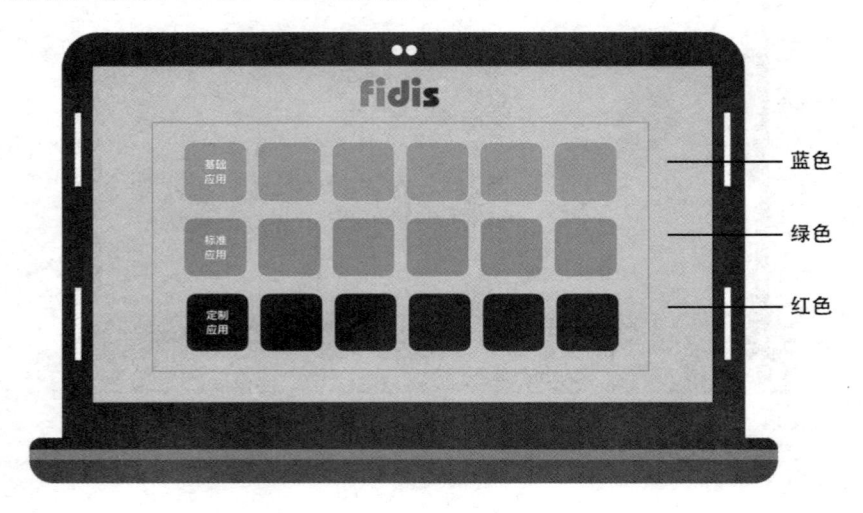

图 30-6 Fidis 中三种类型的应用

- （蓝色）基础应用，是与 MixIOT 体系相关的东西，以及与管理配置有关的东西，例如，MixIOT Admin、MixIOT 体系服务组件、门户设置、代理设置等；
- （绿色）标准应用，是 MixIOT 体系中提供的标准服务或应用，如 Pro（主应用）、Exp（次主应用）、统计报表、信使服务、Indass、估计值计算等；
- （红色）定制应用，这是客户自己开发或委托第三方开发的，只有客户自己使用的特殊应用。

我们具体化一下，就变成如下情况，如图 30-7 所示。

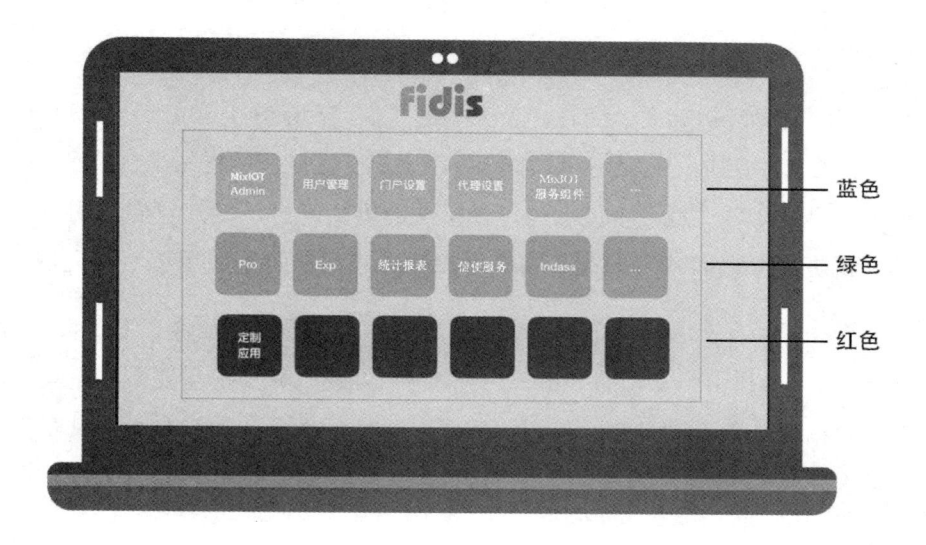

图 30-7　三种类型应用的具体示例

先说（绿色）标准应用，这是 MixIOT 体系中提供的标准服务和应用。只要智物联推出新的标准应用，每个 MixIOT Fidis 都会有，都能看到，都能用。所以，这部分是公开的。

再说（红色）定制应用，这是属于客户自己的，由客户自己开发或者委托第三方开发的，然后部署到自己的 MixIOT 体系中。

再说（蓝色）基础应用，也叫管理应用，这部分是只有 MixIOT 体系的管理员才能使用的。这些应用用来管理和配置 MixIOT 体系、创建使用人群账号和密码、配置门户、设置一些重要的服务组件等。这里注意非常重要的一点：如果客户有什么特殊的东西不能让所有使用者用，而是只允许特殊的管理员用，就可以按蓝色标准来开发，再进行部署。

我们注意到，标准应用有个叫 Pro 的东西，这是 MixIOT 体系里面提供的一个绝大多数工业物联网项目都可以使用的主程序。所谓主程序，就是使用最多的程序。标准版本的 Pro 是以监控、查询、展示数据为主要内容的应用。当然，对一些特殊的工业物联网项目，也可以用自己定制的程序，不使用标准版本的 Pro。

到现在，相信你对 Fidis 已经有一个大概的了解。Fidis 并不只是一个 Web 软件，也不只是一个实时监控，它是一个大框架，是人机交互应用的框架平台。理解这一点非常重要。同时，它又是一个灵活的、分层次的框架平台，尽管我们看到的是整齐排列的豆腐块，但它们本质上有基础应用、标准应用和定制应用三个不同层次。

你也许在想，万一遇到一个非常特殊的客户，需求很特别，现在 Fidis 的东西，报表、Pro 等，全都用不上，那 Fidis 还好使吗？好使！只要你需要数据采集，需要对采集的数据进行保存和处理，只要你需要对数据的统计计算和分析，只要你需要应用，那么，Fidis 就是最佳选择。因为你可以如图 30-8 所示来操作。

看懂了吗？

在后面的章节中，会介绍 Fidis 的应用开发框架 OpenFrame。这些自己定制的主应用和其他应用，都是在 OpenFrame 框架里开发的，这个框架集成了 MixIOT 体系的数据服务，开发应用并不难。

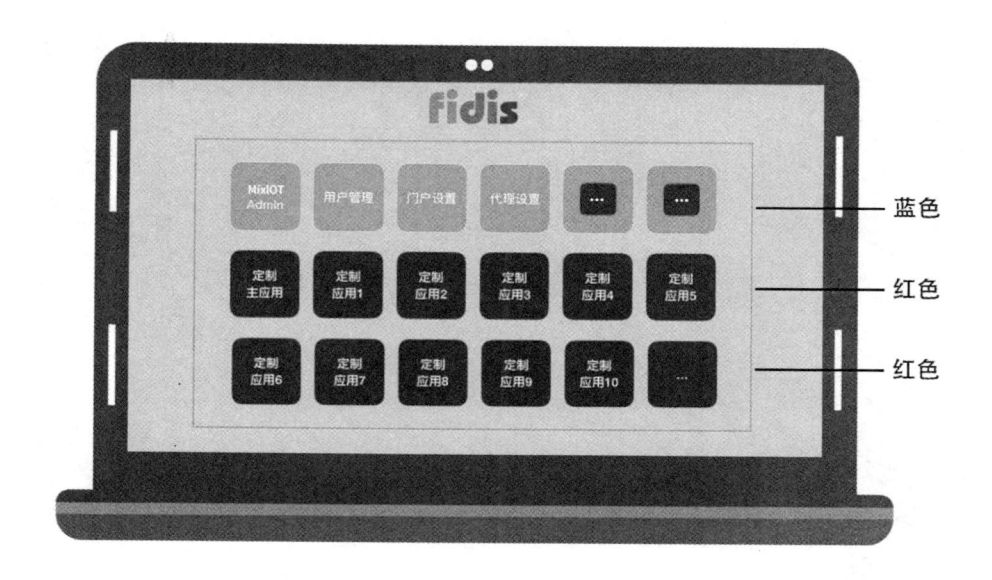

图 30-8　用户自己定制开发的 Fidis 应用

只要是工业物联网，不管需求是什么，不管应用是什么，用 MixIOT 体系就对了！用 Fidis 框架就对了！

第 31 章
应用主程序（Pro & Exp）

Fidis 主应用

在上一章中，详细介绍了 Fidis 应用框架是什么。Fidis 就是一个平台，它把 MixIOT 体系中的数据（包括原始数据、处理好的数据、统计计算过的数据、分析后的数据等）和应用集中管理起来。

管理起来的应用包括了 MixIOT 体系管理配置的应用（蓝色），标准的公共应用（绿色），还包括了客户自己定制的特殊需要的应用（红色），如图 31-1 所示。

在标准的应用中，有两个应用是使用得最多的，分别是 Pro 和 Exp，我们称之为 Fidis 主应用。可以把 Pro 和 Exp 当成一个东西，它们实际上也差不多，后面会详细解释。

为什么 Fidis 框架里需要一个主应用呢？除了它是使用频率最高的，还有一个重要的原因，主应用是唯一提供人机交互逻辑的应用，也是唯一使用非命题方式的应用。

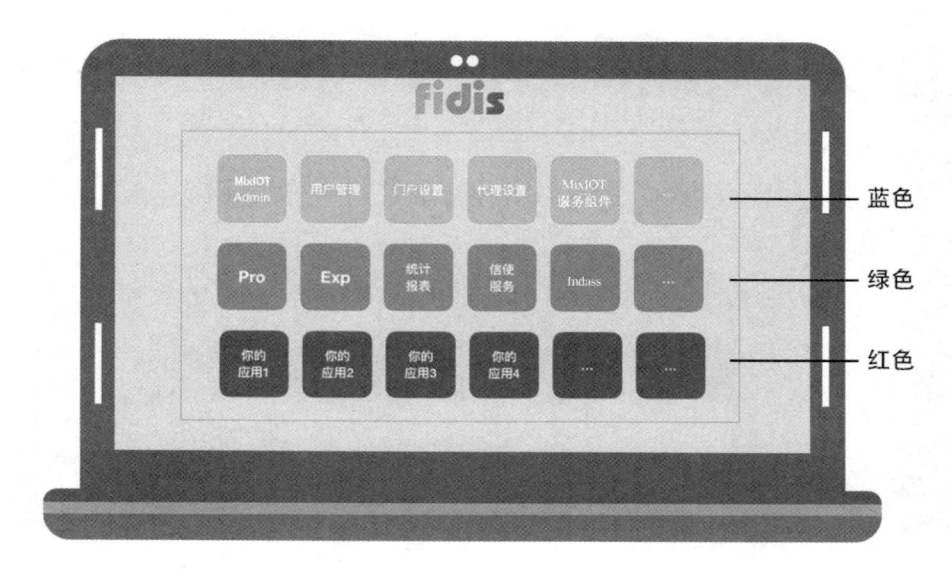

图 31-1 Fidis 中的应用

我们在前面的其他章中分别介绍过"报表服务"和"信使服务"这两个内容，它们都是"命题方式"的应用。Fidis 里面提供的标准应用，都是这类应用。也就是说，对这些应用来说，用户只需要创建想要的命题，然后就可以等待这个应用自己生成所需要的结果。

比如，统计报表，只需要把日报表、周报表、月报表等，按报表项目方式创建好，按需要写好脚本，设置好这些报表都发给谁，就可以了。除非需要增加新的报表，否则，就再也无须回头打开这个应用，因为报表直接通过邮件发给指定的接收人了。

标准应用里面，除了统计报表，像信使服务等应用基本上都是这样的，也算作一劳永逸的应用吧。主应用（Pro 和 Exp）却不是这样的，它是一个基于完整人机交互逻辑的应用，你不打开 Pro，Pro 里面有什么你不会知道。Fidis Pro 界面如图 31-2 所示。

图 31-2　Fidis Pro 界面

Pro 和 Exp

先解释一下，Pro 的全称叫 Professional（专业）；Exp 的全称叫 Expertise（专属）。它们既一样，又不一样。一样的是，它们里面的内容几乎是完全相同的；而不一样的地方是它们的使用者。

我们还是用开篇时候的例子，不知道你是否还记得，SCO 公司生产 SCO 设备。简单地说，SCO 公司自己用的主程序是 Pro，它关注的是 SCO 公司生产的所有的 SCO 设备，无论这些设备卖给哪个客户，安装在什么地方使用，都是 SCO 要关心的；而 SCO 的客户使用的则是 Exp，因为他们只需要关注他们自己使用的 SCO 设备，无须关心其他客户使用的 SCO 设备。

假设 SCO 公司生产的 1 000 台 SCO 设备分别卖给了 100 个客户，那么，SCO 公司的工业物联网项目里，SCO 公司自己用的是 Pro，关注的是全部 1 000 台设备；而 SCO 的客户用的是 Exp，关注的是自己购买使用的几十台 SCO 设备。这个问题应该比较好理解，SCO 公司要对全部卖出去的设备提供售后服务，而每个客户只需要关心自己使用的那些设备运行得怎么样。Fidis Exp 界面如图 31-3 所示。

图 31-3　Fidis Exp 界面

Fidis 应用框架里的主应用之所以是 Pro/Exp 的原因，是在很长一段时间里和很大程度上，工业物联网的应用都是从实时监控开始的，但将来未必一成不变。随着这个领域的不断成熟，主应用也许会变成其他样子。

关注与授权

你也许会觉得，说了半天，Pro 和 Exp 不就是我们熟悉的授权吗？SCO 公司授权这个客户只能看到那些设备，那个客户能看到另一些设备，不就是这样吗？

这就是另一个需要我们解释的东西。

在 MixIOT 体系的应用中，并不使用传统的"授权"方式，而是使用"关注"方式。所谓关注方式，就类似于微信，微信的通信录里你想加谁都可以去添加，只要具备两个条件，第一是知道对方的微信号，第二是对方同意让你添加。Exp 也是这样的，比如 SCO 公司某客户购买了 15 台 SCO 设备，这个客户的 Exp 可以关注这 15 台 SCO 设备，可以关注其中 12 台 SCO 设备，也可以只关注经常出问题的 3 台 SCO 设备。

那么，"关注"跟"授权"究竟有什么不一样，为什么我们不选择授权而选择关注呢？授权在操作上会很复杂，而且需要专门的人来管理授权，这是主要原因。另一个原因，关注方式会灵活得多，无须考虑授权分级之类的问题，这些看上去好像规范管理的东西，其实没有什么太大的可操作性。总之，Exp 想看到什么设备，那就把它关注起来就行了。具体怎么关注，可以参考详细的 MixIOT Admin 管理指南。

接下来，说说怎么利用"关注"的灵活性。

还是以 SCO 公司为例，1 000 台设备卖给了 100 个客户。其中，SCO 公司在广东地区有 20 个客户，共有 300 台设备。SCO 公司把售后服务分别外包给了 A、B、C 三家服务公司，A 公司负责其中 11 家客户的 143 台设备；B 公司负责其中 10 家公司的 82 台设备；而 C 公司负责 13 家公司的 65 台设备。看出来了吧，A、B、C 三家公司在客户上是有交叉的，在设备上却不交叉。

为了维护起来方便，SCO 公司让 A、B、C 三家使用了 Exp，A 公司的 Exp 关注了 143 台设备，B 公司的 Exp 关注了 82 台设备，而 C 公司的 Exp 关注了 65 台设备。在操作上，他们只需要把自己负责售后服务的设备分别关注进来就行了，如果未来他们负责售后维保的设备多了，或者少了，或者 SCO 又有新的一家售后服务，或者之前的 A、B、C 公司里哪家不干了等，唯一需要做的，就是关注和取消关注。

如果不是关注，而是授权，你觉得又该怎么做呢？

定制应用和主应用

前面说了什么是 Pro 和 Exp。现在你已经了解了，如果一个工业物联网项目中，标准应用（绿色）不能完全满足我们的需要，那我们就可以用 Fidis OpenFrame 这个开发框架去开发项目需要的定制应用（红色）。

看上去好像红色的应用跟 Pro/Exp 扯不上什么关系。其实，红色的应用只是定制应用的一个形式。定制应用还有另一个形式，叫"Pro Extension"，即"主应用延长"形式。所谓"主应用延长"，就是把定制的应用不作为单独的"红色应用"，而是把它变成 Pro 的一个延伸，这个延伸就是现有 Pro 菜单的延伸，把定制的部分作为 Pro 延伸出来的菜单。

这种情况一般适用于那些定制的需求本身跟主程序关系紧密，内容上并不是完全独立的，或者新增的需求本身并不多的情况。主应用延长界面如图 31-4 所示。

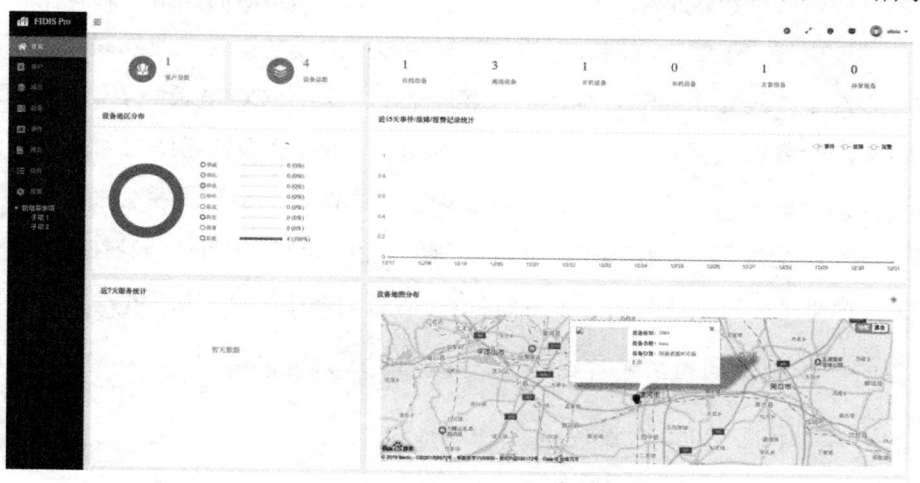

图 31-4　主应用延长界面

也就是说，如果有新的定制需要用 OpenFrame 开发框架去开发时，可以选择独立的"红色应用"方式，或者选择"主应用延长"方式。

Pro/Exp 改变商业模式

你也许很难想象，Pro 和 Exp 跟商业模式有什么关系。其实，Pro/Exp 真的会给智物联的客户，尤其是设备制造企业客户带来商业模式的变革。

还是以 SCO 公司为例。

SCO 公司自从用了 MixIOT 体系来构建工业物联网，受益良多：首先是产品质量提升了，因为他们通过数据计算和分析，对自己的设备更加了解，并且优化了设计；其次，他们的售后服务由之前的被动式服务，变成了主动服务，大大提高了售后服务效率，而且大大降低了售后服务成本。

就这样，从年初到年尾，SCO 公司的订单纷至沓来，他们在出厂的时候就给设备安装了适配器，工业物联网成了标配，只要出厂的设备都带工业物联网功能。到了这一年终于要过完了，SCO 财务的报表出来了，却让 SCO 老板吓了一跳：明明是订单多了，售后成本也降下来了，产品质量也好了，为什么反而没赚钱？仔细一看，本该落袋为安的利润，都花在了工业物联网上。这钱并不是智物联赚去了，因为智物联也就卖了适配器，并没赚多少钱。那 SCO 工业物联网项目的钱花在哪儿了？一查结果，原来是每一个适配器都有 4G 卡，每时每刻都在使用 4G 流量。

我们替 SCO 老板算笔账就知道了，SCO 用工业物联网三年了：

2017 年，销售 1 000 台设备；

2018 年，新销售 2 600 台；

2019 年，新销售 4 100 台。

每台设备的通信费用按每月 10 元计算的话，这三年里 SCO 花费如下：

2017 年，1 000×12×30 = 360 000（元）

2018 年，1 000×12×30 + 2 600×12×30 = 1 296 000（元）

2019 年，1 000×12×30 + 2 600×12×30 + 4 100×12×30 = 2 772 000（元）

SCO 老板这会儿肯定想吐血，这工业物联网还能玩得下去吗？毕竟这个 SCO 设备的销售也是一锤子买卖。

好在老板也是一位商业奇才，他敏锐的商业嗅觉一下子就从 Pro/Exp 闻到了机会。他为 SCO 制定了新的政策，跟他的客户说：以前我卖给你的是 SCO 设备，现在再卖一个东西给你，就是 Exp。一旦拥有了 Exp，你就可以随时随地知道你所使用设备的运行情况，SCO 可以提供实时监控、分析、偏态、动态配载等，而且 SCO 公司只收服务费，每台每月 50 元。这与 SCO 的成本相比，客户基本上都能接受。就这样，SCO 在 2020 年预计新销售 5 200 台设备，那 SCO 在 2020 年会怎么样呢？要不你帮这聪明的老板算算看！

Pro/Exp 改变设备生产企业的商业模式，绝非戏言，这只是开始！

第 32 章 应用开发框架（OpenFrame）

Fidis 应用的来历

在前面介绍 Fidis 时，有这样一张图，如图 32-1 所示。

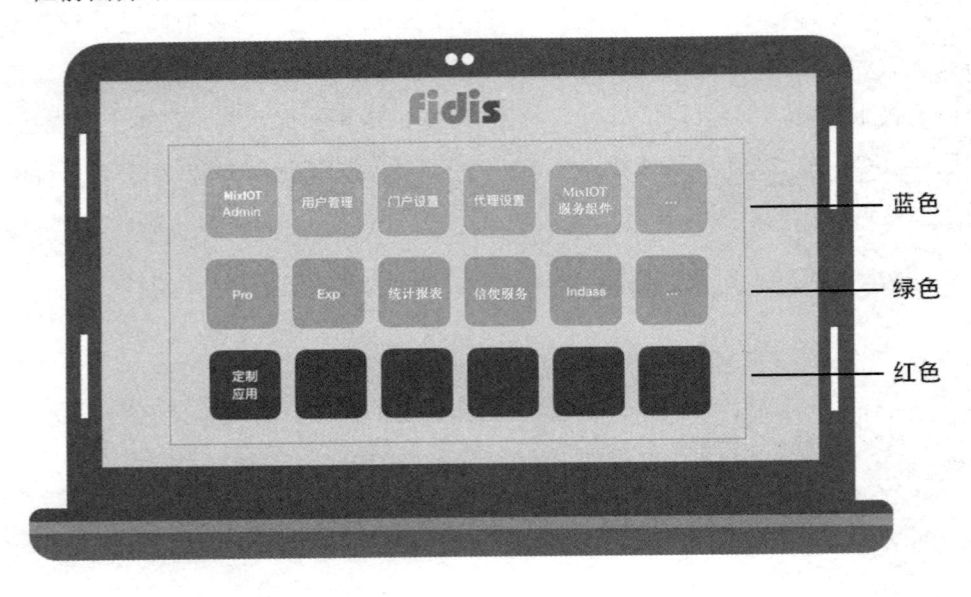

图 32-1　Fidis 中不同类型的应用

Fidis 门户里面看到的，都是应用：

- 蓝色的并不是每个人都用的，只是管理员用来配置管理的；

- 绿色的是 MixIOT 提供的标准应用，合适就用，不合适就不用；

- 如果有什么特殊需求，蓝色、绿色都满足不了的，那就另开发，这就是红色的应用。

那么，这些应用都是从哪儿来的？答案是，除了蓝色是必须有的，而且不能不要，也不能自己做之外，红色的需要在 Fidis OpenFrame 框架下开发。其实，绿色的就是在这个框架下开发出来的，这是一个 Fidis 应用体系下的应用开发框架，谁都可以用，谁都可以用它来开发自己需要的应用。

所以，没有秘密，应用开发框架就是 OpenFrame。

OpenFrame

首先，OpenFrame 其实就是一堆框架代码，以及一堆 API 引用说明。

你可以去 Mixlinker Fidis OpenFrame 论坛，或者根据开发指南的链接，下载这些框架代码。然后，在这个框架代码中，把自己的代码放到其中。需要用到 MixIOT 体系的什么数据，就引用对应的 API。开发好了后，按 Fidis 部署的指南，把这些你自己在 OpenFrame 里开发的东西，放到 Fidis 应用体系（见图 32-2）里，你就可以在 Fidis 门户中看到你的杰作了。

如果你有自己的想法，就完全可以做到，它就是你的 Fidis。

要想开发自己的应用，就需要成为智物联的合作伙伴，不仅可以给自己开发应用，还可以给 MixIOT 的用户群体开发应用。如果你的应用对大家都有用，那么，就可以让它由红变绿，变成 MixIOT 体系中的标准 Fidis 应用。

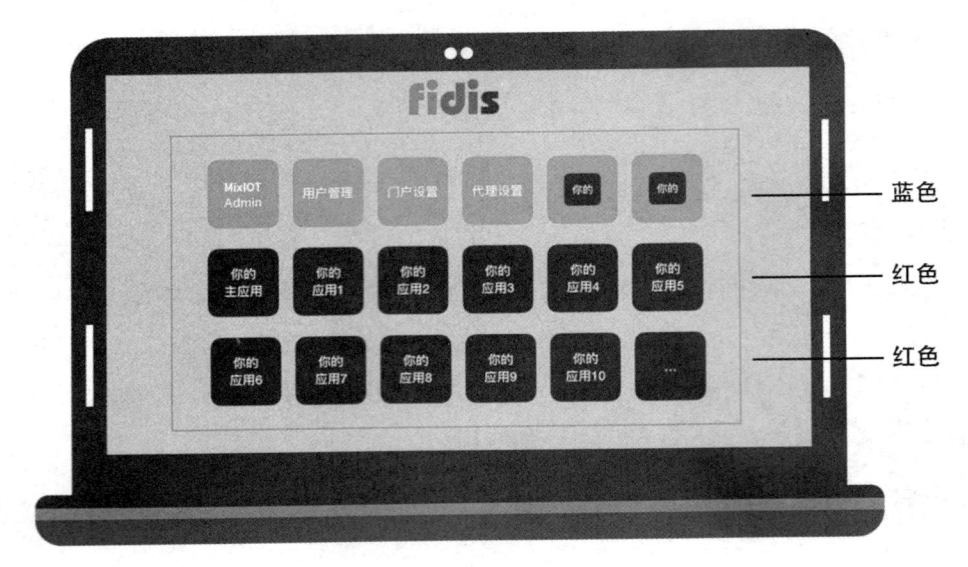

图 32-2　用户自己定制开发的 Fidis 应用

第七部分
产品与项目篇

技术应用于实践才能真正发挥作用，产生价值。MixIOT 体系已经实现了产品化，既有云部署的"如来方略云（RolaCloud）"，又有工业现场机柜部署的"如来方略柜（RolaCab）"。同时，还能与边缘计算结合，解决实际工业中的相关问题。

这些产品是什么样子的？在一个具体的项目实施中，又该如何利用 MixIOT 体系和这些产品呢？

本部分将对此进行介绍，希望能给读者以启发。

第 33 章
如来方略柜（RolaCab）

如来方略柜 R 系列

讲到这里，你应该知道了，MixIOT 体系就是一个工业物联网的数据处理系统，是一个体系，可以用还原实施的方法去快速实现工业物联网项目。

前面提到过，MixIOT 体系可以有多种部署方式，可以部署在公共的云服务上（比如阿里云、华为云、AWS 等），可以部署在企业私有云上，也可以部署在企业自己的私有服务器上等。除了这些，还可以部署在如来方略柜（RolaCab）上。如来方略柜是软硬件一体化的工业现场控制机柜，目前有 R 系列和 E 系列，E 系列是与边缘计算控制器（Apieco）相结合的边缘计算控制柜。本章我们重点讲述用于部署 MixIOT 体系的如来方略柜 R 系列。

如来方略柜的"如来"是"仿佛就在身边"的意思，它就是一个特殊设计的机柜，这个机柜用在工业现场。机柜里面除了有完整的 MixIOT 体系，还有很多其他东西，像 AD 模块、计算器、传感器、网络设备、适配器、Apieco 等。如图 33-1 所示，图 33-1（a）个头大的是 RolcCab R2000；图 33-1（b）个头稍小的，是 RolcCab R1200。

（a）RolcCab R2000

（b）RolcCab R1200

图 33-1　如来方略柜

如来方略柜的详细资料可以参考相关技术规格文档,这里就不再详细说了。

为何要用如来方略柜

可能你在想，绝大多数的工业物联网应用不是都应该在云端吗？为什么还要把 MixIOT 体系部署在机柜？

在回答这个问题之前，我们先要明白，如来方略柜是放在工业现场的，如工厂、车间、生产线等。

使用如来方略柜主要有两个原因，一是客户觉得自己的这些工业数据比较重要，也比较敏感，放到云端不太放心；二是数据量比较大，采集的频率很高，比如每秒都要采集一次，对象的参数成百上千，通信的流量很大，用 4G 的流量成本会很高，而如来方略柜可以使用局域网，无须支付这个费用。

如果忽略如来方略柜中部署的 MixIOT 体系，即便不使用物联网，如来方略柜也是一个很标准的控制柜，不仅有 PLC，还有工控机服务器、边缘计算终端、A/D 模块、继电器模块、网络设备等。这也是工业装置控制系统的一个选择，而且未来也有利于在有需要的时候，进行工业物联网的扩展，以及边缘计算应用的扩展。反正是需要用控制柜的，何不把眼光放长远一点。

我们举个例子，来说明如来方略柜的应用。

SCO 公司、厂部和四个车间示意图如图 33-2 所示。

1#～3#车间分别生产 SCO 设备的三个核心部件，各车间都有多条生产线和多种不同设备；4#车间为产品总装，有多条总装线和多条测试线。厂部负责生产管理，SCO 公司负责产品售后服务。

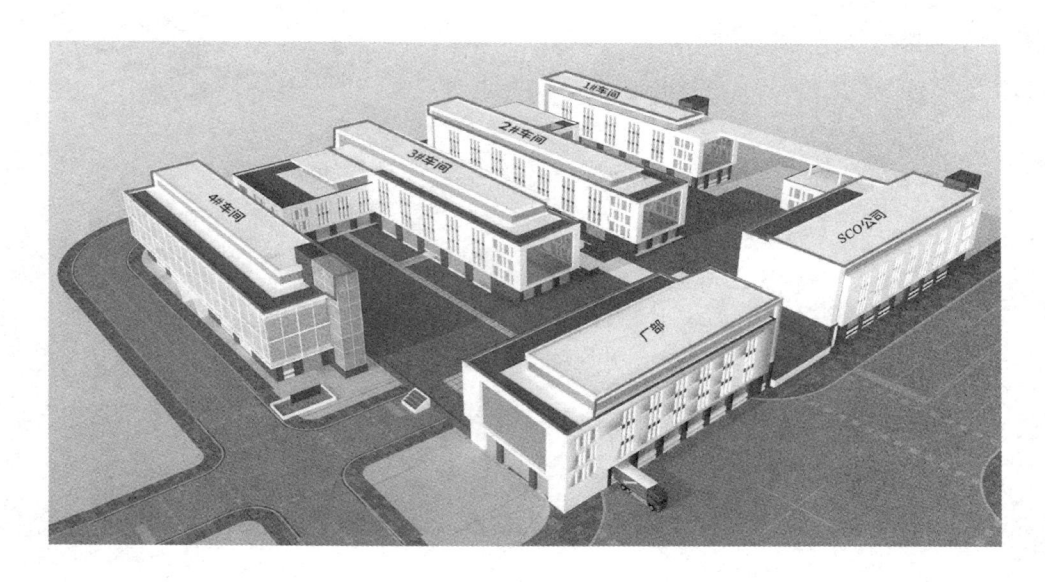

图 33-2　SCO 公司、厂部、四个车间示意图

SCO 公司的工业物联网项目涵盖的范围是两大块，一块是 SCO 产品的生产制造，另一块是销售出去的 SCO 产品。也就是说，如果从"设备"角度来理解，SCO 的工业物联网里面的"设备"是两大类，一类是 SCO 公司自己使用的生产设备，另一类是卖出去的产品（设备）。

那么，既要保证 SCO 生产的数据不出厂，又要对销售出去的 SCO 设备进行工业物联网维护，就可以按图 33-3 所示来规划。

每个车间都用一个 RolcCab R1200，里面的 MixIOT 体系是支持各车间生产线和设备的，它们通过 UFS 把重要数据和统计结果发给厂部 RolcCab R2000 的 MixIOT 体系；而厂部的 MixIOT 体系通过 UFS 把重要的数据发给云部署的 MixIOT 体系（即如来方略云）。

SCO 公司用的是云部署 MixIOT 体系的 Pro；厂部生产管理人员用 R2000 MixIOT 体系的 Pro；已销售出去的设备通过适配器把数据报文发给云部署的 MixIOT 体系；SCO 公司的客户用的是云部署 MixIOT 体系的 Exp。

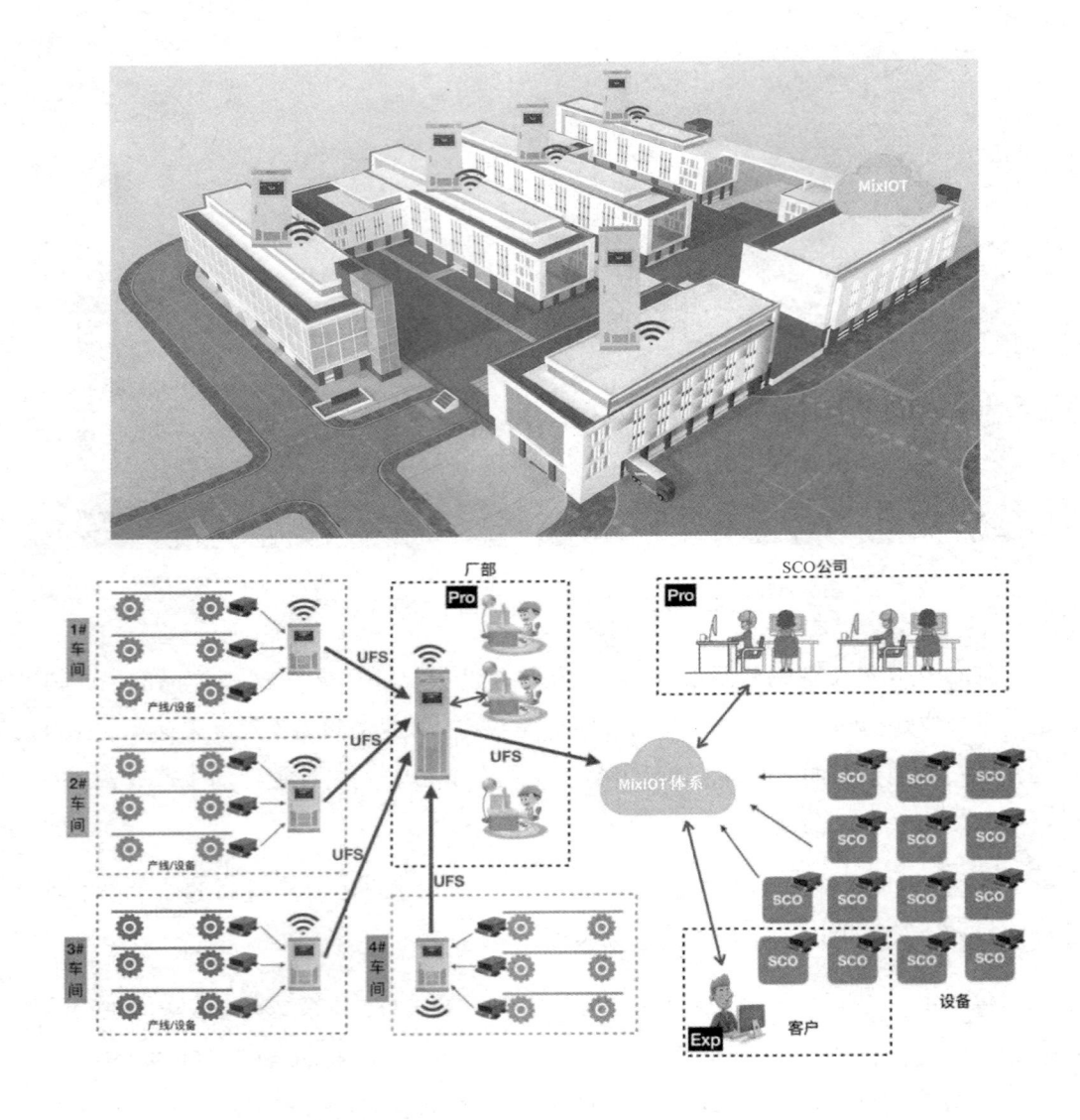

图 33-3　SCO 公司对如来方略柜的应用规划

当然，每个车间 RolcCab R1200 的 MixIOT 体系也有 Pro，如果需要的话，可以给车间生产管理人员使用。

这样的话，我们就能很清楚地看到数据都在哪里了：

(1) 四个车间的生产设备和生产的数据，都在车间自己的 RolcCab R1200 里面，车间管理自己的生产设备运行和生产过程；

(2) 厂部 RolcCab R2000 里面可以有四个车间的全部数据，也可以只有四个车间的重要数据；

(3) 厂部 RolcCab R2000 根据需要，把设备运行和生产的统计数据通过 UFS 发给云部署 MixIOT 体系；

(4) 销售出去的 SCO 设备的运行数据都在云部署的 MixIOT 体系中；

(5) 设备运行数据的统计数据，可以从云部署 MixIOT 体系通过 UFS 发给厂部的 MixIOT 体系；

(6) 如果厂部有 ERP、CRM、MES，可以与厂部的 MixIOT 体系对接。

在前面章节中，专门介绍过 UFS 是什么，我们在这里简单回顾一下。

UFS 是用于一个 MixIOT 体系向另一个 MixIOT 体系传递数据的，不管是设备运行的原始数据，还是经过统计、计算、分析之后的数据，都是可以传递的。

在一个复杂系统中，可以根据实际的需要、安全的需要、权限的需要，把 MixIOT 体系分开部署，只把需要传递的数据传给 MixIOT 体系，这样，就可以让每一个 MixIOT 体系专注于自己该干的事情。

第 34 章 边缘计算控制器（Apieco）

Apieco 是数据终端

智物联除了有几个系列的适配器（AprusII，AprusIII，Aprus X），还有一个高级的数据终端 Apieco（见图 34-1）。这是一个带显示屏、带安卓操作系统、带工业接口的平板电脑。它跟普通的安卓平板电脑有两个区别：一是多了一些工业标准的物理 I/O 接口（如 RS-232、RS-485、CAN 总线、PPI、SPI、IIC、ADC 等）；二是按工业安全标准来设计和生产制造且适合各种工业场景和使用环境。

既然 Apieco 是一个平板电脑，那就可以像其他平板电脑一样，开发各种需要的 App。这跟开发安卓手机上的 App 是一样的。

图 34-1　Apieco

图 34-1　Apieco（续）

Apieco SDK

虽说开发 Apieco 上的 App，跟开发安卓手机 App 一样。但是，Apieco 上多了这么多工业标准的接口（物理 I/O），这些又怎么弄？毕竟安卓手机 App 是不会涉及这些东西的。无须担心，因为智物联提供了 Apieco SDK，就是开发包。利用这些开发包，开发者可以很容易进行操作了。比如打开或关闭某个 I/O 接口，初始化某个 I/O 接口，从某个 I/O 接口读数据、写数据等。

智物联有一本专门为 Apieco 开发者编撰的资料 *Apieco Manual*，参见图 34-2，里面对 Apieco 的每一个细节，包括开发包 SDK 怎么用，都做了详细介绍。

Apieco 应用场景

Apieco 能应用到什么场景，实际上并不是 Apieco 说了算，而是 App 说了算，关键看你要开发什么 App。比如，写一个 App，用来采集设备数据，跟 Aprus（适配器）一样，行不行？当然行！

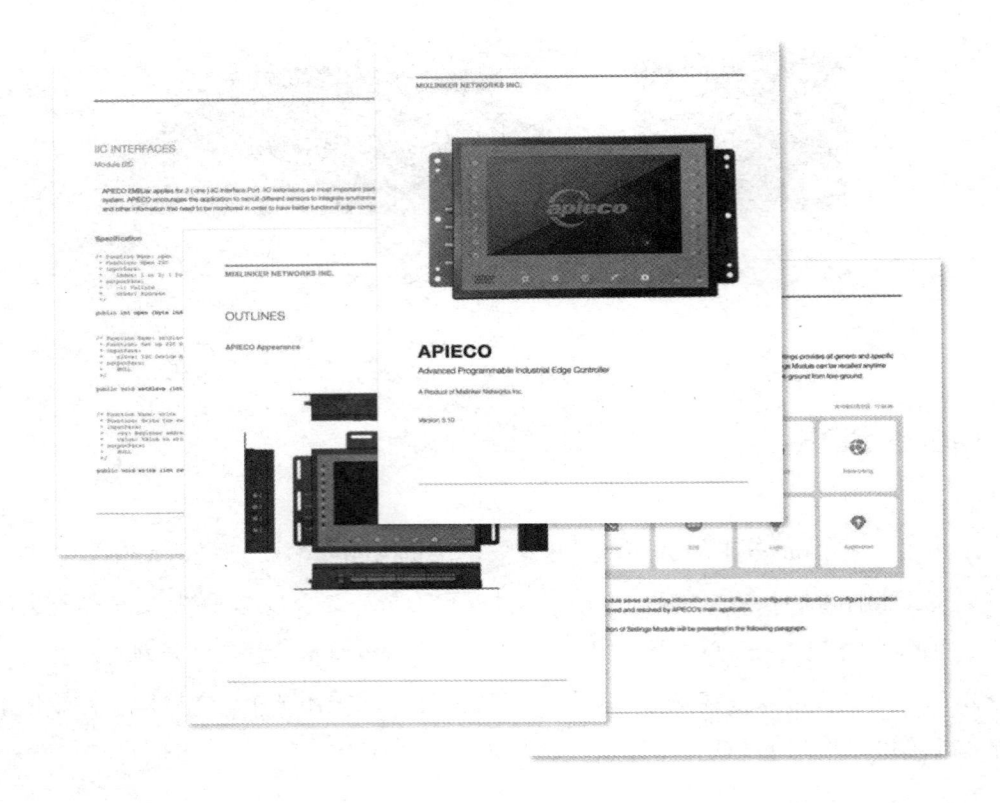

图 34-2　Apieco Manual

但是，如果只是把 Apieco 用来跟 Aprus 一样采集数据，实在是大材小用了。Apieco 不仅有很大的内存和速度很快的 CPU，还有很大的存储空间，Apieco 的综合能力大概比 Aprus M 系列适配器高 100~300 倍，所以，它可以承担更多、更重要、更复杂的工作。

通常，从性价比考虑，Apieco 可以用来做几类事情：

- 在本地做计算量很大、很复杂的事情，比如，做快速傅里叶变换（FFT）来计算振动数据；
- 本地边缘计算；

- 本地控制器；

- 设备集群联动控制。

这次不举工业的例子，我们举一个农业的例子（见图34-3）。

图 34-3 高科技农业大棚

这是一个高大上的高科技农业大棚，里面的东西可不少，罗列如下：

- 通风机 24 个，分布在 4 排，每排 6 个；

- 轨道式自动喷淋 4 个，每排 1 个，可以上下左右移动；

- 太阳灯 12 盏，每排 3 个；

- 环境温度湿度传感器 4 个；

- 土壤温度湿度传感器 24 个；

- 光度传感器 1 个；

- 土壤NPK（氮磷钾）传感器 12 个；

- 水泵 1 台；

- 液态肥料搅拌釜 1 个；

- 液态肥料泵 1 台；

- 电控阀门 4 个；

……

之前，除了传感器，其他的泵阀、喷淋施肥、通风补光等设备都有操作开关，放到一个开关柜里面，可以手动控制什么时候开灯，什么时候关灯，什么时候抽水喷淋，什么时候通风等。

现在有了 Apieco，可以对它们进行改造，把所有通风机的开关控制、自动喷淋控制、光照控制、施肥控制，还有电控阀门、水泵、液态肥料搅拌釜开关，以及全部的传感器等，都接到 Apieco 物理 I/O 接口上。

这时，我们开发一个 App，做这么几件事。

- 通过物理 I/O 接口，把土壤温度和湿度的数据、环境温度和湿度的数据、土壤肥力的数据、环境光照的数据等，全部拿到。

- 通过 I/O 接口，把喷淋控制、通风控制、补光控制、施肥控制等，全部控制住。

- 编写一套逻辑，比如，土壤湿度低于多少时就喷淋；土壤湿度到了什么程度时就停止喷淋；环境温度高于多少时就通风；温度到了多少时就停止通风；阴天光度少于多少时就开太阳灯补光，光线足够时就关太阳灯；土壤肥力低于多少，超过多长时间就施肥；肥料使用了几次就重新搅拌等。

当我们开发好 App，运行起来，整个农业大棚就全自动化了。

这些泵阀、开关什么的，怎么接到 Apieco 呢？这需要一些继电器之类的设备。

传感器也需要通过一些 A/D 模块才能接到 Apieco，也就是说，还会有一堆零碎的东西。这时，你可以考虑用一个如来方略柜 E800 型（见图 34-4），柜子里面带一个 Apieco，还有需要的各种零件模块等，这样看上去就利索多了。

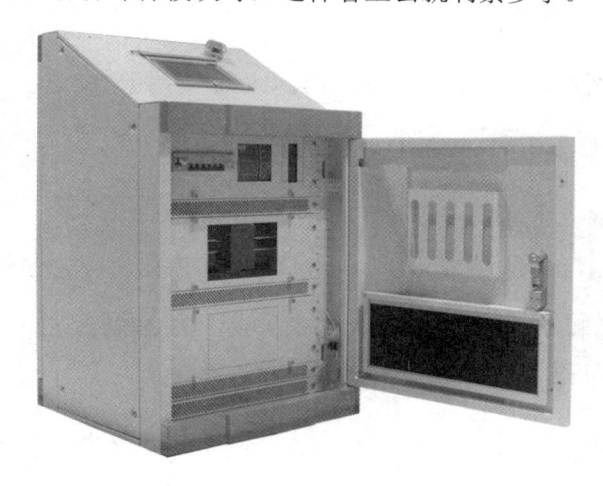

图 34-4　如来方略柜 E800 型

Apieco 和 MixIOT 体系

刚才那个农业大棚的例子，Apieco 跟 MixIOT 体系好像没有什么关系，农业大棚好像也没有 MixIOT 体系什么事儿，Apieco 自己就完成了一系列的大棚控制。没错，确实是这样的。

但是，假如你有 200 个这样的大棚，里面都用上了如来方略柜 E800 型，也就是说有 200 个 Apieco。你是想每天奔波在这些大棚之间，还是想坐在家里就能：

- 看到所有大棚的情况；
- 随时远程操控大棚的各种操作；
- 了解每个大棚土壤肥力对农作物的影响；

- 掌握不同喷淋方式对农作物产量的影响；

- 分析什么样的土壤温度是最佳的温度；

- 每个月收到几个统计报表；

- 大棚有什么意外情况发生能第一时间收到一条短信；

……

如果你想做到上述这些，很简单，把 MixIOT 体系用起来，其实就是把 Apieco 采集到的这些数据，上报到 MixIOT 体系，把每个大棚作为一个对象。

MixIOT 体系和 Apieco 是天生的父子关系。在 Apieco SDK 里面，内置了与 MixIOT 体系交互的东西，不管谁来开发，都很容易。

对了，你还可以把摄像头用起来（参考本书的第 12 章多媒体应用（VAPO）一章）。

第 35 章
边缘计算（Mixedge）

MixIOT 体系的边缘计算

关于边缘计算的话题，好像现在大家都认为，不跟边缘计算沾点边就不算高科技。智物联在边缘计算方面做了一些尝试，比如，前面介绍过的动态配载。动态配载可以部署在如来方略柜 E800 型的 Apieco 上，这就是边缘计算的形式。

边缘计算的准确定义我们就不去纠结了，但其核心的意思，就是把计算放到离对象尽可能近的地方，而不是放在云端或者远端。

要弄明白 MixIOT 体系的边缘计算是怎么回事，首先要分清楚两个要点：

第一，边缘计算是针对某个特定对象、围绕一个特定目标或特定要求计算的；

第二，边缘计算对这个特定对象来说，是一个外部的计算。

怎么理解边缘计算是外部的计算？首先得弄明白什么是内部计算。比如，一台燃气热水锅炉负责给整个酒店提供热水，锅炉有自己的控制器。控制器负责采集锅炉传感器的数据，对锅炉燃烧室的温度、压力、进水、储水、出水、水温、引风机频率、风量、燃气蝶阀开度多少等形成一个闭环的控制。司炉工只需要在锅炉控制器上设定好锅炉的工作参数，如水位要到多高、水温要烧到多少度等，控制器就根据这个设定的参数来计算什么时候需要进水，炉温要烧到多少度，燃气阀门要开到多大等。

请注意，在上述过程中，控制器是通过司炉工在控制器上的设定值来计算其他数据的，所以，锅炉控制器做的事情就是完成一个自身闭环的控制，这个计算就是内部的计算。它有自己的逻辑，控制器就照这个逻辑来计算就行了。控制器的计算是不会去管司炉工为什么会这样设定水位炉温，以及这样设定对不对等问题的。

但是，酒店供应热水的实际情况是很复杂的，入住了多少客人、入住率多少、每个房间住了几个人、这些人什么时候用热水、是洗脸还是洗澡、是泡澡还是淋浴、是洗三分钟还是洗半个小时、每个客人洗澡的时候用多少度的热水等，这些问题别说司炉工了，就是酒店经理也没法全部知道。

那么，到底应该把水位和水温设定到多少，才能既保证任何时候、任何情况下客人都有足够的热水用，又能最大限度地节省燃气呢？假如能通过计算得到答案的话，那么这些计算又该由谁来负责呢？很显然，锅炉自己是不可能进行这些计算的，至少目前是不可能的。这个计算，需要在锅炉之外进行，但是又不能离开锅炉太远，这就是所谓的边缘计算了。

边缘计算结果

还是接着上面的例子来说。我们用一个 Apieco 来作为边缘计算的载体，如图 35-1 所示。

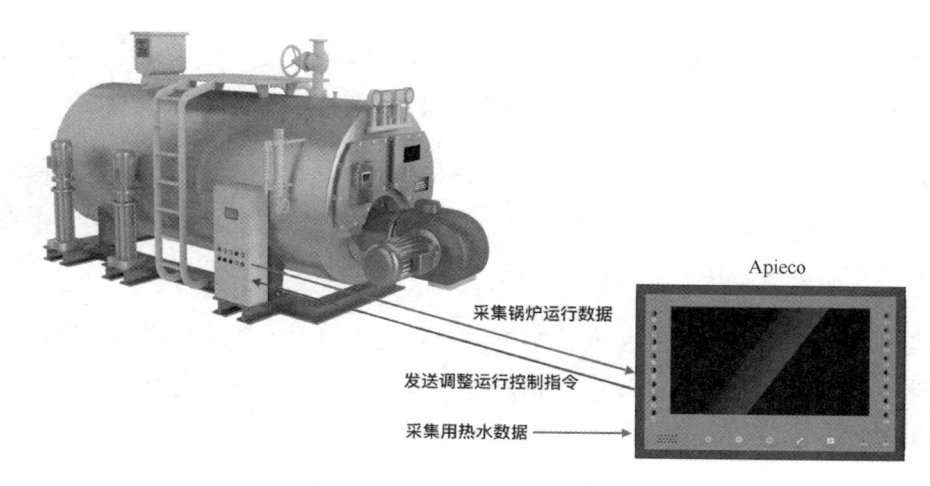

图 35-1　Apieco 对接锅炉控制器

Apieco 对接锅炉控制器，从控制器采集锅炉的运行参数和控制器的设定参数。我们先不去管怎么计算，来看看计算的结果是什么。计算的结果，其实就是一个让锅炉控制器调整的方案，如图 35-2 所示。这里说的调整，是调整两个东西：一个是控制器的设定值，一个是控制器的运行参数值。

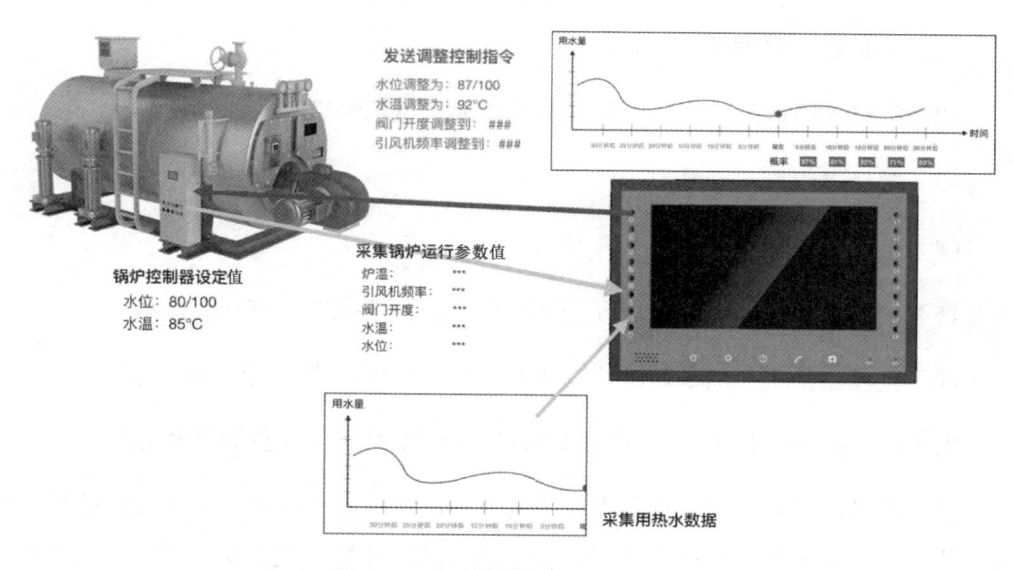

图 35-2　锅炉控制器调整的方案

也就是说，边缘计算的结果，就是告诉锅炉控制器，我（边缘计算）重新算了一下，有一个更好的方法来调节参数，你（锅炉控制器）按这个来调整。

这就是边缘计算的结果了。边缘计算的目的，就是把计算结果变成一个反向控制指令，让对象执行这个指令。现在你应该明白了，为什么计算要在"边缘"了吧，因为计算的结果需要马上用起来。

与边缘计算结果相关的反向控制范围，我们在前面也做过介绍，边缘计算最终落脚到反向控制上，而这个控制仍然是干涉型的，并不会改变对象自身原来的控制逻辑。

边缘如何计算

在刚才这个例子里面，边缘计算是这样做的：

（1）把对象当前的设定值弄清楚，如水位、水温等；

（2）把对象当前的运行参数值弄清楚，如引风机频率、阀门开度等；

（3）把计算依据弄清楚；

（4）把计算目标弄清楚，节省燃气；

（5）把约束条件弄清楚，保证任何时候、任何情况都有足够的热水；

（6）把输出结果弄清楚，水位、水温、阀门开度、引风机频率等。

剩下的，就是需要确定两个很重要的东西：计算周期和计算结果输出周期。

计算周期和计算结果输出周期，这两个可以是一回事，也可以不是一回事。所谓计算周期，比如30分钟，并不是指30分钟计算一次，而是计算的时候，只用到最接近 30 分钟的数据,像两个小时前的那些数据就不去管了;计算结果输出周期,比如 5 分钟,就是说,不管用多久以来的数据,不管怎么算,每 5 分钟输出一次计算结果。

边缘计算载体

上面说的边缘计算是一个外部计算,那就一定需要一个能计算的载体,Apieco 就是这样的一个载体。边缘计算载体的形式没有什么硬性规定,只要有算力,能跟对象交互就可以。

那么,我们重新来定义边缘计算的话,就可以这样说:一个对象,使用与之相连的计算载体,来实现围绕某个特定目标的外部计算。

边缘计算的 MixIOT 体系支持

边缘计算本身是一个独立的东西,就是在边缘计算载体上的一个或一组计算程序,这个载体放在对象旁边,这样方便跟对象的数据交互。我们只需要记住四句话:
- 所有的数据都来自对象;
- 所有计算的依据就是这些数据;
- 所有计算都在载体里面完成;
- 所有计算结果都反馈给对象。

这差不多就是边缘计算应用的全貌了。

一个边缘计算项目的难度，其实就是它计算的难度。而一个边缘计算的客观限制，就是这个计算载体算力和算法的限制、数据来源的限制。智物联 MixIOT 体系下的边缘计算，是可以提供 MixIOT 体系支持的，这里说的支持，是数据的支持，或者承担一部分计算结果的支持。

我们回到前面那个燃气热水锅炉的例子。假如这个城市里面有 100 家酒店的燃气热水锅炉都用了 MixIOT 体系工业物联网，那么每个锅炉的数据就都在 MixIOT 体系里面。

如果说，边缘计算自己可以算出如图 35-3 所示的数据。

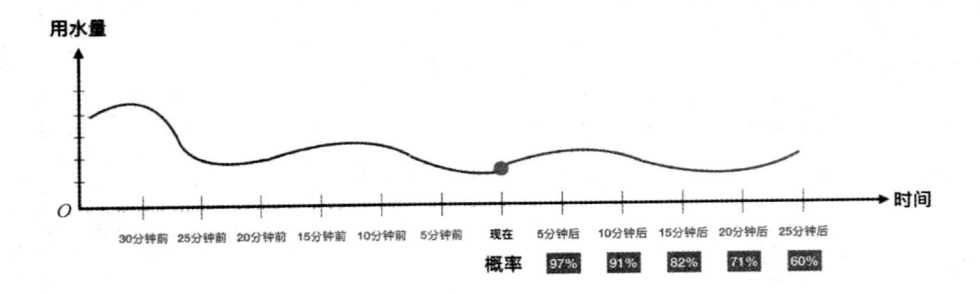

图 35-3 边缘计算得到的数据

那么，如果边缘计算有 MixIOT 体系支持，它就可以得到如图 35-4 所示的数据。

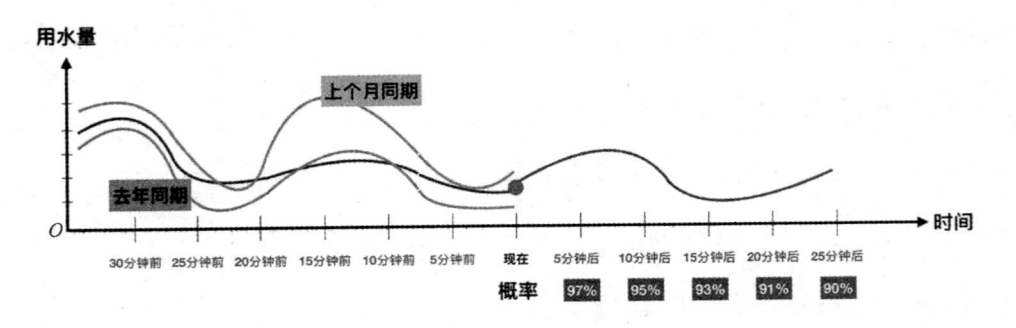

图 35-4 有 MixIOT 体系支持后得到的数据

所以，MixIOT体系的边缘计算，完全是可以利用好 MixIOT体系这个大资源的。

边缘计算与控制

前面说了，边缘计算的目的是为了给对象控制器反馈计算结果的。那么，当结果到了对象的控制器，控制器是否要接受这个结果呢？在之前我们介绍过"干涉型"控制这个概念。边缘计算的结果到底是不是非要对象控制器接受和照办不可，这就需要具体应用，具体分析了。

简单地说，如果别人相信你，那就会听你的。所以，这其中的关键，还是边缘计算是否靠谱。边缘计算是一个新东西，需要我们大家一起不断地努力。随着边缘计算能解决更多实际问题，计算也逐步成熟，那就一定会有很好的前途。

第 36 章
项目实施（Implementation）

工业物联网项目

通过前面的介绍，你应该了解到，如果要全面且快速地建设一个工业物联网项目，MixIOT 体系是一个不错的选择。

把 MixIOT 体系变成一个具体的工业物联网项目，这个过程叫"项目实施"。站在 MixIOT 体系的角度来看，就是把一个抽象的 MixIOT 体系根据项目的实际需求进行"还原"。所以，一个物联网项目的实施过程，实际上就是 MixIOT 体系的还原过程。

如图 36-1 所示，实际上就是 MixIOT 体系的还原过程。简单地说，就是把 MixIOT 体系当作一个黑盒子，还原要做的几件事：

（1）把数据引入 MixIOT 体系；

（2）把脚本、代码注入 MixIOT 体系，设置好 MixIOT 体系，管理好 MixIOT 体系；

（3）让 MixIOT 体系对数据进行处理；

（4）在应用中把处理好的数据用起来。

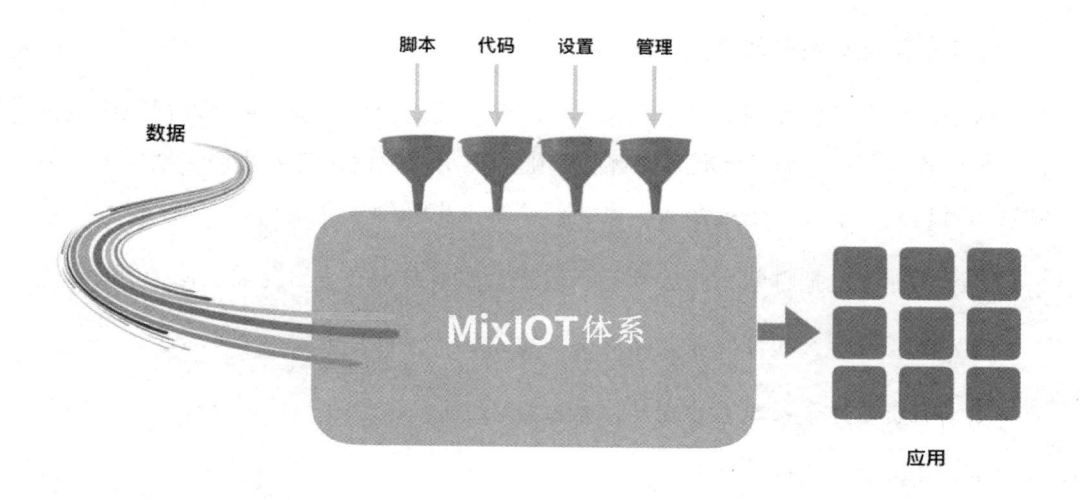

图 36-1 MixIOT 的还原过程

下面介绍一个工业物联网项目实施的三个重要阶段。

（一）对象和采集数据

这个阶段其实就是四件事：

（1）准备把哪些设备、装置、产线等纳入工业物联网项目？准备如何规划对象？

（2）用什么采集数据，用 Aprus（适配器）？Apieco？还是用第三方 DTU？

（3）怎么采集数据，直接对接设备控制器？是否需要外加传感器和模块？加装什么传感器？

（4）最大限度在线采集哪些数据？需要采集哪些离线数据？

这个阶段也叫对象和数据规划阶段。这个阶段至关重要，因为后面究竟能做什么，做成什么样子，很大程度取决于能采集到的数据是什么。也许我们并不能从一开始就判断出什么数据有用，什么数据重要，这都不要紧。但是我们可以依靠客户，客户一定会知道什么数据重要，什么数据不重要。

（二）基础应用规划

这个阶段就是要先想好一个大概（只需要大概就行了，项目实施过程中应该会做不少调整）——这个项目准备做哪些基础的应用。也就是说，我们想把采集的数据怎么用起来。基础应用就那么多，之前基本上也都做了介绍，无非是：

（1）主程序里把哪些东西放到显示板上？如何布局？是否需要反向控制？

（2）需要做什么统计？需要做什么计算？

（3）需要做几个报表？分别是什么报表？

（4）是否需要信使服务？

（5）是否需要客服系统（工单系统）？

（6）是否需要大屏？大屏上都显示什么？

（7）是否需要手机App？

（8）除了MixIOT体系基础应用，是否有特殊的需求？是否需要定制什么应用软件？

随着MixIOT体系自身的不断完善，基础应用的内容也会逐渐丰富。

（三）高级应用规划

高级应用在前面也介绍过一些，高级应用是基于数据分析基础上的一些分析计算。这些计算仅仅是根据客观数据计算出一些客观的分析结果。但是，这些分析结果需要如何解读，并不是一天两天的事情。

MixIOT体系的高级应用也在不断丰富，现在可以选择的有：

（1）Indass，基础数据分析；

（2）Evacs，偏态估计值、增量估计值的分析计算；

（3）Balances，平衡与匹配分析计算（适用于流程工业场景）；

（4）ODS，在线诊断分析；

（5）Aplec，线索构造。

能用的就先用起来再说，现在也很难笼统地说，哪些分析计算有用或没用。

上面说到的这些，都是 MixIOT 体系的标准组件，基本上每一个工业物联网项目都是需要的。把它们运行起来、用起来，算是基础的"一期工程"。"一期工程"为项目奠定了基础，这个基础做得好，那就算把前面四个包子踏踏实实地吃进去了。

前面四个包子吃进去，需要一些时间去消化，按以往的经验，短则两三个月，长则一年半载都有可能。消化的重点，就是观察这些不同侧面的数据分析结果，跟实际的机理之间的关系。

解决实际问题

你一定会注意到，我们反反复复在说的一件事情，就是工业物联网最终还是要回归到解决实际问题上的。基础应用也许解决了日常设备运行监控维护等具体业务的问题，但这只是初级的问题。如果只用 MixIOT 体系来解决这些初级问题，那实在是"杀鸡用牛刀"了。

MixIOT 体系的使命，就是为了让工业物联网解决实际问题：如何提高生产安全性的问题、如何节能的问题、如何减排的问题、如何增产的问题、如何增效的问题、如何提高产品质量的问题、如何把管理做到更加精细的问题等。无论什么问题，只要有前面四个包子垫底，就可以大大方方开吃第五个包子——去想办法解决实际问题。这算工业物联网项目的"二期工程"。

客户最了解自己需要解决的问题了，我们在本书中也举过一些实际例子，但这都只是冰山一角。实际问题的解决，也许需要边缘计算，也许需要一个定制软件，也许是一个算法模型，也许需要一个其他数据分析，任何形式都有可能，并不是说都会有一个现成的产品拿来就用。关于这一点，在边缘计算和动态配载里面都做过讲解。客户提出希望要解决的具体问题，我们跟客户一起来讨论和研究，客户是我们的老师，我们能做的就是与客户一起，向数据、向分析计算要答案。

解决实际问题的方式并无局限，完全可以使用各种先进和潮流的方法，人工智能、机器学习、智能识别、神经网络等，智物联也会在这方面持续创新和努力。不管用什么，它们都可以当作一个应用，用 OpenFrame 开发框架来开发。

如果你还记得，在第 8 章代码库（Codebase）中，介绍了低频数据（事件、故障、报警），就是"标签"这个概念。我们可以来说一下，怎样用机器学习来进行运行识别。在时间段[A,B]间采集到的数据和 EFA 标签如图 36-2 所示。时间段[A,B]变化后采集到的数据和 EFA 标签如图 36-3、图 36-4 所示。

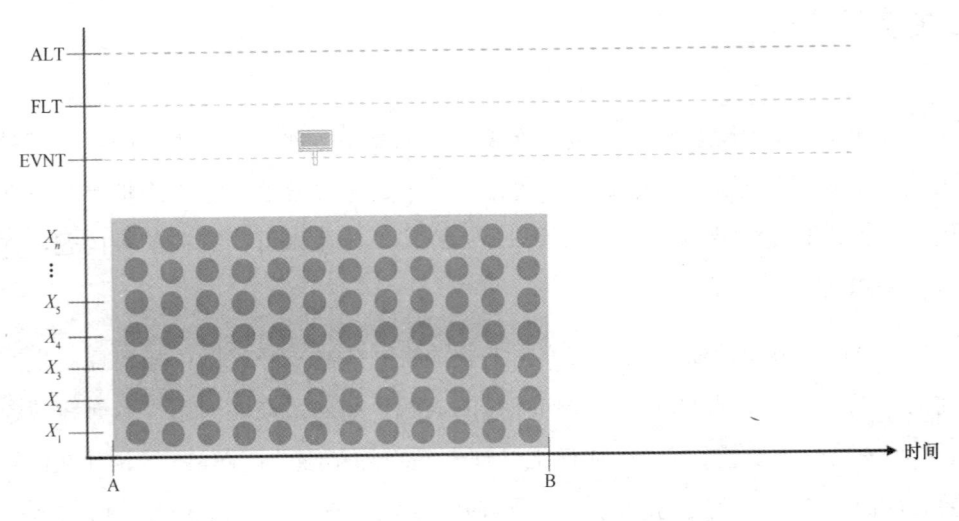

图 36-2　在时间段[A,B]间采集到的数据和 EFA 标签

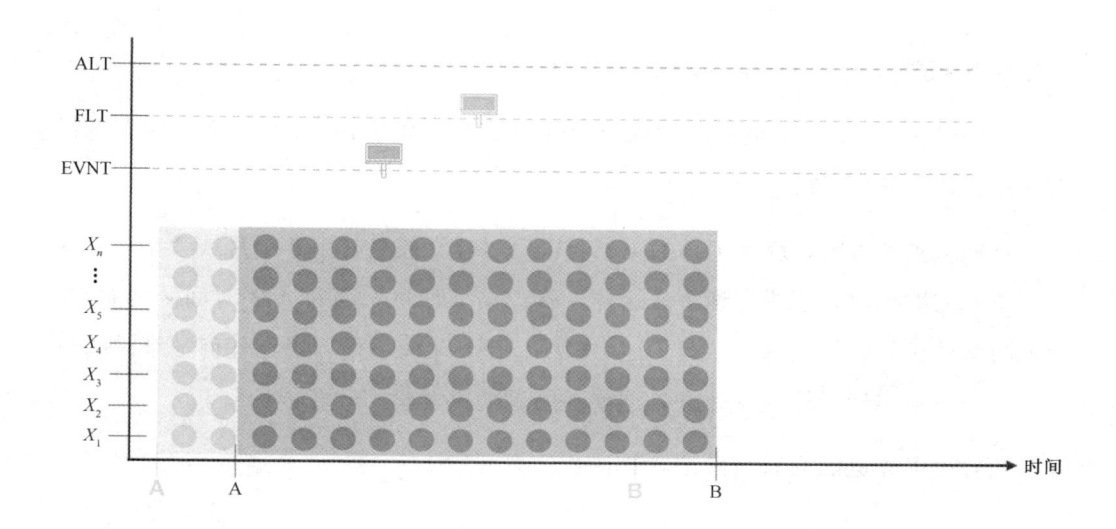

图 36-3 时间段[A,B]变化后采集到的数据和 EFA 标签（a）

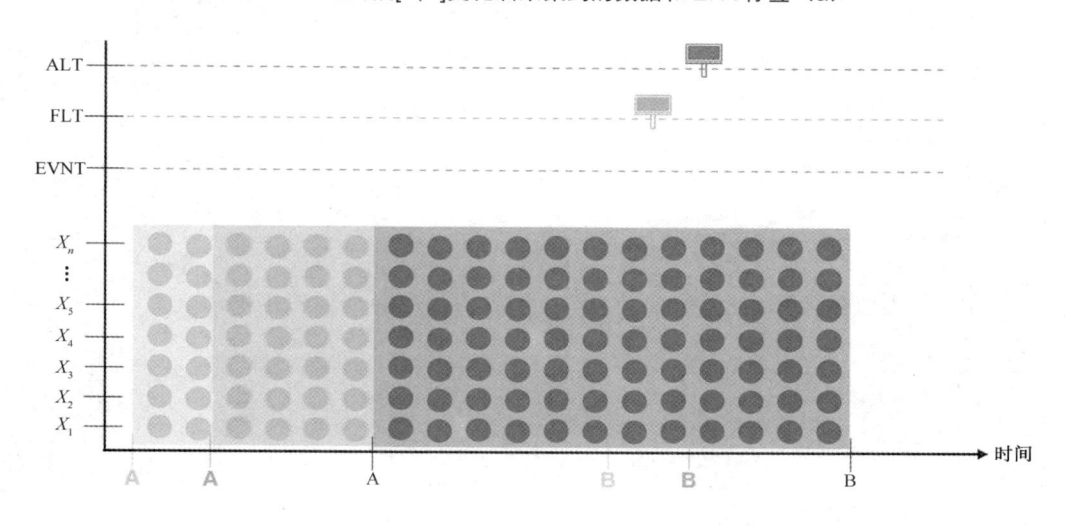

图 36-4 时间段[A,B]变化后采集到的数据和 EFA 标签（b）

假设一对象的 FV 是 $(X_1, X_2, \cdots, X_n)$，现在这个时刻是[B]，我们在时间段[A,B]里，比如这个时间段是 30 分钟（就是图 36-2 中的灰色的区域），收集到这个时间段的数据（就是图 36-2 中的这些圆点），对应这个时间段发生的事件（EVNT）、故障

（FLT）和报警（ALT）的标签就显示在上面。

时间过去了一点，时间段[A,B]发生了变化，再来看这个时间段里面有没有这样的标签存在，如图 36-3、36-4 所示。

这些数据和标签，就是训练数据。我们可以建立模型，用 3 个月或者半年（甚至一年）的数据对模型进行训练。这样，就建立了时间长度为[A,B]时间区间的 FV 数据与这些标签之间的关系。有了这个训练模型，未来，便可以在任何一个时间段中，知道可能出现的标签是什么。这就是所谓的机器学习和智能识别。

还有更多先进的高科技做法，等待我们去开发。

第 37 章
MixIOT 体系（Systematics）

回顾 MixIOT 体系

本书从"用"这个视角来解释 MixIOT 体系到底是什么，到这里也要告一段落了。感谢你能有耐心看到最后。

这一系列内容犹如盲人摸象，MixIOT 体系就像这头大象，它看上去像一根绳子，因为它把数据串联起来；它像一根柱子，因为它把工业物联网平台支撑起来；它像一根管子，因为它源源不断输出你需要的数据和结果；它像一截长矛，是我们进入工业物联网领域的利器；它又像铁扇公主手里的芭蕉扇，帮我们翻过工业物联网这座火焰山；它还像一堵厚实的城墙，筑起数据安全的围栏。

对 MixIOT 体系的认识仅靠本书肯定不行，最好的方法就是去实践，去尝试。智物联 2020 年发布了 MixIOT 公有云服务系统，除了可以用来支持规模不大的工业物联网项目，还可以让更多人去学习、尝试、体验和测评。

如果回过头重新审视 MixIOT 体系，也许每个人都有自己的理解。不管怎么样，MixIOT 体系有它独特的一套理论体系、一套方法，再加上一系列工具，能让你快速实现一个复杂的工业物联网项目。

如图 37-1 所示是 MixIOT 体系的一个简图。

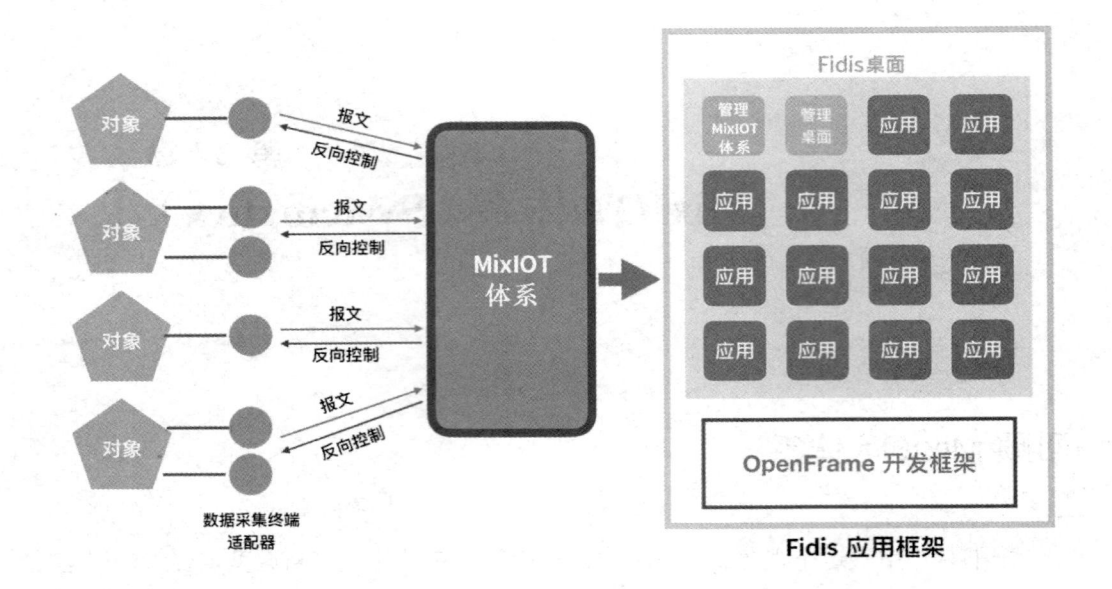

图 37-1 MixIOT 体系简图

按顺序总结起来，也就这么几句话：

（1）适配器采集各种数据；

（2）适配器把采集的数据报文送到 MixIOT 体系；

（3）MixIOT 体系可以部署在云端，也可以部署在如来方略柜；

（4）这些数据在 MixIOT 体系中变成了对象的变量；

（5）MixIOT 体系以对象为单位，进行对象变量的数据处理；

（6）Fidis 应用框架有一个桌面，桌面上有不少应用，可以把处理好的数据用起来；

（7）Fidis 应用框架中的应用，有标准的，有高级的，都用得上；

（8）如果这些应用还不能满足需求，可以用 OpenFrame 来开发定制应用，开发好的定制应用又可以放在 Fidis 桌面上；

（9）应用可以向适配器发送反向控制指令，通过适配器操控对象。

上面的每一项，也都可以展开了说：

（1-1）适配器有 Aprus II、III、X 系列；

（1-2）适配器有不同的通信模块版本，如 2G、4G、WiFi、网口；

（1-3）除了适配器，还有 Apieco，具备各种工业标准 I/O 接口；

（1-4）数据终端也可以用第三方硬件，比如 DTU 之类；

（1-5）Aprus II、III、X 系列都可以用 Lua 编程，可以对接绝大部分工业设备；

（1-6）Aprus X 系列还可以用 C、C++、Python 等编程语言；

（1-7）Apieco 有安卓操作系统，可以用 Java 编程，跟手机 App 编程是一样的；

（1-8）Apieco 还可以做边缘计算载体，也可以做工业控制器；

……

（2-1）适配器报文类型有 R、I、N、D、V、A、P 这些类型；

（2-2）最常用的就是 R 类型；

（2-3）I、N、D 分别是适配器的初始化、正常化和诊断报文；

（2-4）V、A、P 是视频、音频、图片报文；

（2-5）如果第三方终端并不符合 Rindvap 报文规则，也没关系，就按自己的报；

……

（3-1）MixIOT 体系可以部署在阿里云、华为云、AWS 云等公有云上；

（3-2）可以部署在企业私有云上；

（3-3）可以部署在企业自己的服务器主机上；

（3-4）可以部署在如来方略柜上；

（3-5）用于部署 MixIOT 体系的如来方略柜有 RolaCab R2000 和 RolaCab R1200 两个型号；

……

（4-1）MixIOT 体系中，数据采集是灵活搭配组合的，一个适配器可以采集多个对象的数据，一个对象也可以有多个适配器去采集数据；

（4-2）数据采集跟对象是分开的；

（4-3）适配器采集的数据是栅格数据；

（4-4）无论怎么采集数据，都可以通过映射表变成对象的变量，马赛克数据；

（4-5）映射表就是一个脚本，易懂、易学；

……

（5-1）MixIOT 体系里面只有对象；

（5-2）一台设备可以是一个对象，也可以是多个对象；

（5-3）多台设备可以是多个对象，也可以是一个对象；

（5-4）MixIOT 体系处理的数据是对象的数据，可以进行各种复杂的数据处理、过滤、统计、计算；

（5-5）MixIOT 体系的数据形式，除了我们熟悉的单值数据，还可以支持向量和矩阵；

（5-6）MixIOT 体系还提供了复杂变换的计算；

……

（6-1）MixIOT 体系是一个数据处理的机器；

（6-2）Fidis 是一个把处理好的数据用起来的框架；

（6-3）Fidis 的形式是一个桌面，所有的应用都在上面；

（6-4）如果不喜欢 Fidis 也没关系，可以直接用 MixIOT API 去做应用；

（6-5）标准应用很多，最常用的就是主程序 Pro 或者 Exp，它们服务于不同的使用者；

（6-6）高级应用也有几个，都是以数据分析和计算为主的，不明白也没关系，用起来就对了；

……

（7-1）我们还是建议用 Fidis，因为里面有准备好了的各种应用；

（7-2）基础的应用可以帮你实现日常运维监控管理等业务；

（7-3）Pro 和 Exp 是默认的主程序，它解决了常用的大部分需要；

（7-4）应用里面有显示板，可以利用显示板服务，统一管理；

（7-5）统计报表应用让你一劳永逸，及时收到你需要报表的邮件，邮件就是它的客户端；

（7-6）信使服务把数据和信息分享出去，发给有需要的人和地方；

（7-7）估计值计算让你知道运行的对象偏离程度，以及偏离可能带来的量变、质变发生的可能；

……

（8-1）OpenFrame 是一个开发框架，可以开发你自己的应用；

（8-2）你的应用开发好了，可以放在你自己的 Fidis 桌面上；

（8-3）你还可以把做好的应用分享出来，由红转绿，让更多的人能用你开发的应用；

（8-4）你的应用可以是 Fidis 桌面上的独立应用，也可以是主应用的延长；

……

（9-1）反向控制允许控制什么，需要在 MixIOT Admin 里面进行定义；

（9-2）MixIOT 体系的反向控制有一套安全机制；

（9-3）在反向控制的时候，MixIOT 体系对 QoS 做了扩展，提高了反向控制的可靠性；

……

如果有兴趣，你也可以继续扩展和完善上述内容。

MixIOT 体系的自我完善

到目前为止，MixIOT 体系呈现出来的也只是很初步的东西，面对复杂的工业物联网应用，可谓杯水车薪，还有很多应用，各种对数据的处理方法，各种数据分析模型，等待我们去逐步实现。

MixIOT 体系只是一个开始，让我们知道，工业物联网不只是数据采集，不只是远程监控，不只是组态，不只是 App，它是一个非常复杂的体系，它是方法论，它是数学。

好在 MixIOT 体系的架构是科学的，也是开放的，为迎接更多、更好的服务组件和应用营造了环境，也为不断的自我完善提供了可能。因此，我们需要更多的合作伙伴，更多的客户一起参与进来，发现新的需求，开发新的应用，互通有无，利人利己。

也许，今天你开发的一个应用，就是明天工业物联网领域的杰出贡献。

读者调查表

尊敬的读者：

　　自电子工业出版社工业技术分社开展读者调查活动以来，收到来自全国各地众多读者的积极反馈，他们除了褒奖我们所出版图书的优点外，也很客观地指出需要改进的地方。读者对我们工作的支持与关爱，将促进我们为您提供更优秀的图书。您可以填写下表寄给我们（北京市丰台区金家村288#华信大厦电子工业出版社工业技术分社　邮编：100036），也可以给我们电话，反馈您的建议。我们将从中评出热心读者若干名，赠送我们出版的图书。谢谢您对我们工作的支持！

姓名：＿＿＿＿＿＿＿　　　　性别：□男　□女

年龄：＿＿＿＿＿＿＿　　　　职业：＿＿＿＿＿＿

电话（手机）：＿＿＿＿＿＿　E-mail：＿＿＿＿＿＿＿＿＿

传真：＿＿＿＿＿＿＿＿＿　　通信地址：＿＿＿＿＿＿＿＿＿

邮编：＿＿＿＿＿＿＿

1. 影响您购买同类图书因素（可多选）：

□封面封底　　□价格　　　□内容提要、前言和目录
□书评广告　　□出版社名声
□作者名声　　□正文内容　□其他＿＿＿＿＿＿＿＿＿＿＿＿

2. 您对本图书的满意度：

从技术角度　　　□很满意　　□比较满意
　　　　　　　　□一般　　　□较不满意　　□不满意

从文字角度　　　□很满意　　□比较满意　　□一般
　　　　　　　　□较不满意　□不满意

从排版、封面设计角度　□很满意　　□比较满意
　　　　　　　　　　　□一般　　　□较不满意　　□不满意

3. 您选购了我们哪些图书？主要用途？

   _____

4. 您最喜欢我们出版的哪本图书？请说明理由。

   _____

5. 目前教学您使用的是哪本教材？（请说明书名、作者、出版年、定价、出版社），有何优缺点？

   _____

6. 您的相关专业领域中所涉及的新专业、新技术包括：

   _____

7. 您感兴趣或希望增加的图书选题有：

   _____

8. 您所教课程主要参考书？请说明书名、作者、出版年、定价、出版社。

   _____

邮寄地址：北京市丰台区金家村288#华信大厦电子工业出版社工业技术分社

邮　　编：100036

电　　话：010-88254479，18614084788　　E-mail：lzhmails@phei.com.cn

微 信 ID：lzhairs

联 系 人：刘志红

电子工业出版社编著书籍推荐表

姓名		性别		出生年月		职称/职务	
单位							
专业				E-mail			
通信地址							
联系电话				研究方向及教学科目			
个人简历（毕业院校、专业、从事过的以及正在从事的项目、发表过的论文）							
您近期的写作计划： 您推荐的国外原版图书： 您认为目前市场上最缺乏的图书及类型：							

邮寄地址：北京市丰台区金家村288#华信大厦电子工业出版社工业技术分社

邮　　编：100036

电　　话：010-88254479，18614084788　E-mail：lzhmails@phei.com.cn

微　信　ID：lzhairs

联　系　人：刘志红

反侵权盗版声明

电子工业出版社依法对本作品享有专有出版权。任何未经权利人书面许可,复制、销售或通过信息网络传播本作品的行为;歪曲、篡改、剽窃本作品的行为,均违反《中华人民共和国著作权法》,其行为人应承担相应的民事责任和行政责任,构成犯罪的,将被依法追究刑事责任。

为了维护市场秩序,保护权利人的合法权益,我社将依法查处和打击侵权盗版的单位和个人。欢迎社会各界人士积极举报侵权盗版行为,本社将奖励举报有功人员,并保证举报人的信息不被泄露。

举报电话:(010)88254396;(010)88258888

传　　真:(010)88254397

E-mail: dbqq@phei.com.cn

通信地址:北京市万寿路173信箱
　　　　　电子工业出版社总编办公室

邮　　编:100036